주주환원 시대
숨어있는 명품 우량주로 승부하라

"앞으로 3년, 코리아 디스카운트가 사라진다"

주주환원 시대
숨어있는
명품 우량주로
승부하라

증권업계 '기업 탐방왕'의 실전 투자법

김기백 지음

SAY KOREA

동전을 두 번 던져 모두 연거푸 앞면이 나오는 건 어려운 일이 아닙니다. 하지만 동전을 스무 번 던져 스무 번 모두 앞면이 나올 확률은 한없이 0에 가깝습니다. 확률이 지배하는 투자의 세계에서 운에 기대지 않고 지속적인 투자 성과를 창출한다는 것은 그만큼 어려운 일입니다. 이 책은 장기적이고 지속가능한 주식투자 방법론에 대한 신선한 시각을 제공합니다. 한국에서 가장 부지런하고 가장 넓은 커버리지를 가진 펀드매니저로서, 자신의 일에 끝까지 진심인 전문가로서 저자는 행운이 아닌 노력에 기반을 둔 진짜 투자에 대한 생생한 이야기를 책에 담았습니다.

이 책은 단순히 주식시장의 메커니즘을 설명하는 책이 아닙니다. 한국 주식시장이 만년 저평가를 받는 주요 원인인 지배주주와 일반주주 간의 이해관계 불일치 문제에 대한 해법으로부터 출발하여, 주주환원 압력 확대라는 변화된 환경하에서 투자 수익을 추구하는 전략, 그리고 글로벌 경쟁력과 높은 마진을 가졌으면서도 시장의 편견으로 저평가된 기업을 발굴하는 실질적인 가이드까지 장기적인 투자 성공을 위한 저자의 경험 전체를 망라합니다. 저자의 투자법을 한 권의 책으로 접할 수 있다는 것은 큰 행운입니다. 진지하게 투자에 관심을 가지기 시작한 분들께 좋은 나침반이 될 것입니다.

_강대권(라이프자산운용 대표이사)

투자자는 저마다 투자의 원칙이 있을 것이고, 사람도 누구나 인생의 원칙이 있을 것이다. 둘의 공통점은 '세우기는 쉽지만, 실행하고 지켜나가기는 어렵다'는 점이다. 김기백은 기업 탐방과 분석을 자신의 투자 철학Philosophy을 구현하는 방법이자 투자 과정Process으로 삼았고, 그것을 자신의 일상으로 몸소 실천하며 투자 인생을 구축해나가고 있다. 투자에 대한 그의 열정과 실천에 박수를 보낸다.

그가 축적해온 지식자산은 날이 갈수록 더 넓고 깊어질 것이기에 미래의 수익률이 점점 더 기대된다. 투자와 자산관리에 있어 자신이 직접 보석을 고를 준비가 되어있지 않다고 생각한다면, 그를 좋은 보석상으로 활용하기를 권한다. 그는 당신의 자산을 믿고 맡길 수 있는, 국내의 몇 안 되는 훌륭한 보석상 중 한 사람이다.

그러한 그가 자신의 투자 지식과 안목을 결합해 첫 책을 써냈다. 한국 주식시장의 현재와 미래의 변화를 설명하며 투자자가 이를 활용할 방법을 설명한 책이다. 지금 한국 주식은 가치에 비해 크게 할인된 가격에 거래되고 있다. 그는 다양한 측면에서 그 저평가 요인들이 해소되어 가며 기회가 오고 있다는 점을 짚어준다. 또한 물고기를 잡는 방법과 함께 물이 들어올 때 어디로 물고기가 몰리는지도 함께 알려준다. 주식투자를 통해 부를 손에 넣으려는 사람들이라면 꼭 일독하기를 권한다.

_김봉기(밸류파트너스자산운용 대표이사)

주식투자의 길은 아주 다양합니다. 그리고 어떤 길이든 자신만의 길을 개척하여 꾸준히 걷는 사람은 칭찬받아 마땅합니다. 펀드매니저 김기백은 투자의 근거로서 기업 탐방을 열심히, 그리고 꾸준히 다니며 많은 기업을 오래 공부하는 방식을 선택한 사람입니다. 일반적인 투자자들은 투자에 앞서 해당 기업을 눈으로 확인하고 분석하고 싶어도 따로 시간을 내어 기업을 탐방하기가 여의치 않습니다. 그런데 마침 기업 탐방을 밥 먹듯이 하는 펀드매니저가 그 내용을 친절히 정리하여 책으로 펴냈으니, 일반투자자들의 가려운 곳을 긁어주는 책이라 아니할 수 없습니다. 중소형 우량주 투자에 관심 있는 분들이라면 꼭 일독을 권합니다. 그리고 저자가 기원하는 코리아 디스카운트의 해소를 마음 깊이 응원합니다.

_김현준(더퍼블릭자산운용 대표이사, 『에이블』 저자)

김기백 펀드매니저는 바쁘다. 점심 약속 자리에 항상 가방을 가지고 나온다. 곧바로 기업 탐방을 가기 위해서다. 본인이 투자하는 기업을 설명할 때 그는 열정이 넘친다. 저런 것까지도 조사를 하는구나 싶을 정도로 기업과 산업을 철저히 파헤친다. 반복적이고 지루하며 품이 많이 들어가는 작업을 흔히 '노가다'라고 말하는데, 그는 아마도 여의도에서 가장 많은 노가다를 하는 펀드매니저가 아닐까 싶다. 한국의 '피터 린치'라고 부를 수 있겠다. 그렇게 힘든 작업의 결과를 주위 사람들과 나누는 데도 아낌이 없다. 이 책은 그런 저자의 15년 실전 노하우가 담긴 책이다.

저자는 주식 투자에 성공하기 위한 마인드부터 리스크 관리, 포트폴리오 운용과 매매, 그리고 아직 시장에 널리 알려지지 않은 우량 기업을 발굴하는 방법까지 오랜 투자 경험을 통해 정제된 통찰과 핵심 노하우를 들려준다. 나아가 저자는 코리아 디스카운트를 유발하는 한국 주식시장의 문제점을 살펴보고 한국 주식시장에 질적인 변화가 시작되고 있다는 희망을 이야기한다.

나 역시 20년 넘게 가치투자를 해오며 '불투명한 기업 지배구조와 낮은 주주환원'이라는 거대한 벽에 부딪혀 좌절한 적이 한두 번이 아니었다. 선진시장이라 할 수 있는 미국에서 주주환원이 시작된 시점이 1980년대다. 이후 주주환원이 본격적으로 실행되며 미국 주식시장은 지금까지 꾸준한 장기 성장을 이어오고 있다. 저자의 말처럼 이제 한국 주식시장도 기나긴 겨울잠에서 깨어나 질적인 변화가 시작되고 있다. 이런 변화의 물결에 올라타 한국 주식시장의 장기적 성장의 과실을 누리고 싶은 모든 투자자들에게 필독을 권한다.

_박성진(이언투자자문 대표이사)

애널리스트로 일하며 수많은 고객을 만나왔지만 그 만남이 오랜 인연으로 이어지는 경우는 매우 드물었다. 그러나 김기백 팀장은 앞으로도 오래 교류하고 배우며 알아가고 싶은 사람이다. 만날 때마다 그는 늘 좋은 에너지와 발군의 아이디어로 지적인 자극을 준다.

그는 한국에서 가장 많은 기업을 탐방한 중소형주 전문 운용역이다. 그래서 오래전부터 국내 기업들의 빈약한 주주환원과 코리아 디스카운트에 대해 실천적 의문을 가지고 있었다. 그런데 얼마 전부터는 변화의 때가 임박했다는 의견을 강하게 피력해왔다. 그는 주주와 배당에 대한 대중의 인식이 변하고 있고, 정부가 상법과 자본시장법을 개정해 가고 있으며, 기업 안에서는 창업주에서 2세로의 세대교체가 일어나고 있다고 설명했다. 사회적·제도적·기업 내부적으로 동시다발적인 변화가 일어나며 하나의 지점을 향해 움직이고 있다는 것이었다. 목적지의 이름은 바로 '코리아 디스카운트의 해소'라고 했다.

코리아 디스카운트. 무려 30년간 한국 주식시장의 오명으로 남아있는 이름이다. 그러나 국내에서 누구보다도 많은 기업을 탐방하고 분석해온 사람의 말이기에 한번 기대를 걸어보고 싶어졌다.

이 책에는 오랜 세월에 걸친 기업 탐방 내용과 분석, 자산운용사의 대표 운용역으로서의 고민, 그리고 무엇보다도 나를 설득시킨 코리아 디스카운트 해소의 근거와 시나리오가 담겨있다. 이 책이 주주자본주의와 한국 주식시장 변화의 초석이 될 것으로 믿어 의심치 않는다.

_박소연(신영증권 리서치센터 자산전략팀 이사, 『딸아, 돈 공부 절대 미루지 마라』 저자)

주주환원 시대가 태동하고 있다. 그동안 코리아 디스카운트는 한국 주식시장의 아픈 손가락과 같은 것이었다. 이는 기업의 지배구조가 투명해지고, 지배주주와 일반주주가 주식회사의 수익배분을 공유함으로써 치유할 수 있다. 바로 그러한 움직임이 지금 한국 사회와 한국 주식 시장에 나타나고 있다. 이는 자본시장의 질적 발전이며, 한국 금융시장이 선진화되는 데 가장 중요한 역할을 할 것이다.

코리아 디스카운트의 해소로 주주들의 이해관계가 일치되면 주식투자자들에게 강력한 투자 유인이 제공된다. 그러나 과거 오랜 기간 왜곡된 한국 주식시장의 질서에 익숙해져버린 투자자라면 새 시대의 달라진 투자 전제와 효과적인 투자 방법을 두고 갈피를 잡기 어려울 수 있다. 김기백이 심혈을 기울여 쓴 이 책이, 그리고 그가 직접 설계한 ACE 주주환원가치주 액티브ETF가 주주환원 시대를 맞이하는 일반투자자들에게 투자의 길잡이가 되어줄 것으로 믿는다.

이 책은 우리 사회의 구성원들을 주주의 권익을 찾는 움직임에 동참시켜 주주자본주의를 가속화하고 코리아 디스카운트를 해소시키는 데 도움을 줄 것이다. 거기에는 주식에 직접 투자를 하지 않는 사람들도 포함된다. 국내에서 직장을 다니는 많은 사람들이 국민연금과 퇴직연금에 가입해있다. 연기금 또한 주식시장에 거대한 자금을 투자하고 있으므로, 결국 우리 국민 대다수는 직접적으로나 간접적으로 주식시장의 변화에 커다란 영향을 받게 된다.

이 책은 우리의 미래에 찾아올 변화와, 우리 미래의 권익과, 우리 미래의 새로운 질서를 담고 있다. 우리가 이 책에 주목해야 할 이유는 분명하다. 한국인 모두에게 일독을 권한다.

_배재규 (한국투자신탁운용 대표이사)

김기백 펀드매니저와는 그가 입사했을 때부터 인연을 이어왔다. 그와 함께 수많은 기업을 탐방하고 서로 의견을 나누어왔다. 그는 하나의 기업을 알기 위해 다른 수많은 기업을 함께 들여다보고, 한 기업을 많게는 수십 번씩 탐방하며, 본인이 직접 데이터를 정리하면서 자신만의 투자 포트폴리오를 구축하는 것으로 유명하다. 그가 혼자서 관리하는 종목 수만 해도 700여 개에 이른다. 남다른 성실함이 아니고서는 10년 동안 그 수많은 기업들을 지속적으로 업데이트할 엄두조차 내지 못할 것이다.

그는 성실함을 넘어 본인만의 탄탄한 투자 철학을 만들었다. 실적이 좋아질 것으로 보이는 중소형 우량주를 남들이 보지 않을 때, 그래서 저평가된 상태에서 투자한다. 실적이 충분히 좋아진 후 모두가 흥분할 때 그는 수익을 낸다. 그는 투자하는 기업과 사랑에 빠지지 않는다. 오로지 펀드 고객을 우선하는 사람이다. 2020년 대한민국 펀드대상에서 그가 베스트 펀드매니저로 선정된 것은 절대 운이 아니다. 그는 한국의 월터 슐로스(벤자민 그레이엄의 수제자 중 한 사람)라 부를 만한 실력자다.

이 책에는 중소형주 투자에 대한 그의 철학과 노하우가 고스란히 녹아 있다. 투자 실력을 높이고 싶은 독자에게 큰 도움이 될 것이라 확신한다.

_송선재(하나증권 애널리스트, 『스스로 좋은 투자에 이르는 주식공부』 저자)

호리호리한 체격, 안경 너머의 맑은 듯 날카로운 눈빛, 천진스런 웃음, 하지만 정색하면 부각되는 고집스러운 입매, 그리고 쏟아지는 생생한 지식의 향연. 내가 기억하는 10여 년 전의 청년 김기백이다.

지금도 변함없이 당당하고 기백이 넘치는 그의 이야기를 좀 해보자.

사실 투자에 성공하기 위해 많은 것이 필요하지는 않다. 누군가는 높은 지능, 많은 지식, 빠른 정보를 꼽을 수도 있겠다. 하지만 가장 필요한 것은 건강하고 지적인 원칙과, 그 원칙을 갉아먹는 두려움과 욕망을 이겨낼 수 있는 용기다. 이러한 관점에서 김기백은 성공투자를 위한 두 가지 조건을 모두 충족하는 보기 드문 펀드매니저라 할 수 있다.

그는 정통 가치투자의 맥을 이어나가고 있는, 국내에 흔치 않은 원칙에 충실한 투자자다. 그리고 경이롭게도 10여 년간 기업 리서치를 2,500번 넘게 수행할 정도로 성실하고, 또한 상당한 내공을 쌓아온 펀드매니저다. 진지한 노력에 더하여 멘탈도 거북이 등껍질처럼 튼튼하니 더할 나위가 없다.

두껍게 엮인 그의 책을 읽다 보니 절로 고개가 끄덕여진다. '코리아 디스카운트'가 절정에 달한 지금, 시대는 자본시장의 본질적인 변화를 요구한다. 단지 시대의 변화를 제시하는 데 그치지 않고 '주주환원 대변혁'을 통해 주주가 주식시장의 진정한 주인이 되는 세상을 만들어갈 방안을 제시하며, 이때 투자자가 참고할 수 있는 투자 방법과 투자 대상까지 전달하겠다는 것이 그가 이 책에 담은 야심찬 바람이다.

원래 명품은 할인이 없으니, 주식시장에는 예외가 있는 듯하다. 이 책에는 가히 명품이라 부를 만하지만 세상에 잘 알려지지 않은 중소형 우량주를 발굴하고 저렴하게 매수할 수 있는 절묘한 팁이 실려있다. 최고의 펀드매니저가 오랜 노력 끝에 얻은 깨달음이 여러분의 자산을 지켜주고 확장시켜줄 것이라 믿어 의심치 않는다.

_이채원(라이프자산운용 이사회 의장, 『이채원의 가치투자』 공저)

근래 선진국 증시가 호황을 누리고 있다. 그러나 우리 증시는 길을 헤매는 중이다. 장기간 박스권에 갇혀버리게 될 것이라는 무서운 예상이 점점 증가하고 있다. 왜 우리 증시는 미국이나 일본보다 수익률이 떨어질까? 사람마다 여러 가지 대답을 제시할 수 있겠다. 그러나 문제의 본질을 묻는다면 답은 하나다. 바로 '코리아 디스카운트'다.

코리아 디스카운트. 많이 들어는 봤을 테지만 제대로 알고 있는 사람은 드물다. 일부 경제 평론가나 대학교수가 이것에 대해 언급하지만, 실제 기업의 사례를 겪어보지 않으면 현실감각이 떨어지는 경우가 많다. 그러나 펀드매니저 김기백은 다르다. 그는 누구보다도 코리아 디스카운트가 해소될 것을 믿어 의심치 않는 이상주의자다. 동시에 누구보다도 터프하게 현실에서 그 해소를 위해 동분서주하고 있는 현실주의자다. 국내에서 한국 기업이 만드는 부조리로 인해 누구보다도 많이 아파했으며 누구보다도 이를 해결하기 위해 고민해온 사람이다.

그 모든 이야기와 고민이 이 책 한 권에 들어있다. 코리아 디스카운트로 인해 아픔을 겪었던 사람이라면 누구나 이 책을 읽고 고개를 끄덕이게 될 것이다. 또한 앞으로 한국 주식시장에 새로 펼쳐질 투자에 관한 방법론을 생생한 사례로 설명하기 때문에 베테랑 투자자뿐만 아니라 초보 투자자가 읽기에도 부담이 없을 것이다.

_정광우(경제 칼럼니스트, 「투자의 역사는 반드시 되풀이된다」 저자)

펀드매니저 김기백이 자신의 투자 스승이라고 추앙하는 펀드매니저 엄덕기는 나의 오래된 친구이자 가치투자의 동반자다. 그조차도 혀를 내두를 정도로, 김기백은 식지 않는 열정을 가진 사람이다. 요즘 한국 주식시장은 기관투자자의 역할은 약해지고 유튜브 등을 통해 전파되는 테마주들이 개인투자자를 휘두르고 있는 형국이다. 그 안에서 저자는 펀드매니저로서 꼿꼿이 흔들리지 않고 본인의 투자 철학을 실천하고 운용 성과를 검증해내고 있는, 투자의 장인과도 같은 존재다.

한국의 주주행동주의는 기관투자자를 중심으로 대형주를 타깃으로 삼던 태동기에서 소액주주들이 연대하여 중소형주를 타깃으로 삼는 성장기로 넘어가는 시기에 놓여있다. 이때 우리가 과연 어떤 투자를 하는 것이 바람직한지에 대한 해답을 이 책이 소상히 알려주고 있어서 정말 반갑고도 고맙다.

이 책을 정독해보시라! 꼼꼼히 읽고서 중소형 우량주를 발굴하는 저자의 노하우를 터득한다면 주주관여 활동이 활발해지고 있는 한국 주식시장의 패러다임 변화에 올라타 장기 복리수익률이 극대화되는 짜릿한 경험을 할 수 있을 거라고 확신한다. 이 책을 접하는 독자들이 늘어나서 한국 주식시장이 성숙해지고 건전한 투자자들이 충분한 보상을 받는 시기가 앞당겨지기를 기대해본다.

_최웅필(에이펙스자산운용 대표이사)

펀드매니저 김기백은 지독한 사람이다. 10년간 1,100회가 넘는 기업 탐방을 수행하고 1,000개가 넘는 관심 종목을 분기마다 업데이트하는 모습(저자의 표현으로는 금융 노가다)은 나름 치열하게 투자하고 있다고 자부하는 나조차 혀를 내두르게 한다. 이 책에 빼곡히 담겨있는 종목 사례가 생생하게 와 닿는 이유도 치열한 경험에서 비롯되었기 때문이다. 또한 개인투자자를 향한 진심 어린 조언과 건전한 자본시장을 위한 제언에서 느껴지듯 김기백 매니저는 믿음과 신념을 간직한 사람이다. 그의 바람대로 코리아 디스카운트가 사라지는 그날, 이 책은 성지가 되리라 믿는다.

_최준철(VIP자산운용 대표이사, 『한국형 가치투자』 저자)

가치투자를 가장 간단하게 정의하면 '좋은 기업'과 '시간 투자'로 정의할 수 있다.

'좋은 기업'은 '상식적인 우량 기업의 조건에 맞는 기업을 어떻게 찾아내는가'의 문제이고, '시간 투자'는 '투자하는 기업의 가치가 시장에서 제대로 평가받을 때까지 얼마나 잘 견딜 수 있는가'의 문제다.

저자는 십수 년간 직접 발로 뛰고 매일같이 밤새며 연구한, 전도유망한 좋은 기업을 찾는 투자 아이디어를 매출과 이익 및 비용 측면에서 알기 쉽게 설명하고 있다. 또 고정관념과 편견에 물들지 않고 기업을 새롭게 분류하는 방법을 제시하고 논리적으로 분석하고 있어 투자에 관한 새로운 영감을 제공한다.

앞으로 저자의 전망처럼 지배주주와 일반주주의 이해관계가 일치되고, 또 투자자들이 주주가치의 증대를 실천하는 기업에 투자를 이어간다면 한국 주식시장은 일변할 것이다. 한국 경제가 장기적인 저성장 국면에 들더라도, 기업 재평가가 활발하게 이루어짐으로써 투자자들은 예상 밖의 큰 수익을 낼 수 있으리라고 본다.

누군가는 주식시장을 '참아내기의 시합장'이라고 한다. 이 책을 통하여 얻은 지식으로 유망한 기업을 지혜롭게 찾아내고, 소신 있게 선택하고, 충분한 시간 여유를 갖고 투자하여 복리 투자의 승자가 되기를 바란다.

_허남권(신영자산운용 대표이사)

차 례

3부 ——— 실패하지 않는 주식투자

한국 증시에 새로운 바람이 불고 있다

"아빠는 뭐 하는 사람이야?"

언젠가 첫째 아이가 이렇게 물었다. 아이가 쉽게 이해하려면 어떻게 설명해야 할까 잠시 고민하다가 대답했다.

"아빠 직업은 펀드매니저야. 다른 사람들이 아빠한테 돈을 맡기면, 그걸 불려주는 사람이야."

아이는 잠깐 생각하더니, 알겠다며 넘어갔다.

아이는 그저 학교에 제출해야 할 설문 과제 때문이었거나, 주변 친구들이 궁금해해서 물어본 것일 수도 있다. 그러나 앞으로 자라면서 아빠의 직업을 더 잘 알게 될 것이고, 금융 업종에서 어떤 일들이 벌어지고 있는지 목격하게 될 것이다. 그러면 다시 다음과 같은 질문을 할지 모른다.

"아빠가 일하면서 제일 자랑스러웠던 게 뭐야?"

그때 나는 아이에게 뭐라고 대답해야 할까? 펀드매니저로서 무엇을 한 것이 가장 자랑스러웠다고 말해줄 수 있을까? 이 책은 어쩌면 저 질문에 대한 수백 페이지짜리 답변인지도 모른다.

깡통을 차고서야 고민하게 된 바람직한 투자 방법

나는 대학생 시절부터 투자에 관심이 있었다. 집에서 멀리 떨어진 방위산업체에 근무하며 하루에 세 시간 이상을 지하철에서 보내야 했는데, 이때 경제와 금융 관련 도서를 읽기 시작했다. 그리고 경제신문을 구독하고 주식, 경제, 부동산, 기타의 네 가지 파트로 나누어 3년간 스크랩하면서 투자의 기초지식을 쌓았다. 실제로 투자를 시작한 2004년부터는 주식뿐만 아니라 선물, 옵션, ELW 등 금융 파생상품까지 가리지 않고 투자했다. 당시 내 투자 방식은 공격적인 단기 모멘텀 투자였다. 한국 증시에서 유의미한 성과를 낼 수 있는 방법이라 생각했고, 이는 첫 직장이었던 증권사 시절까지 이어졌다.

그러나 파생상품에 투자하면서 자본금 1,000만 원이 두 달 만에 5,500만 원까지 늘었다가 한순간에 100만 원으로 추락하는, 소위 '깡통을 차는' 경험을 하며 큰 심적 고통을 겪었다. 이때부터 올바른 투자의 방식이 무엇인지 다시 생각하게 됐다. 변동이 크지 않고 꾸준하게 반복적으로 유의미한 수익을 쌓아갈 수 있는 투자 방식은 무엇일까, 어떻게 하면 그것을 터득할 수 있을까 고민을 거듭했다.

투자 인생의 전환점

증권사에서 자산운용사로 이직하고서 이듬해였던 2013년, 내 투자 인생에 커다란 변화의 계기가 찾아왔다. 나의 투자 스승인 엄덕기 펀드 매니저와의 만남이었다. 그는 한국투자밸류자산운용의 창립 멤버였으며, 한국에서 가치투자의 대가로 불리는 이채원 대표의 수제자로 손꼽히는 분이었다.

그는 완전한 실전파였다. 어떤 이론을 신봉하기보다는 실전에서 쌓은 지식과 경험을 중요시했다. 기업 탐방도 한 번으로 그치지 않고 수많은 기업들을 반복적으로 미팅하고 분석했다. 그리고 이를 통해 각 산업에 대한 배경지식과 기업의 비즈니스 모델 그리고 경쟁우위를 파악했다. 나는 그와 함께 전국의 기업들을 두 발로 직접 돌아다니며 한국 산업의 큰 지도를 그려나갔다. 이 과정에서 나는 탐방의 묘미를 느꼈다. 그리고 이렇게 10년 단위로 기업 분석 자료를 꾸준하게 쌓아나간다면 기관투자자로서 성공할 수 있으리라고 확신했다.

나는 이 방식으로 지금까지 10년 이상 펀드 투자를 해왔고, 그 결과 변동성이 적으면서도 꾸준하게 수익률을 쌓아나가는 투자에 대한 확신을 얻었다. 단기 고수익을 추구하지 않았기 때문에 실패 확률이 크게 줄어들었다. 바로 내가 깡통을 차고서 고민했던 해답이자, 워런 버핏이 그토록 강조한 '잃지 않는 투자'를 실현한 것이다.

국내 최대의 커버리지를 가진 펀드매니저가 되기까지

이제 증권업계에서 나는 '기업 탐방왕'으로 불린다. 지난 10년간 1,100개 이상의 기업과 2,500회가 넘는 기업 미팅을 진행하며 붙은 별명이다. '왕'이라는 이름이 무색하게 실제로 하는 일은 '노가다'나 다름 없다. 투자 검토 기업의 지난 10년간의 재무제표를 분석하고, 기업을 탐방하고, 미팅한 기업은 분기마다 발표되는 사업보고서를 꼼꼼히 분석하며, 매일 공시를 확인하고 의미 있는 공시는 관리 파일에 기록한다. 또 일정 기간이 지나면 다시 해당 기업을 찾아간다. 이렇게 관리하는 기업의 수가 700여 곳에 이른다. 나를 두고 어떤 이는 '걸어 다니는 리서치 센터'라고도 부른다.

내가 이렇게 금융 노가다를 한 이유는 바텀업Bottom up 리서치의 한계를 극복하고 싶어서였다. 주식시장 접근 방식에는 톱다운Top down과 바텀업 두 가지가 있다. 톱다운은 거시경제적인 시장의 흐름과 유망한 산업을 먼저 분석한 다음 투자할 만한 기업을 찾아내는 방식이다. 반대로 바텀업 방식은 먼저 전도유망한 기업을 분석하고, 이후 산업과 경제 등 전체적인 시장 흐름을 살핀다.

바텀업 리서치는 기업분석의 기본이고 효율적인 방법이다. 그러나 개별 기업만 분석해서는 매크로(거시경제)까지 알기가 어렵다. 기업 투자에 임할 때 매크로보다 기업에 집중하는 것은 바람직한 투자 자세지만, 매크로의 변동성이 크거나 특성이 크게 전환되는 국면에서는 매크로를 외면해서는 안 된다. 영화 〈관상〉에서 송강호는 이런 말을 남겼다.

> "난 사람의 얼굴만 봤을 뿐 시대의 모습을 보지 못했소. 시시각각 변하는 파도만 본 격이지. 파도를 만드는 건 바람인데 말이오."

이 말을 주식투자 관점으로 보면, 사람의 얼굴은 개별 기업이고 시대의 모습은 매크로인 셈이다. 또한 파도가 기업의 실적이라면, 바람인 매크로가 이들 기업의 실적에 영향을 주기 때문에 둘을 함께 보고 느껴야 한다는 것이다.

나무만 들여다보아서는 숲을 볼 수 없다. 이러한 바텀업 리서치의 맹점을 해소하기 위해 내가 선택한 방법은 최대한 많은 기업을 누적시키고 그것들을 동시다발적으로 보면서 준準 매크로 수준의 바람을 느끼는 것이었다. 나무가 많아지면 결국 숲이 된다. 이렇게 한 지 9년 정도가 지나자 마침내 기업 분석을 통해 경제와 산업의 흐름이 눈에 들어오기 시작했다.

왜 중소형 우량주인가?

나는 반골 기질이 강한 사람이다. 남들이 안 된다고 하는 것도 직접 해보지 않으면 직성이 풀리지 않는다. 투자에서도 누구나 쉽게 따라하는 방식에는 관심을 두지 않았다. 내가 가장 선호하는 투자 전략은 공포에 사고 탐욕에 파는 것이다.

투자 대상을 선정할 때도 남들이 수익을 내기 좋다고 말하는 테마주는 제외했고, 안정적이라고 말하는 대형 우량주에 쉽게 손을 뻗지도 않았다. 그 대신 남들이 눈여겨보지 않는, 시장에서 소외되고 저평가된 기업을 찾아 투자했다. 알리바바그룹의 창업자 마윈馬雲은 이렇게 말했다.

"90%의 사람들이 '이거다'라고 말하는 기획은 버려라. 그것은 이미 많은 이들이 실천으로 옮기고 있을 것이며, 그렇다면 더 이상 기회가 아니다."

주변 사람들은 공모 펀드매니저라면 시장을 따라가야 하고, 따라서 소외된 중소형주에 투자하는 내 방식은 적절하지 않다고 말했다. 그러나 이 말에 나는 오히려 더 힘이 났다. 대다수의 펀드매니저가 이 길을 걷지 않는다면 오히려 내가 발견할 기회의 몫이 커질 것이라고 생각했다. 이미 규모가 매우 커진 대형주나 누구나 아는 대형 우량주보다는 중소형 우량주가 장기 투자의 수익이 더 클 것이기 때문이다. 또한 배당과 같은 주주환원 측면에서도 현 시점에서 우량한 중소형주의 배당 성향이 더 낮기 때문에 향후 수익배분의 잠재력도 더 크다고 판단했다.

내 판단과 기대는 틀리지 않았다. 나는 지난 10년간 중소형 우량주를 발굴하고 투자하면서 큰 수익 창출을 경험했다. 지금 시장에서 선호하는 모멘텀 방식을 따르지 않더라도 고객들을 만족시킬 만큼의 수익을 거둘 수 있었다. 특히 가치주가 오랜 기간 힘을 잃던 시기에도 펀드 수익률은 꾸준한 성과를 거두었다. 이제 중소형주에 대해서만큼은 '구루'라는 표현을 듣기도 하고 투자 업계의 대선배들로부터도 인정을 받게 됐다.

나는 진정한 '대박'을 꿈꾼다

나는 펀드매니저로서 일반가치형, 중소가치형, 중소성장형, 배당형 등 여러 펀드를 운용하고 있다. 이 중에서 소외된 중소가치주에 투자하는 한국투자중소밸류 펀드는 2013년부터 현재까지 11년간 운용하고 있다. 대기업은 물론이고 중견기업부터 중소기업까지 자산가치와 수익가치가 풍부하고 주주환원 효과가 큰 다양한 기업을 선별할 수 있는, 국내에 몇 안 되는 투자자라고 자부한다.

솔직하게 말해서 나는 최고의 수익을 내는 펀드매니저는 아니다. 단기간에 고수익을 내는 투자를 하고 있지도 않다. 그러나 이것은 내가 생각하는 '대박'의 개념이 다르기 때문이다. 내가 생각하는 '대박 투자'란, 이를테면 연 10%의 수익을 30년 동안 꾸준히 달성하는 것이다. 아인슈타인도 '인간의 가장 위대한 발명 중 하나는 복리'라고 말하지 않았던

가. 10명 중 1명도 성공하기 어려운 투자보다는, 원칙을 지킨다면 10명 중 8~9명은 성공할 수 있고 장기적으로 반복 가능한 수익을 내는 것이 진정한 대박투자라고 본다.

나는 이 책에서 장기적이고 안정적인 수익 창출을 목표로 삼는 투자 자들이 오랜 기간 반복적으로 성공을 거둘 수 있도록 도움을 주고자 했다. 투자 노하우와 팁을 정리하고, 투자 대상 기업을 유형별로 구분하 여 최대한 이해하기 쉽게 전달하려고 했다. 특히 실제로 명품급 중소형 우량주를 발굴한 사례와 투자 과정을 그려내면서 투자 의사결정에 이 르는 사고의 흐름을 간접적으로 체험할 수 있게 쓰고자 했다. 일천한 글재주지만, 이 책의 내용이 투자자들의 안목을 높이는 데 도움이 된다 면 더할 나위가 없겠다.

코리아 디스카운트의 결정적 원인

중소형 우량주와 더불어 이 책에서 중요한 주제가 하나 더 있다. 바 로 '기업 지배구조와 주주환원'이다. 이는 한국 자본시장이 질적으로 성장하기 위해 반드시 넘어야 하는 관문이다.

'코리아 디스카운트'라는 말이 있다. 한국 상장기업의 주식가치가 외 국 상장기업에 비해 낮게 형성되는 현상을 말한다. 이는 1997년 외환 위기 이후 한국 자본시장이 본격적으로 개방되면서 진출한 외국 투자 자들이 사용하기 시작한 용어로, 한국 주식시장이 투자하기에 적절치 않은 질 낮은 시장이라는 의미를 내포한다. 그리고 이 말은 외환위기 이후 30년이 다 되어가도록 한국 주식시장에 꼬리표로 붙어있다.

코리아 디스카운트의 원인으로 다양한 요인들이 언급되지만, 가장 결정적이고 강력한 원인은 바로 '불투명한 기업 지배구조와 낮은 주주환원'이다.

상장된 대부분의 한국 기업들은 주식회사라는 형태를 하고도 주주의 권익을 보장하는 데 매우 소극적이었다. 기업의 소유와 경영이 분리되지 않으면서 지배주주는 대다수 일반주주가 마땅히 함께 누려야 할 권익을 독점해왔다. 기업의 의사결정 과정에서 지배주주를 견제할 감사위원의 역할이 유명무실해지며 일반주주들의 의사는 무시당했고, 지금도 한국 기업은 세계에서 가장 낮은 수준의 배당성향을 보여준다. 또한 때로는 지배주주가 기업 지배권을 강화하고 다음 세대에게 기업을 상속하는 과정에서 온갖 편법과 부정이 동원되었고, 이는 자본시장의 질서를 왜곡시켜 수많은 성실한 투자자들에게 금전적·정신적 피해를 입혔다.

글로벌 주식투자의 대가들이 이야기하는 투자의 원칙과 투자 도서들이 알려주는 투자 상식은 한국 주식시장에는 통하지 않는 경우가 많았다. 이러한 부조리가 오랫동안 해소되지 못하면서 한국 주식시장은 저질 시장이라는 인식과 한국 주식시장을 떠나야 돈을 벌 수 있다는 비관론이 팽배해졌다.

나와 같은 기관투자자들 역시 이러한 부조리에서 자유롭지 않았다. 기업의 자산가치와 수익가치가 풍부하고 성장을 지속함에도 그것이

기업의 주가에 온전히 반영되지 않는 사례를 수도 없이 겪었다. 또한 지배주주의 이익을 위한 기업의 의사결정과 투자자를 기만하는 행태에 여러 번 피눈물을 흘려야 했다. 혼자서는 도저히 극복할 수 없는 문제였다.

한국 주식시장에 희망은 없는 것인가, 여러 번 좌절하기도 했다. 그렇지만 끈을 놓을 수는 없었다. 국내 기업 가운데는 해외 우량주와 견줄 만큼 자본이 튼튼하고 수익성도 높은 기업이 많았다. 포기하지 않고 때를 기다리기로 했다. '몇 가지 요건의 변화만 찾아와준다면' 하는 마음으로 해당 기업들을 발굴하고 업데이트하는 일을 멈추지 않았다.

한국 주식시장에 새로운 바람이 불고 있다

2019년 무렵, 작은 변화가 느껴지기 시작했다. 1세대 창업주가 은퇴를 앞두고 세대교체를 준비하는 기업들이 늘어나고 있었다. 이러한 기업들은 상속, 증여를 공시하거나 다음 세대 경영자가 주식을 꾸준히 장내 매입하기도 했다. 기업 탐방을 가보면 2세대 예비 경영자가 회사 내부에서 활발하게 영향력을 넓혀가고 있는 모습을 볼 수 있었고, 때로는 이들이 구세대 경영진과 갈등을 겪는 에피소드가 들려왔다.

기업 내부의 세대교체 과정을 보면서 아이디어가 하나 떠올랐다. 주주자본주의아 주주 권이에 대한 1세대 창업주들이 이시 수준은 처찬했다. 그런데 세대가 교체되며 선진 자본주의를 학습한 2세대로 지배구조가 재편되면 어떤 일이 벌어질까?

변화의 조짐은 기업 내부에서만 관찰된 것이 아니다. 사회적으로도 주주행동주의와 주주연대가 확산되는 분위기가 보였다. 과거에는 해외 펀드가 주도했지만 최근에 국내 펀드와 소액주주를 중심으로 활발해지는 모습을 보여주고 있었다. 얼라인파트너스가 대표적이었다. 이들은 기획사 에스엠엔터테인먼트(이하 에스엠)에게 라이크기획과의 일감 몰아주기 계약을 종료할 것을 요구했고, 7대 금융지주에게는 주주환원율을 높여달라고 촉구했다. KT&G의 경우 다수의 운용사가 다양한 주주제안을 전달했다. 이 밖에도 크고 작은 주주연대 움직임이 시작되고 있었다.

제도적 변화도 진행되고 있었다. 정부가 투자자를 보호하기 위하여 상법과 자본시장법을 개정하기 시작했다. 2020년 말 상법이 개정되며 감사위원의 독립성이 보장되게 되었고, 소수주주권의 행사 요건이 대폭 완화됐다. 이 두 가지 변화로 일반주주의 의사가 기업에 더욱 큰 영향력을 행사할 수 있게 됐다. 또한 2022년 말의 자본시장법 개정을 시작으로 주식시장에서 일반주주가 기업의 의사결정에 피해를 입지 않도록 보호하는 여러 가지 제도가 논의되고 있다.

한국 주식시장이라는 숲에 새로운 바람이 불기 시작했다. 누구보다도 기업의 변화를 민감하게 관찰하는 한 사람으로서, 지금 한국 주식시장에 일어나고 있는 변화의 모습과 그 의미를 투자자들에게 전달해야겠다고 생각했다. 그리고 이러한 변화가 찾아왔을 때 투자자들이 이 흐름을 활용하여 건실한 투자를 할 수 있는 방법을 알려야겠다고 마음먹었다. 그것이 펀드매니저로서 한국 자본시장의 질적인 성장에 직접적으로 기여할 방법이라고 생각했다.

아이에게 주고 싶은 대답

앞서 펀드매니저로서 내가 품고 있는 두 가지의 바람을 이야기했다. 첫 번째는 한국 투자자들에게 장기적으로 반복 가능한 수익을 내기 위해서 훌륭한 중소형 우량 기업을 발굴하는 전략을 소개하는 것이고, 두 번째는 한국 주식시장의 발목을 잡고 있는 코리아 디스카운트를 해소할 방안과 구체적인 변화의 시나리오를 제시하는 것이다. 이 두 가지 바람을 나는 '주주환원 시대의 명품 우량주 투자'라는 주제로 묶어 이 책 속에 담아냈다.

"아빠가 일하면서 제일 자랑스러웠던 게 뭐야?"

내 아이가 나에게 물어볼 두 번째 질문을 떠올리며 이 책이 보다 많은 사람들에게 읽히고 회자되기를, 그 결과로 주주환원 대변혁이 앞당겨져 한국 주식시장도 미국의 선진 주식시장처럼 장기 우상향할 수 있는 투자 환경이 마련되기를 바란다. 앞으로 한국 주식시장을 경험하게 될 우리 아이들에게도 건전한 투자 대상으로서 부끄럽지 않은 자본시장이 되기를 희망한다.

40대인 지금 나는 커버리지의 한계에 도전하고 있다. 앞으로 80대까지도 매일같이 기업 탐방을 다니면서 지금의 투자 원칙을 지켜나가는 것이 내 투자 인생의 바람이다. 그리고 한국 주식시장이 반드시 질적으로 개선되기를 희망한다. 그러면 나는 펀드매니저로서 한 일 가운데 무엇이 가장 자랑스러웠는지 내 아이에게 자신 있게 말해줄 수 있을 것이다.

참고로 이 책에 소개된 모든 기업 사례는 독자의 이해를 돕기 위한 참고 사례일 뿐 특정 기업을 권유하거나 추천하기 위한 의도는 전혀 없다는 사실을 밝혀둔다.

펀드매니저로서 투자 인생의 기회를 주신 김남구 한국금융지주 회장님과 나의 투자 인생에 있어서 생명의 은인인 엄덕기 스승님께 깊은 감사의 말씀을 전한다.

또 자산운용업의 역사를 함께 쓰고 있는 한국투자신탁운용 임직원분들을 비롯해, 산업과 기업에 대한 수많은 배경지식과 건전한 투자 경험치를 쌓는 데 도움을 준 증권업과 자산운용업계의 선·후배들과 동료들에게도 감사의 인사를 드린다.

서투른 글솜씨에도 첫 책이 나올 수 있었던 것은 출판사 세이코리아의 도움 덕분이다. 출판사 분들께도 감사를 전한다.

마지막으로 오늘의 나를 있게 해준 하늘에 계신 어머니와, 이 세상에서 가장 소중한 내 가족인 아내와 두 아들에게 사랑한다는 말을 전한다.

1부

코리아 디스카운트를 넘어
대변혁이 온다

1장

한국 주식시장을 좀먹는
코리아 디스카운트

한국 주식시장에서
장기투자가 안 되는 이유

한국 주식시장에서 개인투자자가 겪는 가장 큰 어려움은 무엇일까? 투자자마다 다른 고충이 있겠지만 이구동성으로 말하는 것은 '마음 편하게 장기투자를 할 수가 없다'는 것이다. 주가의 변동이 크고 장기 우상향하는 경우가 드물어서 오랜 기간 쭉 보유하기가 어렵다는 뜻이다. 외국 투자자들도 한국의 경제 구조와 대외 여건상 변동성이 크기 때문에 호흡을 길게 가져가는 투자를 하기가 쉽지 않다고 푸념한다.

이런 불안감에 더해 불만족도 크다. 은행 예금이나 채권과 같은 안전자산을 제쳐두고 굳이 주식이라는 위험자산에 투자하는 이유는 안전자산보다 더 높은 수익을 내기 위해서다. 그러나 지금껏 개인투자자 대다

[그림 1-1] KOSPI와 S&P500 지수 비교

지수
(1994.01.01=100)

S&P500

KOSPI

'94 '95 '96 '97 '98 '99 '00 '01 '02 '03 '04 '05 '06 '07 '08 '09 '10 '11 '12 '13 '14 '15 '16 '17 '18 '19 '20 '21 '22 '23 연도

수는 안전자산 대신 선택한 주식시장에서 뚜렷한 초과 성과를 잘 거두지 못했다. 한국 주식시장에서 수익을 거두기는 왜 이렇게 힘든 걸까?

[그림 1-1]은 지난 30년 동안 한국 주식시장의 대표지수인 KOSPI와 미국 주식시장의 대표지수인 S&P500의 추이를 비교한 그래프다. 1994년 1월 1일을 기준으로 지수를 똑같이 100으로 놓고 30년 동안의 변동 추이를 표시했다. 30년 사이 S&P500 지수는 무려 9.6배나 상승했는데 KOSPI 지수는 겨우 2.8배 상승했다. 더욱이 2023년 KOSPI 지수는 10년 전인 2013년과 큰 차이가 없다. S&P500은 2008년 금융위기 이후 큰 폭으로 우상향하는 모습을 보였는데, 왜 KOSPI는 2007년이나 지금이나 비슷한 수준에 있을까?

만약 미국의 경제 성장이 한국보다 월등하기만 했다면 수긍이 간다. 하지만 늘 그렇지는 않았다. 물론 코로나 이후 미국 빅테크 기업들의 이익 성장은 나머지 전 세계 다른 나라의 기업들보다 우수했다. 그러나 지난 20년간 한국 기업들의 이익 성장은 웬만한 선진국보다 높은 수준이었다. 심지어 한국 기업들의 EPS(주당순이익) 성장이 미국 기업들의 EPS 성장보다 높았던 시기도 여럿 존재했다.

그런데도 한국 주식시장에서 개인투자자들이 뚜렷한 성과를 내지 못했거나 오히려 손실을 봤다면, 이는 한국 주식시장에 어떤 고질적인 문제가 있다는 사실을 암시한다. 개인투자자들 사이에 한국 주식시장에 대한 회의론이 팽배해지고 간접투자의 대상이었던 주식형 펀드에서도 투자자들이 떠나갔던 것은 어찌 보면 당연한 일일지도 모른다.

한국 자본시장은 양적으로는 매우 크게 성장했다. 주식시장의 규모가 커지고 시장참여자들이 다양해졌으며, 특히 코로나 팬데믹 이후로 개인투자자 수도 증가했다. 그러나 질적인 부분에서도 과연 성장하였는지에 대해서는 의문이 든다. 1956년 한국 주식시장 출범 이후 기업의 지배구조나 투자 문화에서 뚜렷한 개선이나 발전을 찾아볼 수 없다. 이러한 질적 변화의 부재로 한국 주식시장은 만성적인 저평가의 늪에 빠지게 됐다.

한국 주식시장이 빠진 저평가의 늪을 따로 일컫는 용어도 있다. 바로 '코리아 디스카운트'다. 이는 한국 상장기업의 주식가치가 외국 상장기업의 그것에 비해 낮게 형성되는 현상을 말한다. 한국 기업과 외국 기업의 주당 이익 혹은 주당 순자산가치가 같더라도, 한국 기업의 주식가치가 더 낮게 평가받는 것이다.

이 용어는 1997년 외환위기 이후 한국 자본시장에 본격적으로 진출한 외국 투자자들이 사용하기 시작했다. 당시 국제통화기금IMF이 구제

금융을 제공하면서 요구했던 조건 가운데 하나는 '자본시장을 개방하고 환율이 외환시장에서 자유롭게 결정되도록 하는 것'이었다. 이 과정에서 한국의 금융시장은 대변혁을 맞게 되었지만, IMF 이후 26년이 지난 지금까지도 외국 투자자들은 한국 경제와 한국 사회가 가지고 있는 구조적이고 모순적인 저평가 요인을 지적하고 있다.

한국 주식시장이 한 단계 도약하기 위해서는 코리아 디스카운트를 반드시 극복해야 한다. 문제를 해결하려면 원인부터 찾아야 할 것이다. 이제부터 코리아 디스카운트를 유발하는 요인이 무엇인지 자세히 살펴보자.

코리아 디스카운트를
유발하는 요인들

한국 증시가 저평가받게 하는 주요 요인들로는 경기에 민감한 경제 구조, 지정학적 요인, 정부의 시장 개입, 기업의 지배구조, 노동시장의 경직성, 단일종목 시총 비중 등이 주로 언급된다. 하나씩 차근차근 살펴보자.

1. 냉탕과 온탕이 반복된다: 경기에 민감한 경제 구조

한국의 경제 구조는 '수출 중심'으로 경기에 매우 민감하다. 다른 국가와 비교해서 경기 변동성이 상대적으로 크다는 의미다. 그러면 기업 이익의 변동성도 커지고, 결국 기업의 투자와 개인의 소비에도 영향을 미친다. 그런데 유럽 국가들 가운데 경제 부국으로 인정받는 독일 역시 수출 중심의 경제 구조를 갖고 있다. 한국의 경제 구조가 독일과 비슷하다면, 독일도 디스카운트를 받아야 할까?

한국과 독일의 경제 구조에는 한 가지 차이가 있다. 독일은 EU 경제 공동체를 기반으로 유럽 27개 국가의 수요를 마치 내수처럼 활용할 수 있다는 이점이 있다. 즉 경기가 안 좋은 시기에도 기댈 언덕이 있다는 뜻이다. 반면에 한국은 상대적으로 작은 단일 내수 시장을 가지고 있다. 게다가 휴전 중인 분단국가여서 환율의 변동성이 크다는 점도 있다. 이는 글로벌 투자자들이 자산 배분의 관점에서 지정학적 리스크를 줄이고자 하는 국면에서는 더 민감하게 반응할 요인으로 작용할 수 있다. 환율의 변동성은 수입과 수출에 큰 영향을 주고, 이는 경기의 변동성을 더욱 크게 만든다.

그러나 한국이 단지 수출 중심의 경제 구조를 가진 나라여서 저평가 받는다고 주장하기에는 고개가 갸우뚱해지는 지점이 있다. 만약 한국이 수출 비중이 적고 내수 중심으로 성장하는 국가라면 저평가를 벗어날 수 있었을까? 그랬다면 외국 투자자는 한국 기업이 내수 중심이고 해외 시장 개척이 더디다는 이유로 성장성이 낮다고 판단하여 기업 가치를 더욱 저평가해버릴 수도 있을 것이다. 한국 기업은 제한된 내수 시장이라는 한계를 수출을 통해 뛰어넘으면서 지금까지 크게 발전해왔고, 앞으로도 그럴 것이라는 점에서 오히려 고평가를 받을 수도 있다.

한국 경제의 수출 중심 구조는 단순히 저평가 요인이라기보다는 한국 경제의 성장 동력이 가진 특성으로 보는 것이 옳다. 거기에 내수 산업을 충분히 키움으로써 경제의 균형을 맞추는 것이 현실적으로 바람직하다. 한국의 경제 구조가 수출 중심이라는 점은 저평가 요인일 수도 있지만, 때로는 초과 성장 요인이 될 수도 있다. 이는 코리아 디스카운트의 결정적 요인으로 보기에는 충분치 않다.

2. 한반도는 바람 잘 날이 없다: 지정학적 리스크

한국은 남북으로 분단된 휴전 국가라는 점이 오랫동안 저평가의 요인으로 꼽혀왔다. 북한은 핵무기로 한국과 일본 등 주변 국가뿐만 아니라 미국까지 위협하며 금융시장에 불확실성을 키워왔다. 그러나 북한의 핵실험과 미사일 발사 도발은 무려 20여 년 이상 이어져왔으며, 이제 주식시장에서 이로 인한 불확실성은 매우 제한적이다. 2010년 중반부터 북한보다는 오히려 중국과 일본 등 주변 강대국과의 갈등이 새로운 저평가 요인으로 불거지고 있다고 봐야 한다.

중국은 한국의 사드THAAD 미사일 배치에 대한 보복으로 한국의 대중국 무역과 산업 활동을 제한했다. 특히 문화콘텐츠 산업은 직접적으로 큰 타격을 받았다. 중국은 자국민의 한국 단체관광을 제한하고, 한국산 제품에 대한 불매운동을 벌였다. 또한 한국의 대중문화 금지 조치인 한한령으로 K-pop 공연이 취소되고 중국 내 한국 방송프로그램 방영이 중단되었으며 한국 게임의 중국 수출도 제한당했다. 또한 경북 성주에 사드 배치용 부지를 제공한 롯데그룹의 경우에는 중국에 진출한 전 계열사가 세무조사를 받았고, 실적 부진으로 인해 중국 사업을 철수하고 자산을 매각했다. 그러나 중국의 이러한 직·간접적인 보복으로 인해 한국의 문화콘텐츠 산업은 중국 자본의 중력에 빨려 들어가는 대신 세계 여러 곳의 신흥국과 선진국으로 뻗어나가고 있다. 새로운 활로가 열린 것이다.

또 일본은 2018년 10월 일제 강제 동원 배상 판결에 대한 보복으로 2019년 7월 한국으로의 반도체 소재 수출을 제한하고, 8월 한국을 화이트리스트, 즉 수출심사 우대국 명단에서 제외했다. 이러한 무역 보복의 결과 한국은 IT 등 일부 산업에서 부품 조달에 어려움을 겪기도 했다. 그러나 일본의 규제 이후 한국 기업은 오히려 소재·부품·장비 산업에서 국산화가 빠르게 이루어지며 글로벌 경쟁력을 키워가고 있다. 일본의 제한 조치는 한국 시장에 일시적으로 불확실성을 야기하기는 했지만, 중장기적으로는 여러 산업에서 또 다른 성장 동력으로 작용했다. 따라서 일본과의 갈등도 한국 증시의 지속적인 저평가 요인으로 삼기는 어렵다.

최근에는 미국과 중국의 G2 분쟁이 진행되고 있다. 미국이 도입한 인플레이션 감축법IRA이 전기차 등 여러 산업의 생존에 직접적인 영향을 미치면서, 한국 기업들도 해외 공장을 미국에 세울 것인지 말 것인지 선택을 강요받고 있다. 강대국의 무역분쟁은 중장기적으로 다양한 산업에 큰 영향을 미칠 것이다. 그러나 이는 한국뿐만 아니라 미국과 중국을 포함한 모든 나라가 당면한 문제다. 오직 한국 기업만이 저평가 받아야 할 요인으로 보기는 어렵다. 또한 이러한 지정학적 위협 요인은 중장기적으로 국산화 등 산업의 육성 기회가 되기도 한다.

3. 선무당이 사람 잡는다: 정부의 시장 개입

'한 나라의 사회나 경제에 정부가 어느 수준까지 개입할 수 있는가' 라는 질문에 정답은 없다. 국방, 경찰, 소방, 도로 등의 공공재는 분명 정부의 역할이 필요하고, 공공재 외에 사회적으로 지나친 혼란을 야기 하는 부분에 대해서도 정부가 개입할 수 있다. 그러나 산업 대부분에서 는 수요과 공급이라는 경제 시장의 기본 법칙이 존재하므로, 많은 경우 에 정부의 개입이 오히려 시장에 혼란을 주는 경우가 많다. 수요와 공 급의 균형을 시장에 맡기지 않고 정부가 개입하면 시장참여자들이 산 업의 방향과 기업의 실적을 예측하기가 어려워진다. 그리고 불확실성 이 커지는 기업에는 저평가가 뒤따른다.

더욱이 전 세계적으로 포퓰리즘이 과거보다 더욱 확대되면서, 정부 의 개입을 정치적인 수단으로 삼는 경우도 많아졌다. 그 결과 심각한 경제 위기가 초래된 사례가 있다. 1972년 미국의 닉슨 대통령은 재선 을 앞두고 표심을 얻고자 했다. 이에 인플레이션 우려에도 불구하고 미 국의 중앙은행시스템인 연방준비제도Federal Reserve System, Fed에 금리 인 하를 종용했다. 당시 Fed 의장은 미국 경제학회장을 역임한 경제학자

아서 F. 번스Arthur F. Burns였다. 이때 번스는 정부의 개입을 용인했다. 그 결과 1970년대 8%대였던 미국의 기준금리는 불과 1년 만에 4%대로 급락했다. 인플레이션이 심화됐고, 거기에 제1차 오일쇼크(1973)까지 터지면서 미국의 물가 상승률은 걷잡을 수 없이 치솟아 10%대가 됐다. 번스는 뒤늦게 기준금리를 13%대까지 급격히 인상시켰다. 그러자 미국 경제는 인플레이션에 경기침체까지 겹친 전대미문의 스태그플레이션을 맞이하게 됐다. 정부가 표를 얻기 위한 정책을 강행하면서 중앙은행의 독립성이 지켜지지 않자 미국 경제가 파국을 맞게 된 것이다.

시장의 가격 기능이 마비되면 수요가 일정하더라도 공급에 문제가 생기면서 높은 인플레이션이 발생하기도 한다. 위 시기에 미국 정부는 시장의 제품 가격에도 관여했다. 기업은 제품 가격을 올릴 수 없게 되자 공급을 늘리지 않았는데, 수년 뒤 수요보다 공급이 부족해지며 제품의 가격이 폭등하는 사례가 줄을 이었다. 정부의 섣부른 개입보다는 시장의 자연스러운 조정이 중요하다는 교훈을 남긴 역사적 사건이었다.

또 다른 폐단의 형태로는 소유 분산 기업(주인이 없는 기업)에 대한 정부의 지배구조 개입 문제가 있다. 포스코, KT, KT&G는 과거에는 공기업이었다가 민영화된 거대 기업이다. 이러한 기업은 경영권을 가진 특정한 지배주주 없이 지분 대부분이 소수주주에게 분산되어 있다. 정부도 지분을 거의 가지고 있지 않다. 그런데도 정부는 이런 소유 분산 기업들에 상당한 영향력을 행사한다. 설령 정부의 인사 배치가 없어도 정부가 가진 인허가권이나 감독권의 행사만으로도 해당 기업을 위협할 수 있기 때문이었다. 이러한 기업의 이사회 구성을 보면 예로부터 정부

관료 출신이 대표나 임원 자리를 차지하는 경우가 많았다.

그렇지만 이런 소유 분산 기업들은 소수에 불과하다. 이들이 한국 주식시장 전체를 대표할 수는 없다. 한국에는 상장회사가 2,000여 개가 넘고, 막강한 글로벌 경쟁력을 지닌 수출 중심 기업들이 다수 포진해있다. 소수의 기업에만 해당하는 평가를 한국 주식시장 전체의 저평가 요인으로 보기는 어렵다.

4. 부러질지언정 휘지 않는다: 노동시장의 경직성

'노동시장의 유연성'이란 말이 있다. 이는 기업이 경영 여건에 따라서 해고 절차를 통한 구조조정을 쉽게 하고, 또 필요한 경우에 채용도 손쉽게 할 수 있는 법·제도적인 환경을 말한다. 그런데 한국에서는 근로기준법상 근로자를 해고하려면 긴박한 경영상의 이유, 노조와의 협의, 고용노동부 장관의 허가 등 까다로운 조건을 충족해야 한다. 한국만의 독특한 연공서열형 임금체계인 호봉제 또한 노동 유연성을 떨어뜨리는 요인이다.

세계경제포럼WEF은 1979년 이후 각 나라의 국가경쟁력을 평가하고 있다. 2019년에는 103개의 지표로 141개 국가를 평가했는데, 이 중 우리나라의 노동시장 부문은 141개국 가운데 51위를 차지했다. 전 해보다 세 단계 하락한 순위다. 항목 가운데 정리해고비용은 116위, 고용 및 해고 관행은 102위, 노사 관계에 있어서의 협력은 130위에 그쳤다.

같은 해에 한국이 GDP 기준 세계 경제 규모 순위에서 12위를 차지한 것과 비교하면 한국의 경제 수준과 노동시장의 유연성에는 매우 큰 격차가 있음을 알 수 있다.

기업의 노동 유연성이 떨어진다는 말은 기업이 경영 환경 변화 국면에 적절하고 기민하게 대응할 수 없다는 의미다. 노동 유연성이 떨어지는 기업은 영업 활동이 조금만 어려워져도 이익이 쉽게 하락한다. 이는 수익의 변동성을 야기하므로 투자자가 기업의 가치를 판단할 때 저평가 요인이 될 수 있다. 즉 한국 노동시장의 경직성이 코리아 디스카운트의 요인이 된다는 것이다.

2022년에 전 세계적으로 물가상승과 금리 인상이 일어나면서 기업의 경영 환경이 어려워졌다. 그러자 미국 빅테크 기업들은 한 번에 수만 명씩 직원을 해고했다. 메타(페이스북)는 2022년 하반기에 1.1만 명, 2023년 상반기에 1만 명을 해고했고, 아마존은 2023년에 2.7만 명을 해고했다. 구글과 마이크로소프트도 1만 명씩 구조조정을 단행했다. 그러나 한국 기업 가운데 대규모 해고를 한 기업은 한 곳도 없다.

그러나 '노동시장의 유연성'이라는 잣대를 그대로 한국에 가져다 대기에는 애매한 부분이 있다. WEF의 같은 평가에서 한국은 인적 자본 부문 가운데 직원 교육 수준은 36위, 직업훈련의 질적 수준 23위, 대졸자 기술 수준 24위, 숙련자 구인 용이성 19위 등으로 준수한 평가를 받았다. 한국은 교육열이 세계 최고 수준이어서 우수한 인재가 많고, 근면한 국민성을 갖추었기 때문에 인력의 생산성이 나쁘지 않은 편이다.

또 노동의 유연성은 양적인 측면과 질적인 측면을 모두 살필 필요가 있다. 양적 노동 유연성이 노동자의 수를 조정하는 문제라면, 질적 노동 유연성은 단순히 해고가 아니라 인력 자본의 재배치를 통해서 기업의 효율을 높이는 문제다. 최근 한국은 인터넷 S/W, IT 산업을 중심으로 질적 노동 유연성이 개선되고 있다. 과거에는 부서 간 이동이나 계열사 간 이동을 해고와 좌천의 의미로 보았지만, 최근에는 새로운 분야에서 일할 기회로 보는 시각이 늘어나고 있다.

미국을 제외하고는 노동 시장의 유연성이 매우 탄력적인 나라는 드물다는 점, 그리고 한국에서 질적 노동 유연성이 개선되고 있다는 점을 볼 때, 한국 노동시장의 경직성을 코리아 디스카운트의 결정적 요인으로 삼기에는 충분치 않아 보인다.

5. 원맨팀: 삼성전자의 지나치게 높은 시총 비중

스포츠계에서 선수 한 사람의 활약이 전체 팀의 성적을 좌우하는 경우 '원맨팀'이라고 불린다. 해당 선수가 슬럼프에 빠지거나 부상 등으로 부재하는 경우 팀의 성적은 그대로 곤두박질치게 된다. 비슷한 사례를 한국 증시에서 발견할 수 있다.

2023년 4월 기준으로 한국 증시에서 삼성전자의 시가총액 비중은 21.66%에 달한다. 한 국가의 주식시장에서 하나의 기업이 차지하는 비중이 이렇게 높은 사례는 전 세계에서도 보기 드물다. 미국의 애플 6%, 일본의 도요타 4%, 독일의 SAP 9%, 영국의 아스트라제네카

AstraZeneca 7% 등과 비교해보면 삼성전자가 시가총액에서 차지하는 비중은 지나치게 높은 편이다.

이처럼 한 기업의 시가총액 비중이 높으면 지수의 변동성이 커질 수 있다. 아무리 큰 기업이라고 할지라도 한 산업의 경기 순환 주기는 다수의 산업을 모아놓은 전체 시장과 비교할 때 변동성이 더 클 수밖에 없다. 지수의 변동성이 크면 투자자는 아무래도 투자를 회피하게 된다. 특히 각국의 지수에 자산을 배분해 투자하는 외국인으로서는 다른 국가에 비해 단일종목 시총 비중이 큰 한국을 선호하기는 어렵다.

또한 삼성전자의 개별 주가 흐름을 분석할 때도 주가의 상승 또는 하락이 IT 산업 내 삼성전자의 펀더멘털 흐름을 반영한 것인지, 신흥국에서의 IT 포지션 비중을 조정하기 위함인지 구분하는 것도 어렵다. 분석하기 쉽지 않다는 점은 투자자에게는 불확실성으로 받아들여지기 때문에 긍정적이지 않다.

그러나 이를 반드시 저평가의 요인으로 받아들이기는 어렵다. 삼성전자의 주가는 반도체 산업 성장에 힘입은 바가 크다. 그런데 한국의 반도체 섹터에는 삼성전자 외에도 SK하이닉스 등 경쟁 기업들이 자리하고 있다. 그리고 한국은 반도체 외에도 자동차, 화학, 조선, 항공, 기계, 음식료, 금융, 인터넷, 게임, 미디어, 통신, 제약·바이오, 소프트웨어 등 다양한 산업이 발달해있다. 삼성전자의 시총 비중으로 인한 지수의 왜곡 현상은 있을지언정, 저평가 요인으로는 충분치 않다.

6. 주주자본주의의 불모지: 불투명한 기업 지배구조와 낮은 주주환원

주식회사는 '근대사 최고의 발명품' 또는 '자본주의의 꽃'이라 불린다. 대규모의 사업을 운영하려면 대규모의 자본금이 필요하다. 그러나 개인 또는 하나의 단체가 대규모의 자본을 조달하기는 어렵고, 사업 실패 시의 리스크도 혼자 짊어지기에는 부담이 크다. 그래서 여러 사람에게 조금씩 투자를 받아 큰 자본을 만들고, 운영 주체가 이 돈을 맡아 사업을 진행한 다음, 이익이 발생하면 투자금의 규모에 따라 이를 분배(배당)해주는 제도를 만들게 됐다. 만약 사업이 실패하더라도 많은 사람이 손실을 조금씩 부담할 수 있는 획기적인 방식이었다. 이러한 형태의 기업을 '주식회사'라 하고, 이때 이익 분배의 권리를 보장하는 증서를 '주식'이라고 한다. 주식회사가 도입되면서 자본주의는 양과 질 모든 측면에서 커다란 변혁을 맞이했다.

주식은 기업의 자기자본에 대한 투자자들의 소유권으로, 주식 소유자인 주주는 의결권voting right, 배당수령권, 잔여재산분배청구권 등 다양한 권리를 보장받는다. 이 권리는 주주가 가진 주식의 규모에 비례한다. 그런데 한국에서는 주주가 차별 없이 비례적으로 의결권과 수익배분권cash flow right을 누려야 한다는 대전제가 깨져있다. 특히 한국 기업의 수익 배분은 처참한 수준이다. [그림 1-2]를 보자.

배당성향은 회사가 벌어들인 당기순이익에서 일정 금액을 주주들에게 지급하는 비율이다. 배당성향이 높은 기업일수록 기업이 벌어들인 이익을 주주에게 많이 돌려준다. 그런데 주요 선진국들의 배당성향이

40~50% 수준인 것에 비해 한국의 배당성향은 20% 수준으로 매우 낮다. 심지어 중국처럼 금융 개방이 덜 되어있는 사회주의 국가보다도 낮다. 평균 수치를 보아도 선진국 평균 35%와 신흥국 평균 39%의 절반 수준이다. 배당성향이 낮다는 것은 주주의 권리인 수익 배분이 지켜지지 않고 있음을 나타낸다.

한국 기업이 배당 등 주주환원에 인색한 이유는 한국 경제의 독특한 성장 과정에서 원인을 찾을 수 있다. 한국은 50년도 되지 않는 짧은 기간에 압축성장과 고도성장을 겪었다. 시행착오를 겪으며 법 제도와 시스템을 만들고 가다듬을 시간을 얻지 못했고, 그동안 기업들 사이에는 창업자가 곧 지배주주로서 경영의 의사결정에 절대적인 권한을 행사하는 재벌 총수 문화가 강하게 자리잡았다.

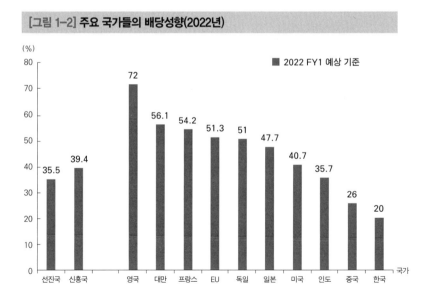

[그림 1-2] **주요 국가들의 배당성향(2022년)**

일반적인 주식회사는 기업의 소유와 경영이 분리되어있다. 주식회사는 설립과 동시에 기업을 경영할 사람들을 '이사'로 고용한다. 그들가운데 대표자를 '대표이사'라고 한다. 대표이사는 주주들을 대신하여기업을 경영할 임무를 맡은 사람으로, 기업의 주요 의사결정 시 주주들의 동의를 구해야 하고 기업의 성과도 성실히 보고할 의무가 있다. 이때 대표이사의 실적은 '주주들에게 얼마나 이익을 안겼는가'를 기준으로 삼는다. 따라서 주주들의 이익과 대표이사의 이익이 일치한다. 그러나 한국의 기업들은 대체로 소유와 경영이 제대로 분리되어있지 않고 지배주주가 대표이사를 겸하는 경우가 많다. 이런 경우 지배주주는기업이 낸 이익을 곧 자신의 이익으로 여기기 쉽다. 그래서 주주들에게자신의 이익을 나누어주는 데 거부감을 느끼게 된다.

세금 문제도 있다. 만약 지배주주가 배당성향을 높이면 어떻게 될까? 당연히 대다수 소액주주들은 배당소득이 높아지게 된다. 그러나지배주주는 높은 배당금을 받은 결과 높은 세금을 내게 된다.[◆] 이처럼일반주주들의 이익과 지배주주의 이익이 일치하지 않는 상황에서, 지배주주의 선택은 기업의 이익으로 배당을 높이는 대신 기업의 잉여자금으로 남겨둔 채 다른 사업에 투자하거나, 자회사를 분할상장하여 기업의 규모를 키우고 지배권을 강화하는 쪽으로 기울게 된다. 그렇더라도 주주는 이러한 선택에 법적인 대응을 할 수 없다. 국내법상 주주의

◆ 합산 금융소득이 연 2,000만 원 미만이면 소득세 14%와 지방소득세 1.4%를 합해 총 15.4%의 세율을 적용받는다. 금융소득이 연 2,000만 원을 초과하는 경우 다른 종합소득과 합산하여 종합과세하고, 누진세율을 적용받는다.

배당수령권은 말 그대로 '권리'일 뿐 기업의 '의무'가 아니기 때문이다.

세금 문제는 주가로도 이어진다. 주주가 주식을 통해 이익을 얻는 데에는 배당 외에도 주주 간 주식 거래를 통한 양도차익을 꾀하는 방법이 있다. 일반적으로 양도차익이 발생하려면 구매한 시점의 주가보다 판매하는 시점의 주가가 높아야 한다. 그러나 지배주주에게는 주가를 끌어올려야 할 절실한 이유가 없다. 어렵게 주가를 끌어올리지 않아도 기업의 경영권을 유지하는 데 아무 문제가 없고, 주가를 끌어올리면 오히려 자신의 자녀에게 회사를 상속할 때 더 많은 세금을 부담하게 된다.

앞서 KOSPI와 S&P500 지수를 비교한 그래프를 떠올려보자. 1994년을 기준으로 지수값을 똑같이 100으로 두었을 때, 30년 동안 KOSPI 지수는 2.8배 상승했지만 S&P500 지수는 9.6배나 상승했다. 같은 기간 한국의 GDP가 5~6배 성장한 것에 비해 KOSPI 지수는 절반의 성장에 그쳤다. 한국의 경제 규모가 성장할 때 주가의 상승은 억제된 것이다.

지금껏 한국 기업들은 주주들이 마땅히 누려야 할 이익과 의사결정에 참여할 권리를 제대로 보장해주지 않았다. 이에 따라 한국의 투자자들은 주식을 장기 보유하며 기업의 주인으로서 기업의 의사결정 행위에 참여하는 문화를 가져보지 못했고, 주가의 성장에 따른 자산가치의 상승과 장기 투자에 따른 배당 수익 또한 온전히 누리지 못했다. 그 결과 오직 단기 차익 실현에 초점을 맞추는 투기 성향을 가지게 됐다. 불투명한 기업 지배구조와 낮은 주주환원, 이것이 바로 한국 주식시장이 저평가받게 된 가장 근본적이면서도 강력한 원인이다.

자본시장연구원도 「코리아 디스카운트 원인 분석」(2023)이라는 보고서를 펴내며 '불투명한 지배구조와 낮은 주주환원'이 코리아 디스카운트의 가장 큰 요인이라고 꼽았다. 실제로 2014년에서 2017년까지 월드뱅크가 발표한 'Doing Business' 평가에서 한국은 190개국 중 17~23위로 상위권에 속했지만, 글로벌경쟁력지수GCI의 기업 지배구조 평가에서는 140개국 중 100~116위로 하위권에 있다.

한국 상장사 주가순자산비율PBR을 살펴보더라도 2012년부터 2021년까지 10년간 평균 1.2배 수준을 기록했는데, 이것은 선진국의 52%, 신흥국의 58%, 아시아태평양 국가의 69% 수준으로 매우 심각하게 저평가된 상태다. 자본시장연구원은 '코리아 디스카운트 현상은 바이오 섹터를 제외한 모든 섹터에서 일관되게 관찰된다'고 지적했다.

그동안 한국 주식시장은 주주가 비례적으로 수익 배분을 받지 못했을 뿐 아니라, 지배주주가 사익 편취를 하거나 피인수기업 지배주주만 경영권 프리미엄을 누리는 등 나쁜 관행이 가능한 구조를 유지해왔다. 지배주주에게는 소액주주와 이익을 나누거나 주가를 높일 동기가 부재했다. 그로 인해 주식가치의 상승과 주주환원이 제대로 이루어지지 않았고, 정당한 주주권이 지켜지지 않았다. 투자자가 기업을 신뢰할 수도, 장기투자를 할 이유도 없었던 것이다. 상황이 이러하다면 한국 주식시장은 저평가받는 것이 당연하다.

결국 한국의 기업 지배구조에는 불투명성이 존재하고, 그로 인하여 주주환원이 글로벌 최하위권 수준이며, 바로 이것이 코리아 디스카운트를 유발하는 가장 큰 요인이라고 말할 수 있다.

일반주주가
피해를 입는 유형

한국의 불투명한 기업 지배구조와 낮은 주주환원은 코리아 디스카운트를 유발함으로써 주주들의 이익을 도둑질해왔다. 지배주주는 다종다양한 방식과 편법으로 일반주주들에게 피해를 입혔다. 그 유형을 대략 다섯 가지로 정리할 수 있다.

1. 일감 몰아주기

첫 번째는 '일감 몰아주기'다. 이는 기업 집단에서 계열사끼리 내부

거래를 하고 그 거래의 이익이 지배주주 일가에게 돌아가는 현상을 말한다. 지배주주가 사익을 편취하는 전형적인 유형이다. 일감 몰아주기는 대기업부터 중소기업까지 다양한 산업에서 발생해왔다. 사례를 살펴보자.

나는 오래전 자동차 부품을 만드는 A사에 잠깐 투자한 적이 있었다. 투자 기간이 길지 않았는데, 석연치 않은 부분이 있었기 때문이다. 과거에 A사는 경쟁사 대비 평균적으로 더 낮은 마진을 기록했다. 그런데 일정 기간은 별 이유 없이 더 높은 마진을 가져가고 있었다. 그러다가 난데없이 자회사 B, C, D가 새로 생겼는데, 이들은 본사에서도 할 수 있는 일을 맡아 처리하는, 부가가치가 낮은 회사들이었다. 나중에 알고 보니 그 회사들은 창업주가 아들 셋을 위해 설립한 회사였다.

창업주는 B사와 C사를 설립해서 차남과 삼남에게 각각 대표이사 자리를 맡겼다. 두 회사 모두 자본금은 소액이었지만, 설립된 해부터 30% 이상의 영업이익률을 기록하며 성장했다. 또 창업주는 A사 대표인 장남에게는 D사를 설립해서 지분을 몰아준 뒤, 금형사업부 자체를 양도했다. 덕분에 D사는 설립된 해부터 큰 성장을 이루었다. 일감 몰아주기를 통하여 자녀들에게 편법증여를 한 것이다. 결국 상장사 A사가 가져야 할 수익가치를 비상장사 B사, C사, D사가 나눠 가짐으로써 A사 주주들의 수익가치가 훼손되었다.

현행 공정거래법에 따르면 자산 5조 원 이상 공시 대상인 기업 집단에 소속된 국내 회사는 동일인(총수)과 그 친족이 지분을 20% 이상 보유한 다른 계열사에 일감을 몰아주거나 사업 기회를 제공하는 등의 방식으로 부당한 이익을 제공해서는 안 된다. 이를 위반하면 증여세를 내야 한다.

최근에는 일감 몰아주기 행태가 감소한 것으로 보이나, 일부 기업들은 여전히 복잡한 사업 구조를 만든 뒤 지배주주 일가가 편법으로 이익을 갈취하는 행태를 유지하고 있다.

2. 핵심 자회사 물적분할 후 상장

'물적분할'이란 모기업이 특정 사업부를 독립적인 회사로 분리하면서, 모회사가 자회사의 지분 100%를 소유하는 구조를 말한다. 이때 물적분할과 동시에 독립 회사인 자회사를 중복 상장하는 경우 모회사의 가치 평가에 혼동이 올 수 있다. 특히 그 자회사가 모회사의 매출이나 성장성에 핵심적인 역할을 담당하던 사업부라면 더욱 그렇다.

핵심 자회사 물적분할 후 상장은 2020년 이후로 시장에서 큰 이슈가 됐다. 특히 2022년 1월 국내 대표 기업 중 하나인 LG화학이 LG에너지솔루션을 물적분할하며 상장시킨 사건이 도화선이 됐다. LG화학의 본업은 화학산업이었지만, 성장성은 2차전지 배터리를 제조하는 자회사인 LG에너지솔루션이 큰 몫을 가지고 있었다. LG에너지솔루션을 따로 분리하여 상장하면 자연히 LG화학의 성장성은 온전히 인정받기가 쉽지 않다.

중복 상장에 대한 의견은 분분하다. 우선 중복 상장을 하더라도 각

회사는 각각 가치평가를 인정받아야 한다는 주장이 있다. 반대로 중복 상장을 할 경우, 특히 핵심 자회사를 상장하면 모회사는 껍데기나 마찬가지라는 주장도 크다. 각각의 주장은 아직 하나로 정리되지 않았다. 어쨌든 LG화학의 주가는 LG에너지솔루션 상장이 발표된 직후부터 저평가 구간에 들어갔고 상장 이후에도 같은 흐름을 보이고 있다.

해외 시장에서는 어떨까? 미국의 대표 인터넷 기업인 구글은 모회사인 '알파벳' 1개 종목이 상장되어 있다. 미국과 유럽의 대표 기업들을 살펴보아도 중복 상장의 사례는 드물다. 반면에 한국의 대표적 인터넷 기업인 카카오는 카카오를 제외하고도 카카오뱅크, 카카오게임즈, 카카오페이 등 3개의 핵심 자회사가 상장됐고, 추가로 카카오엔터테인먼트도 상장을 준비하고 있다.

핵심 자회사 물적분할 이후 가치평가를 어떻게 할 것이냐는 사실 부차적인 문제다. 본질적인 문제는 '물적분할 과정에서 일반주주가 입을 수 있는 피해를 최소화하기 위해 어떤 투자자 보호장치를 마련하는가'다. 이에 대해 정부는 물적분할에 반대하는 모회사 주주에게 주식매수청구권을 부여하거나, 상장할 자회사의 주식을 배당하는 방안을 논의 중이다. 그렇지만 물적분할 이슈로 해당 회사의 주가가 이미 하락한 상황이라면 주식매수청구권은 주주 보호 방안이 될 수 없다. 장기투자자의 경우에도 2개월 등의 단기 산술평균된 주식매수청구권의 가격 결정법이 합리적이라고 동의하지 않을 것이다.

국내 증시에서 물적분할 후 상장 비중은 세계적으로도 유례가 없이 높은 수준이다. 주주를 강력하게 보호하기 위해 투자자와 감독 당국이 실효성 있는 정책을 논의하고 결정하는 과정이 반드시 필요하다.

3. 저평가 자회사 합병

저평가 상장 자회사 합병은 합법적인 기업 행위다. 그렇지만 장기투자자에게는 심각한 리스크를 주는 요인이다. 실제 사례를 통해서 알아보자.

국내 30대 그룹 중 하나인 상장사 A사에게는 자회사인 상장사 B사가 있었다. B사는 홈쇼핑 사업을 운영하고 있었기 때문에 성장성은 크지 않아도 현금흐름이 매우 풍부했다. 무차입 경영에 순현금은 2,000억 원대를 보유하고 있었고, 영업이익은 800억 원 내외로 높은 수익가치를 보유했다.

2016년 A사는 갑작스럽게 양재동에 종합물류와 유통센터를 개발하기 위한 부지 확보에 4,500억 원을 투자한다고 발표하면서 이를 그룹사의 장기투자 플랜을 위한 포석이라고 설명했다. 그런데 이에 필요한 투자는 자회사인 B사가 모두 감당하게 했다. 이 투자로 B사는 무차입에서 차입금 3,000억 원이 생기며 이자 비용이 크게 증가했다. 이 부지에 매겨진 세금도 연간 수백억 원에 달했다. 당연히 B사의 주가는 하향곡선을 그리게 됐다. 그러나 당시 공시지가를 기준으로 잡아도 투자한 부지의 가치는 매입가격보다 훨씬 컸다. 따라서 B사의 주주들은 당장은 현금흐름이 훼손되어도 향후 개발 완료 시점에는 가치가 상승할 것으로 기대했다.

그런데 2021년에 충격적인 발표가 이어졌다. B사가 모회사와 합병된다는 것이었다. 주식매수청구권이 있었지만 주가는 지나치게 하락한 상태라 의미가 없었다. 또한 의결권에 있어 지배주주와 우호지분의 지분율이 매우 높았고, 매수청구권으로 확보한 주식과 자사주를 소각했기 때문에 합병 반대 카드는 무력화되었다. 결국 자회사 B사는 그룹의 장기투자라는 명목하에 부지 매입 금액을 대고, 차입금에 대한 이자를 내고, 부지에 대한 세금까지 납부하면서 A사의 현금지급기 역할을 했을 뿐이다.

B사의 IR 담당자는 장기 기관투자자였던 나에게 미안해했다. 하지만 할 수 있는 것은 없었다. 자기네 회사가 얼마나 저평가되었는지만을 강조하는 A사 담당자의 모습을 보며 나는 할 말을 잃었다. 그리고 속으로 생각했다. '당신네 회사의 저평가는 합병한 자회사의 주주들에게서 피눈물을 나게 한 대가로 생겨난 것이다'라고 말이다.

한 가지 사례를 더 살펴보자. 국내 중소형 그룹인 C사는 2015년 알짜배기였던 화학 자회사 D사를 합병시켰다. 합병 이유는 사업지주회사로서 그룹을 성장시키겠다는 것이었다. 해당 시점에 D사는 저평가를 받고 있었기에 장기투자할 만한 가치가 있었다. 그렇지만 C사가 공개적으로 그룹의 성장 의지를 발표했기에 투자자들은 받아들이고 넘어갔다.

문제는 또 다른 화학 자회사인 E사에서 일어났다. C사는 D사를 합병할 때 이후로 추가적인 자회사 합병은 절대 없을 것이라고 밝혔다.

당시 나는 E사에 투자하고 있었다. 그래서 C사 및 E사와의 미팅에서 '정말 합병이 없는 것이냐'고 수차례 질문했고, 몇 번이나 확답을 받았다. 그러나 2020년, E사의 주가가 매우 낮아졌을 때 C사는 E사를 합병해버렸다. 당시 E사는 순현금 보유액이 700억 원으로 시가총액인 800억 원에 육박하는 우량한 재무구조를 가지고 있었다. 영업이익도 200억 원대를 유지했다. 그렇지만 그동안 배당과 자사주 매입에 소극적이었는데, 이번 합병으로 그 이유가 밝혀진 것이다. 심지어 E사는 2020년부터는 배당을 늘리겠다고 투자자들에게 언급한 상황이었다. E사의 IR 임원은 나에게 따로 찾아와서 사죄했다. 하지만 이번에도 할 수 있는 것은 없었다. 그 역시 지배주주의 의사결정에 따를 수밖에 없는 입장이었다.

나는 기관투자자로서 펀드를 운용하며 이러한 사례를 십여 차례 경험했다. 대다수 주주들이 손해를 입고 지배주주만 이득을 보는 이러한 행태를 방지하기 위해서는 기업 지배구조의 개선과 회사 이사회의 투명성이 절실히 필요하다.

4. 지배주주만 배 불리는 경영권 프리미엄

기업 간 인수합병M&A 시 피인수 기업의 지배주주만 경영권 프리미엄을 누리는 관행도 심각한 문제다.

우리나라 M&A의 대부분은 '주식양수도' 방식을 취한다. 이는 지배주주가 보유하고 있는 지분을 매수인이 사적인 계약을 통해 매입하여 기업의 경영권을 확보하는 방식이다. 2021년 통계에 따르면 국내에서 기업 M&A의 약 82.8%가 주식양수도 방식을 택했다. 주식양수도 방식에서 일반주주는 철저히 배제된다. M&A에 찬반을 표시할 수도, 자신이 보유한 피인수기업의 주식을 매각할 기회도, 지배권 프리미엄을 누릴 기회도 전혀 얻을 수 없다.

더욱 큰 문제는 지배주주에 대한 프리미엄이 과도하다는 점이다. 지배주주는 자신이 보유한 주식을 얼마든지 프리미엄을 받고 팔 수 있기 때문에, 시장에서 기업의 가치에 정당한 가격이 매겨지는지, 즉 주가가 적절한지 신경 쓸 필요가 없게 된다. 대다수 일반주주의 이익이 무시되는 것이다.

또 기업의 M&A 시에는 주가가 단기 급등하는 경향이 있다. 특히 기업의 매각 가격을 보면서 일반주주는 저평가 유인에 이끌리기 쉽다. 실제로 국내 기업들의 매각 사례를 보면 지배주주는 보통 시장에서 거래되는 주가 대비 50~100% 수준으로 프리미엄을 받으면서 매각한다. 하지만 M&A 후 주가는 대부분 하락세를 보이므로, 일반주주뿐 아니라 기관투자자와 외국인 투자자들도 가격 보상을 받을 기회가 없다.

이처럼 일반주주가 피해를 입는 것을 방지하기 위해, 선진국에서는 기업 간 M&A 시 경영권 지분 외에도 일반주주의 지분을 의무적으로 매수하도록 하고 있다. 이른바 '의무공개매수제도'다. 이는 일정 지분 이상의 인수가 이루어질 때 잔여주주 전부에 대해 최근 1년간 거래된 최고가격 이상의 가격으로 공개매수 제의를 하게 하는 제도다. 잔여주주 모두가 지배주주와 동일한 지배권 프리미엄을 누릴 수 있도록 기회를 제공하는 것이다. 미국의 경우 제도화하지는 않았지만, 이사회의 적극적인 역할과 발달된 민사 소송제도를 통해 일반주주의 지분을 공개매수하는 것이 관행으로 자리잡았다.

최근 한국에서도 의무공개매수제도를 재도입할 준비를 하고 있다. 이 제도는 1997년 한번 도입되었으나 기업 구조조정을 지연시킨다는 우려와 국제통화기금의 요구로 1998년에 폐지됐다. 이번에 다시 추진하는 의무공개매수제도의 내용은 '상장회사 주식의 25% 이상을 보유하는 지배주주가 되는 M&A의 경우 의무적으로 공개매수를 진행해야 하며, 이때 매입 가격은 지배권 프리미엄이 반영된 가격과 같게, 물량은 경영권 변경 지분을 포함하여 전체 주식의 50%+1주 이상'으로 하는 것이 골자다.

다만 이 제도 또한 한계가 있다. 우선 일반주주가 지배주주와 동등

[표 1-1] 국가별 M&A 시 주주보호 장치

입법례	매수 요건	매수 대상	매수 가격
EU	일정비율(회원국 결정사항) 이상 취득	잔여주주가 보유한 주식 전체	경영권 프리미엄 포함
영국	30%이상 취득	잔여주주가 보유한 주식 전체	
독일	30%이상 취득	잔여주주가 보유한 주식 전체	
일본	1/3초과 취득	해당 주식을 공개매수 방식으로 취득	
	2/3초과 취득	잔여주주가 보유한 주식 전체	
한국 (추진중)	25%이상 취득	해당 주식을 공개매수 방식으로 취득 (최소 50% + 1주 이상)	
미국	제도 미도입		

출처: 금융위원회

한 권리를 갖지 못한다. 지배주주는 프리미엄을 얹어 보유한 지분을 모두 매각할 수 있지만, 나머지 주주들은 자기 지분의 일부만 매각할 수 있다. 또 100% 공개매수 의무화가 아닌 이상 규제를 우회할 가능성이 있다. 예를 들어 인수 기업이 25% 미만의 경영권 지분만을 인수하면 공개매수 의무 대상이 아니게 된다.

성긴 그물로는 물고기를 잡을 수 없다. 일반주주가 차별받지 않고 보호받을 수 있는 좀더 내실 있는 제도가 필요하다.

5. 나쁜 자사주 매입

자사주 매입은 목적에 따라 크게 두 가지로 구분할 수 있다. 주주를 위한 자사주 매입과 회사를 위한 자사주 매입이다.

주주를 위한 자사주 매입은 소각이 동반된다. 주식의 가격은 시가총액을 발행된 주식의 수로 나눈 값이다. 따라서 주식의 수가 소각되어 줄어들면 자연히 주식의 가격이 올라간다. 이때 일반주주는 지배주주와 차별 없이 주당가치(EPS, BPS뿐 아니라 미래의 기대 성장까지도)가 올라가는 효과를 누릴 수 있다. 자사주 매입 및 소각이 시장에 자리잡을 경우 그 효과가 자본시장에 미치는 영향이 얼마나 큰지는 이후 주주환원 편에서 다시 설명하겠다.

회사를 위한 자사주 매입은 지배주주의 경영권 방어를 위한 것으로, 일반주주는 그 효과를 누릴 수 없다. 그런데 국내 기업의 자사주 매입은 대부분 경영권 방어 목적으로 활용된다. 이는 주로 인적분할[◆] 과정에서 자사주의 마법[◆◆] 효과를 노리는 방식으로 이뤄진다.

자사주에는 의결권이 없다. 그렇지만 기업이 자사주를 매입하면 유통되는 주식의 수가 줄어들며 기존 지배주주가 가지고 있던 의결권 지분이 늘어나는 효과가 발생한다. 거기다 매입한 자사주를 우호 세력의 주식과 교환하여 우호 지분으로 만드는 경우가 보편적이다. 교환된 주식은 자사주가 아니므로 의결권이 생긴다.

자사주의 마법은 인적분할을 통한 지주회사 전환 과정에서 일어난다. 지배주주는 자신의 지배권 강화를 위해 모든 주주의 돈인 회사의 현금을 사용하여 자사주를 매입한다. 그다음 지주사와 영업자회사로 인적분할을 한다. 자사주가 없는 상태라면 지배주주나 일반주주들은 지주사와 영업자회사 각각 비례적으로 동일한 지분율이 유지된다. 그런데 자사주를 매입 후 소각하지 않고 인적분할하면서, 지주사에 해당되는 자사주는 모회사에 남겨두고 영업자회사에 해당되는 자사주는 지주사의 자산으로 분할시켜줌으로써 결과적으로 지주사가 영업자회사를 지배하는 의결권으로 사용된다. 주주의 돈으로 자사주를 매입하고서 이를 지주사가 영업자회사를 지배하는 수단으로 이용하니, 마법이 아닐 수가 없다.

◆ 회사를 분할할 때 기존 주주들이 지분율대로 신설 법인의 주식을 나눠 갖는 방식을 이른다. 주주가 사업회사 주식을 투자회사 주식으로 교환, 지배력을 강화할 수 있기 때문에 지주회사로 전환하는 기업들이 선호한다.

◆◆ 자사주의 마법: 분할 전후의 지배주주 지분율 변환.

분할 이후에는 지주사의 유상증자를 실시하는데, 지배주주는 현금 대신 영업자회사의 지분을 출자하고 지주사의 지분을 받는다. 해당 유상증자를 실시하기 전에 영업자회사의 배당 증가, 신규사업 추진 등 미래 비전을 포함하여 IR을 적극적으로 펼쳐 주가를 부양한다. 반면에 지주사는 한국의 지주사 디스카운트 등 요인으로 주가가 하락한다. 결과적으로 지배주주는 돈 하나 들이지 않고서 지주사 지분율을 인적분할 전보다 크게 확대하고, 지주사는 분할 전에 매입했던 자사주 비율에 더해 지배주주로부터 유상증자시 받았던 지분율로 영업자회사 지배권을 확대시킨다.

이러한 형태의 자사주 매입은 주주의 권익 개선과는 관련이 없다. 특히 자사주 마법 효과를 목적으로 하는 지배주주의 자사주 매입은 지배주주만을 위한 사익 편취에 가깝다. 물론 매입한 자사주를 타 기업에 지분투자하여 동반성장을 도모하는 경우도 있지만, 보기 드물다.

불투명한 기업 지배구조가 갖는 폐단은 이외에도 많이 있다. 경영권 승계 과정에서 주가 상승을 의도적으로 억누르는 경우, 한국의 높은 상속세율과 증여세율 탓에 경영 안정성이 저하되며 주식 가치가 하락하는 경우, 순환출자의 해소 과정에서 지배주주 물량이 시장에 쏟아져 나와 주가가 폭락하는 경우 등 다양하다.

지금까지 기업 지배구조 문제와 낮은 주주환원이 한국 주식시장의 가장 큰 저평가 요인이 되는 이유를 살펴보았다. 그런데 만약 이 문제가 개선된다면 어떤 일이 벌어질까? 이미 한국 기업의 지배구조는 변화하고 있으며, 주주환원 대변혁의 서막이 열리고 있다.

2장

주주환원 시대가
열린다

한국 주식시장을 뒤바꿀
세 가지 변화

한국 기업과 한국 주식시장은 세계에서도 유례없을 정도로 낮은 가치평가를 받고 있다. 이 상황이 과연 언제까지 지속될까?

국내 투자자 가운데 모멘텀을 좇는 단기투자자들은 이러한 질문에 관심이 없었고, 기업 가치를 중시하는 중장기투자자들은 기업의 온갖 부조리한 행태에 피눈물을 흘리며 한국 주식시장을 떠났다. 현업에서 펀드를 운용하는 가치투자자로서 나 역시 울분을 토해낸 적이 한두 번이 아니다. 정부와 금융시장은 MSCI 선진지수 편입을 목표를 한다고 강조한다. 하지만 한국 증시의 여러 문제를 해결하거나 극복하지 않고서 과연 우리가 그 목표를 달성할 수 있을까? 한국 증시가 주주의 권익을 보장해주는 투자처라고 대외적으로 당당히 말할 수 있을까?

그런데 지금, 한국 주식시장에 큰 변혁의 조짐이 보이고 있다. 한국 기업에 투자하면서 불투명한 지배구조와 낮은 주주환원으로 상처받은 가치투자자도, 혹은 기업의 내재가치에 별 관심이 없었던 모멘텀 투자자도 생각을 바꿀 때가 왔다. 한국 주식시장의 모든 전제가 송두리째 바뀌는 과정은 이미 꽤 빠른 속도로 진행 중이다. 이제부터 그 변화를 세 가지 각도에서 살펴보자.

1. 주주의 반란이 시작됐다

첫 번째는 사회적 변화다. 대표적인 예로 '주주행동주의shareholder activism'를 들 수 있다. 주주행동주의란 소수 주주나 사모펀드, 기관투자자 같은 주주들이 여러 가지 방식으로 기업의 의사결정 등에 개입하여 영향력을 행사하려는 일련의 적극적인 주주활동을 의미한다. 조금 더 쉽게 말하면 투자자들이 적극적으로 주주의 권리와 이익을 찾는 일종의 캠페인이다.

널리 알려진 사례로는 2015년 미국계 헤지펀드인 엘리엇매니지먼트Elliot Management의 '삼성물산-제일모직 합병' 반대 요구가 있었다. 최근에는 국내 행동주의 펀드인 얼라인파트너스가 에스엠에게 라이크기획과의 일감 몰아주기 계약 종료와 이사회 구성원 과반을 사외이사로 교체할 것을 요구했다. 라이크기획은 에스엠 창립자인 이수만이 100%

지분을 가진 개인회사로, 에스엠은 라이크기획에 음악 및 프로듀싱 자문과 관련된 용역계약을 맺고 로열티를 지불하고 있었다. 이수만은 에스엠 연 매출액의 최대 6%, 연간 영업이익의 최대 46%의 자문료를 받아 가기도 했으며, 그 규모는 21년간 1,400억 원에 달했다. 얼라인파트너스는 이러한 계약을 비롯해 에스엠이 주주들에게 한 번도 배당을 하지 않은 사실을 들어 에스엠이 주주들의 의견을 무시하고 이익을 훼손한다고 문제를 제기했다. 그 결과 2022년 에스엠은 창립 이후 처음으로 배당 및 자사주 매입을 발표했고, 라이크기획과의 계약 종료를 선언했다. 이는 2023년 3월에 기획사 하이브와 카카오의 에스엠 인수 전쟁으로 이어져 에스엠의 지배주주가 변경되기에 이르렀다. 이 사건으로 주주행동주의에 대한 투자자들의 관심이 크게 확대됐다.

1) 주주행동주의의 주체와 활동

[표 2-1]은 행동주의의 다양한 형태를 적극성의 정도에 따라서 설명한다. '주주 관여' 단계에서는 경영진과 면담을 하거나 주주 서신을 주고받으면서 의견을 내는 정도라면, '주주 제안' 단계에서는 주주가 주주총회 안건을 직접 공개적으로 제안하는 데까지 나아간다. 이보다 적극적인 행동은 '반대투표 캠페인' 단계로 회사 측의 주주총회 안건을 반대하며 경영진의 의사결정을 보류하도록 하는 것이고, 가장 적극적인 단계인 '위임장 대결'의 경우 회사의 감사인을 주주들이 선임하거나 더 나아가 이사회 구성원까지도 교체하게끔 시도한다.

한국 주식시장에서도 이제는 '주주의 권익을 찾아야 한다'는 말이 자

[표 2-1] 주주행동주의자 스펙트럼

	소극적 ◄──────────────────────► 적극적			
전술	주주 관여	주주 제안	반대투표 캠페인	위임장 대결
정의	회사에 대한 주주의 우려사항을 논의하기 위해 경영진(및/또는 이사회) 면담 요청	주주가 주주총회 안건을 직접 제안	주주들에게 현 이사회 구성원에 반대하는 투표를 하도록 설득하거나, 경영진 보상에 대한 지지를 보류하도록 하는 캠페인	회사 이사회의 일부 또는 전부를 주주행동주의자가 지명한 이사로 교체하려는 시도
주체	모두	개인 주주행동주의자, 특정 단체	기관투자자	헤지펀드

주 언급된다. 이러한 표현 자체가 지금껏 국내 증시에서 많은 투자자가 권익을 찾지 못하였다는 사실을 반증한다. 그러던 차에 2023년 초부터 4대 금융지주, KT&G, 에스엠 등을 대상으로 행동주의를 표방하는 펀드들의 활동이 큰 이슈가 됐다. 지배주주와 일반주주와의 이해관계 불일치 현상이 사회적 관심의 대상이 된 것이다.

물론 과거에도 행동주의 펀드가 없었던 것은 아니다. 다만 다른 점은 과거에는 주로 해외 투자자들이 행동주의 캠페인을 벌였지만([표 2-2] 참조), 최근에는 국내 투자자들이 주도하고 있다는 사실이다.

2) 한국 내 주주행동주의의 움직임

과거 해외 행동주의 펀드들의 활동이 단기 차익 실현을 목표로 하는 이벤트성에 가까웠다면, 최근 국내 행동주의 펀드들은 일반주주와 지배주주의 이해관계를 일치시키는 것을 지향하고 있다. 또한 일부 기관투자자뿐만 아니라 헤지펀드나 개인투자자까지도 주주연대를 구성하

[표 2-2] 과거 행동주의 펀드 활동 사례

시기	투자자	대상 기업	주요 목적 및 사항
1999년	타이거매니지먼트	SK텔레콤	인수합병(M&A)
2003년	소버린 자산운용	SK	최고 경영진 교체
2003년	헤르메스	삼성물산	우선주 소각 요구
2005년	아이칸엔터프라이지스	KT&G	자회사 매각 요구
2015년	엘리엇매니지먼트	삼성물산	삼성물산–제일모직 합병 반대
2018년	엘리엇매니지먼트	현대모비스	모비스&글로비스 분할 합병 반대
2018년	KCGI	한진칼/한진	경영활동 감시, 견제

[표 2-3] 최근 행동주의 펀드 활동 사례

자산운용사	대상기업	요구사항
얼라인파트너스	7대 금융지주	자본배치정책 및 주주환원 정책 (순이익 50% 이상) 도입
	에스엠	라이크기획 계약 종료, 이사회 과반 사외이사로 구성
트러스톤 자산운용	태광산업	흥국생명 유상증자 참여 중단, 투자설명회 개최
	BYC	부동산자산 공모리츠화, 내부거래 공정성 해소
플래쉬캐피탈파트	KT&G	사외이사 후보 추천, 인삼공사 인적분할
안다자산운용		사외이사 후보 추천, 주주 명부 열람/등사
라이프자산운용	SK	자사주 일부 소각, 리스크관리위원회 신설

여 행동주의를 통한 적극적인 주주가치 제고를 목표로 동참하고 있다 ([표 2-3] 참조).

실제로 한국 내 주주행동주의의 움직임은 2023년 주주총회를 목표로 잡았던 2022년을 기점으로 크게 증가한 것으로 보인다([그림 2-1] 참

[그림 2-1] 국내 주주행동주의 대상 기업 수

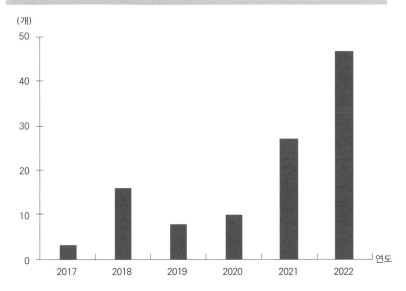

조). 이는 지배주주와 일반주주와의 이해관계 불일치 현상에 대해서 주주들의 인내력이 한계에 다다른 것으로 해석할 수 있다. 이렇게 본다면 주주행동주의는 단기 이벤트로 끝날 일이 아니라 긴 호흡으로 진행될 사회적 이슈로 보아야 한다.

3) 주주행동주의의 진정한 목표

주주행동주의는 기업의 지배구조 개선과 주주환원이라는 자본시장의 질적인 변화에 촉매제 역할을 한다. 초기에는 주주행동주의 펀드와 주주연대가 목표로 삼은 기업들이 이슈가 될 것이다. 주주환원에 대한 기업들의 초기 변화는 수동적이고 느리므로 행동주의 펀드가 먼저 나설 수밖에 없다. 그러나 중장기적으로 가장 큰 변화는 수익가치와 자산 가치가 큰 기업들의 지배주주와 일반주주의 이해관계가 일치될 때 찾아온다. 주주행동주의의 목적은 단지 기업들의 치부를 드러내거나 경영진의 잘잘못을 따지는 데에 있는 것이 아니라 '주주의 권익을 지켜내는 것'에 있다. 여기서 '주주의 권익'이란 근본적으로 자본시장 내 기업의 주식은 지배주주와 일반주주가 차별 없이 비례적으로 의결권과 수익 배분이 보장되어야 한다는 대전제를 말한다. 의결권이 잘 지켜지면서 기업 경영의 투명성이 확보되고, 배당과 자사주 매입 및 소각을 통한 수익 배분을 통해 주주의 이익이 지켜지면 주주행동주의는 더 이상 필요하지 않다. 따라서 주주행동주의의 움직임은 기업 지배구조가 투명해질 때까지, 주주가 정당하게 배분받아야 할 주주환원의 수준이 글로벌 스탠더드에 이를 때까지 끝나지 않을 것이다. 그리고 이것을 이루어내야만 자본시장의 발전을 이루게 되고, 비로소 코리아 디스카운트라는 오명을 씻어낼 수 있을 것이다.

2. 주주 권익을 위한 제도가 바뀌고 있다

어느 날 아버지가 집에 돌아오니 첫째 아들과 둘째 아들이 빵 하나를 두고 더 많이 먹겠다고 다투고 있었다. 아버지는 둘의 싸움을 중단시킨 다음 세 가지의 규칙을 주었다.

① 첫째가 빵을 자른다.

② 둘째가 먼저 고른다.

③ 결과에 서로 따른다.

이날부터 아들 둘은 정확하게 절반으로 자른 빵을 나누어 가졌다.

이 이야기는 제도가 왜 필요한지를 알려주는 일화다. 치밀한 제도는 분쟁을 일소하고 공정한 분배를 가능케 한다. 그러나 제도가 치밀하지 못하고 구멍투성이라면 아무 소용이 없다. 지배주주가 편법을 통해 얼마든지 사익 편취를 시도할 수 있다면 어떤 기업도 자발적으로 주주의 권리를 지켜줄 필요를 느끼지 못할 것이다.

세계경제포럼이 발표하는 글로벌경쟁력지수는 "한국은 법 제도 자체는 어느 정도 갖추어진 편이나, 허점이 있어서 실효성이 떨어지거나 지배주주의 이기심으로 주주가치가 훼손되는 일이 비교적 자주 발생하여 기업 지배구조에 대한 시장의 신뢰 자체가 낮다"라고 평가했다.

긍정적인 것은 최근에 정부가 제도 개선에 의지를 보이고 있다는 점이다. 실제로 최근 몇 년 동안 정부가 자본시장의 발전을 위해 어떤 제도 개선을 이루었는지 살펴보자.

1) MSCI 선진지수 편입 시도

첫 번째로 정부는 MSCI 선진지수에 편입되기 위해 과거보다 더 적극적인 태도를 보이고 있다. 실질적인 이유가 있다. 우선 한국 경제의 무역수지 적자 문제다. 한국의 수출 실적을 견인해온 대중 무역수지는 지난 30년간의 흐름을 깨고 적자가 만성화될 조짐이 보이고 있다. 이에 따라 정부는 자본시장을 통해 외국인 투자자금을 유인해서 외환시장의 안정화를 꾀해야 할 필요가 생겼다. 전문가들은 MSCI 선진지수에 포함되면 연간 60조 원 이상의 외국 자본이 유입될 것으로 예상했다. 게다가 인구 고령화와 저출산으로 인구 감소가 뚜렷해지며 국민연금이 고갈될 것이라는 우려가 커지고 있다. 이러한 상황에서는 MSCI 선진지수에 편입됨으로써 외국의 투자를 유도하여 운용기금의 수익률을 높일 필요가 있다.

그렇지만 정부의 바람은 아직 요원해 보인다. 주주의 권익이 지켜지지 않는 한 한국 주식시장은 MSCI 선진지수에 편입될 만큼 선진국의 기준을 갖추었다고 볼 수 없다.

2) 배당 절차 선진화

두 번째는 배당 절차 선진화다. 지금까지 한국에서 시행된 배당제도는 연말의 배당 기준일(당해연도 마지막 영업일 D-2)에 배당받을 주주를 확정하고, 이듬해 2~3월 주주총회에서 배당금의 규모를 정한 다음, 4월 중에 지급하는 방식을 취했다. 따라서 주주는 배당금의 규모도 알지 못한 채 '깜깜이 투자'를 해야 했다. 이는 국내외 투자자들이 한국에 배당투자를 꺼리게 만드는 요인이 됐다. 배당 투자가 활성화되지 않자 한국은 경제협력개발기구OECD 국가 중 가장 낮은 수준의 배당성향을 갖게 됐고, 이는 다시 코리아 디스카운트로 이어졌다.

그런데 2023년 1월, 금융위원회와 법무부는 앞으로 미국 등 선진국

[그림 2-2] 배당 절차 개선안(2024년 적용)

[현행] 先 배당기준일 後 배당액확정					[개선안] 先 배당액확정 後 배당기준일			
최종 배당액이 확정되지 않은 채 주식거래					배당 여부 및 배당액을 알고 투자 결정			
배당기준일 (배당 주주확정)	주총소집 이사회 결의	주주총회 배당액 확정	배당금 지급		주총소집 이사회 결의	주주총회 배당액 확정	배당기준일 (배당 주주확정)	배당금 지급
통상 12월 말	2월	3월	4월		2월	3월	4월 초	4월 말

처럼 투자자들이 주식시장 상장사의 배당금 규모를 먼저 확인한 다음 투자 여부를 결정할 수 있도록 변경하는 방안을 2024년부터 실시하겠다고 발표했다([그림 2-2] 참조).

'선 배당금액 확정, 후 배당기준일'이 적용되면 배당투자의 환경은 완전히 뒤바뀐다. 우선 배당투자의 예측 가능성이 커진다. 배당 기준일과 배당 지급일의 간격이 크게 줄어들어 투자자의 투자 환경이 개선된다. 무엇보다도, 이제까지는 예상보다 많은 배당금을 지급하는 서프라이즈 배당이 결정되더라도 투자할 방법이 없었다. 그러나 이제는 주주총회 전후로 배당액이 확정된 다음 주주가 될 것인지를 선택할 수 있기 때문에 배당 모멘텀이 생기게 된다. 2024년 한국 주식시장은 출범 이후 최초로 배당 모멘텀을 경험하게 될 것이다.

3) 주주 권익 강화

마지막은 가장 중요한 변화인 주주의 권익 강화다. 앞서 기업 지배구조의 일반주주가 피해를 받는 유형을 설명하며 지배주주와 일반주주의 이해관계가 일치하지 않을 때 어떤 폐단이 발생하는지 알아봤다. 이러한 폐단이 한국 자본시장에서 사라지려면 제도의 개선이 절실하다.

● 상법과 자본시장법의 개정

정부의 제도 개선 시도는 이미 자본시장에 영향을 주고 있다. 바로 상법과 자본시장법의 개정이다. 2020년 말에 상법이 일부 개정[*]되면서 두 가지 의미 있는 변화가 생겼다.

하나는 감사위원 분리 선출 제도다. 이는 이사 가운데 선출되는 감사위원의 선출에 지배주주의 영향력을 일정 부분 차단함으로써 감사위원의 독립성을 확보하기 위해 도입됐다.

기업의 경영진인 이사회는 통상 7~9명의 이사로 이뤄진다. 상법상 자산 규모가 2조 원 이상인 기업은 이사 가운데 3명 이상을 감사위원으로 두어야 하는데, 감사위원은 회사의 업무 및 회계 감독권을 가진다. 이제까지는 감사위원을 뽑을 때 기존 이사들 중에서 선출하는 '일괄선출방식'을 취했다. 게다가 이사의 임명에는 지배주주의 입김이 강력하게 작용했다. 때문에 소액주주 측에서는 감사위원을 선출하기 어려웠다.

지배주주를 견제하기 위한 제도가 없었던 것은 아니다. 이전부터 '3%룰'이라 하여 감사위원 선임 단계에서 지배주주의 의결권은 3%로 제한됐다. 지분이 3%를 넘더라도 의결권은 3%를 넘지 못했다. 그러나 지금껏 감사위원은 지배주주가 선임에 관여한 이사들 중에서 선출되었기 때문에 그 기능이 유명무실한 상태였다.

◆ 개정 상법 제542조의12 제2항.

이제는 지배주주가 뽑은 이사가 감사위원을 겸하는 대신, 오직 주주들의 권익을 위하여 지배주주와 기업의 활동을 감독할 감사위원 1인 (정관 변경에 따라서는 2인 이상)을 따로 선출하는 것이 가능해졌다([표 2-4] 참조). 감사 조직의 원래 취지인 투명성과 독립성을 제고할 수 있게 된 것이다. 또한 감사위원회는 이제 사외이사로 2/3 이상을 구성해야 한다는 점에서 사외이사가 단순한 거수기 역할을 한다는 과거의 비판에서도 자유로워질 수 있는 토대가 마련됐다.

[표 2-4] 감사위원 분리 선출 제도 변화

구분		설치의무	현행 3%룰	개정 상법
상장회사	자산 2조 원 이상	감사위원회	사외이사 아닌 감사위원 선·해임 • 지배주주: 합산 3% • 일반주주: (공백) 사외이사인 감사위원 선임 • 최대·일반주주: 단순 3%	사외이사 아닌 감사위원 선·해임 • 지배주주: 합산 3% • 일반주주: 단순 3% 사외이사인 감사위원 선·해임 • 모든 주주: 단순 3%
	1,000억 원 이상 2조 원 미만	감사위원회	(2조 원 이상 회사와 동일)	
		(또는) 상근감사	• 지배주주: (선·해임)합산 3% • 일반주주: (선임)단순 3%	
	1,000억 원 미만	감사	• 지배주주: (선·해임)합산 3% • 일반주주: (선임)단순 3%	
		(또는) 감사위원회	(이사회에서 선임)	

● **소수주주권 강화**

다음으로, 소수주주권의 행사 요건이 대폭 완화됐다. 상법에는 일정한 지분율을 가진 주주에 한하여 행사할 수 있는 권리가 명시되어있다.[✦] 이를 소수주주권이라 한다. '단독주주권'은 단 1주만 있어도 행사할 수 있는 권리인 것에 비해, 소수주주권은 [표 2-5]와 같이 1%, 3%, 10% 등 일정한 지분의 주식을 보유하고 있어야 행사할 수 있다.

[표 2-5] 소수주주권 행사 요건

구분	비상장회사 (상법)	상장회사(상법)		규정
		지분율	보유기간	
회사해산판결청구권	10%	–	–	제520조①/특례조항없음
주주총회 소집청구권	3%	1.5%	6개월	제366조/제542조의6①
업무검사권(검사인 선임청구)	3%	1.5%	6개월	제467조/제542조의6①
주주제안권	3%	1%(0.5%)	6개월	제363조의2/제542조의6②
이사·감사·청산인 해임청구권	3%	0.5%(0.25%)	6개월	제385조/제542조의6③ (539조)
회계장부 열람권	3%	0.1%(0.05%)	6개월	제466조/제542조의6④
위법행위 유지청구권	1%	0.05%(0.25%)	6개월	제402조/제542조의6⑤
대표소송 제기권	1%	0.01%	6개월	제403조/제542조의6⑥
다중대표소송 제기권	1%	0.5%	6개월	제406조의2/제542조의6⑦
총회 검사인 선임청구권	1%	–	6개월	제367조②/특례조항없음
집중투표청구권	3%	1.0%	–	제382조의2/제542조의7

상장회사에 대한 지분율은 주요 선진국과 비교하더라도 낮은 수준으로, 소수주주권을 행사하기에 매우 용이해졌다. 경영이 불투명하고 합리적인 의사결정을 하지 않았을 경우 주주의 집단행동 소지가 더 커

[✦] 2020년 12월 29일 개정 상법. 제542조의6(소수주주권).

졌기 때문에, 결국 기업이 합리적인 의사결정을 내리도록 유도하는 효과가 있다. 이는 지배주주와 소액주주 간 이익 상충 문제에 있어서 소액주주들의 권익을 보호하는 장치로 작용한다.

● 자본시장법 개정

자본시장법 개정도 있다. 먼저 2022년 12월 31일 개정된 '상장기업 물적분할 자회사 상장 시 모회사 주주에 주식매수청구권 도입 및 심사 강화'다. 모회사의 기존 주주가 피해를 받는 일을 방지하기 위해 상장 심사를 강화하고 분할 반대 주주에게 주식매수청구권을 부여하는 방안이다. 물론 이 제도 하나로 문제가 다 해결되지는 않는다. 시장에서 논의되었던 '모회사 주주에게 자회사 주식 배당'을 하는 방안도 모범적인 방법이라고 볼 수 있다.

'의무공개매수제도'에 대해서도 논의가 활발히 진행 중이다. 앞서 언급한 것처럼 100% 공개매수가 아닌 이상 소액주주를 완벽하게 보호할 수는 없지만, 이들도 M&A에 따른 경영권 프리미엄을 일부 누릴 수 있다는 점에서 제도가 없었을 때보다는 긍정적인 부분이라고 할 수 있다.

또한 '자사주 매입 후 소각 의무화 검토'가 거론되고 있으며, 이에 미치지는 못하지만 자사주 매입 시 목적을 기재하는 등 '자금의 용도 투명화'에 대한 부분도 논의되고 있다.

● 상속세율 조정

상속세란 죽은 사람의 재산과 권리의무를 그 상속인에게 이전하며 그 재산에 대해 매기는 세금이다. 한국의 상속세는 '징벌적이다'라는 평가를 들을 정도로 가혹한 편이다.

한국에서 상속 재산은 증여 재산과 함께 불로소득에 해당하는 것으로 보아 일반 소득세보다 그 비율을 높게 책정한다. 최고세율은 50%로 일본의 55%에 이어 두 번째로 높고, OECD 국가들 평균인 15%를 크게 웃돈다.♦ 지배주주가 기업을 승계받을 때는 할증률 20%가 적용되어 최고세율이 60%로 높아지는 점을 고려하면 실질적으로는 1위다.

사실 OECD 회원국가 35개국 가운데 상속세가 아예 없는 나라가 무려 15개국이고, 나머지 나라들도 상속세를 적용하는 기준 금액이 큰 편이다. 독일의 경우 2,600만 유로(한화 약 368억 원), 미국은 1,360만 달러(한화 약 177억 원)까지 비과세다. 따라서 독일과 미국 일반 시민 대부분에게 상속세란 존재하지만 마주칠 일이 없는 제도다.

현행 상속제를 적용받는 한국 기업은 상속세에 대한 부담이 클 수밖에 없다. 막대한 상속세를 내기 위해 빚을 내거나, 도저히 감당할 수 없어 폐업하고 매각한다면 고용과 기술의 연속성이 끊어지고 기업 활동은 악화될 수밖에 없다. 부의 편중을 막는다는 상속세의 취지는 이해할 수 있지만, 과도한 상속세는 기업의 존속을 좌지우지할 수도 있다. 해당 기업에 투자하던 투자자들이 피해를 보는 것은 물론이다.

최근에는 세계 여러 나라에서 실효성과 조세 저항 등을 이유로 상속세 폐지나 축소를 주장하는 소리가 높아지고 있다. 캐나다는 해외기업

♦ G7 상속세율: 프랑스 45%, 미국 40%, 영국 40%, 독일 30%, 이탈리아 4%.

과 자본을 유치하기 위해 상속세를 폐지했고, 최근 영국의 집권 보수당은 상속세 폐지를 공약으로 걸었다.

우리나라의 상속세는 투자자의 측면에서 보면 득보다는 실이 많다. 징벌적인 상속세로 인해 경영권 유지가 위협받는다면, 지배주주들은 오히려 편법을 찾게 된다. 그로 인한 피해는 일반주주들에게 전가된다.

이제는 사회적 대타협이 필요하다. 상속세를 낮추고 기업의 경영권 유지를 보장해주면서, 기업이 주주의 권익을 위해 주주환원을 늘리도록 유도하는 것이 상생을 가져온다.

한 술에 배부를 수는 없다. 정부의 제도 개선이 처음부터 완벽하지는 않더라도 '주주의 권익 보호'라는 확실한 방향성만 생긴다면 주주의 권리가 침해되는 사례들은 의미 있게 줄어들 것이라고 본다. 투자자가 정부의 정책에 관심을 가지고 올바른 방향으로 여론을 형성하는 데 동참하는 것도 의미가 클 것이다.

3. 기업의 세대교체가 본격화되고 있다

사회적 변화와 제도적 변화가 이루어지더라도 기업의 의사결정자가 변하지 않는다면 소용이 없다. 이런저런 편법을 써서 제도를 우회하고 규제를 회피하려 들 것이기 때문이다. 기업 자신이 변화하려면 내부의 동기 요인, 즉 지배주주의 이해관계가 중요하다. 기업 지배구조 개선과 주주환원 강화라는 거대한 퍼즐의 마지막 조각은 기업의 손에 쥐어 있다. 지금부터 이야기할 기업 내부 변화의 조짐에 주목해야 하는 이유다.

1) 세대교체

앞서 살펴보았듯이 한국에는 잘못된 기업 지배구조로 인해 상처를 입은 주주가 너무나도 많다. 그렇기에 국내 주식시장에서 '한국 주식은 원수한테 권한다', '한국 기업은 안 바뀐다'는 평가가 팽배해있다. 이 말은 맞는 말일지도 모른다. 세대교체가 이루어지기 전까지는 말이다.

한국의 경제 성장을 이끌어온 창업주나 1세대 기업인은 이제 은퇴를 앞둔 나이에 이르렀다. 이들은 그동안 헌신적인 노력으로 한국 경제에 수많은 공헌을 했고, 한국 증시에 기업을 상장시키는 위업을 이루어냈다. 분명 존경받을 만한 업적이지만, 투자자 입장에서는 그들에게 아쉬운 점이 있다. 일반주주에 대한 고려가 부족했다는 사실이다.

스스로 세운 기업에 대한 창업주의 애착은 이해할 수 있다. 그러나 기업을 공개하고 증시에 상장했다면, 그 순간부터 기업의 주인은 주주들이다. 한국의 창업주들은 이를 받아들이지 못했다. 그들의 관점에서 내가 세운 기업은 내 것이고, 기업이 벌어들인 이익은 나와 내 자식들의 것이었다. 결코 주주들의 이익을 우선하지 않았다. 그들에게 '주주자본주의'라는 개념은 버거운 것이었다.

그런데 이제 30년 이상의 업력을 지닌 기업들의 창업주는 대부분 70~80대 나이에 접어들었다. 이제 새로운 세대에게 바통을 넘겨주어야 하는 시점이 됐다. 그리고 역사적으로 세대교체는 수많은 변화의 시발점이 됐다.

2) 세대교체로 인한 변화

지배주주의 세대가 교체되면 지배주주와 일반주주의 이해관계가 변화를 맞을 가능성이 크다. 경영수업을 받은 2세들은 창업주와는 달리 선진 자본주의 지식과 문화를 배우며 자랐고, 자본시장에서의 사회적이고 제도적인 변화에 대해서도 부모 세대보다는 편하게 받아들일 수 있다. 이는 단순한 추정이 아니다. 실제로 일어나고 있는 변화다.

다음 세대에게서 일어날 가장 중요한 변화는 자본 배분 정책과 성장 전략의 진화다. 앞선 세대는 주로 광·공업, 제조업, 건설업 등 생산물이나 천연자원을 가공하여 제품을 생산하는 2차 산업을 통해 성장했다. 새로운 세대는 선대가 이루어놓은 사업과 현금흐름을 무시할 수는 없겠지만, 그러한 산업이 맞닥뜨린 성장 한계를 보면서 자랐다. 평생 철강이나 방직 사업을 하면서 '철강왕', '방직왕'이라 불린 부모를 같은 영역에서 능가하겠다는 꿈을 꾸는 2세는 없을 것이다. 산업의 성장 구조나 경영 환경이 너무나도 달라졌기 때문이다. 새로운 세대는 부모가 일으켜 세운 산업을 그대로 물려받는 대신, 본인이 하고 싶고 잘할 수 있는 새로운 사업에 도전하게 된다.

다음은 2021년 12월 17일 정의선 현대차 회장의 인터뷰 내용 중 일부다. 그는 연말에 파격적인 그룹 인사를 단행하며 이렇게 말했다.

"이는 세대교체가 아닌 시대 교체다. 내연기관차에서 미래차 전환을 본격화하기 위해 전기차, 수소차, ICT, 자율주행 등을 위한 인사 조치를 단행했다."

현재 일어나고 있는 기업의 세대교체란 단순히 지배구조에서의 세습을 의미하는 게 아니다. 지금은 산업의 시대가 맞물리며 교체되는 변혁의 시기다. 여러모로 한국 자본시장이 질적인 변화를 도모할 변화의 적기라는 의미다.

3) 이제까지의 편법적인 세대교체 과정

앞서 '기업 의사결정자가 변하지 않는다면 이런저런 편법을 써서 제도를 우회하고 규제를 회피하려 들 것'이라고 언급했다. 실제로 이미 세대교체가 이루어진 기업의 경우, 창업주들은 높은 증여세와 상속세를 피하고자 편법 증여를 활용하기도 했다. 주로 다음의 세 가지 방법이 활용됐다.

① 일감 몰아주기
② 분리형 BW
③ CB 리픽싱

첫째, '일감 몰아주기'는 앞에서 사례를 통해 살펴보았다.

둘째, BW는 신주인수권부사채Bond with Warrant를 가리킨다. 복합금융

상품의 일종으로, 약정된 기간이 지나면 약정된 가격으로 약정된 수량의 신주를 구입할 수 있는 회사채다. '분리형 BW'란 '채권+신주인수권'으로 만들어지는 BW에서 신주인수권을 따로 떼어 팔 수 있는 형태를 의미한다. 이는 지배주주가 신주인수권을 싼값으로 사들여 지분을 확대함으로써 경영권을 방어하는 방식으로 자주 활용된다. 이때 신주인수권을 구매하는 이가 후계자라면, 제3자를 통해 지분을 구매하는 모양새가 되어 상속세와 증여세를 회피할 수 있다. 편법 증여인 것이다.

셋째, CB는 전환사채Convertible Bond를 이른다. 전환사채 역시 복합금융상품의 일종으로, 주식으로 바꿀 수 있는 회사채다. 전환사채의 전환권을 행사하면 회사는 채권을 주식으로 바꿔주어야 하므로 신주가 발행된다. 이는 유상증자와 비슷한 효과를 낸다. 기존 주주의 지분율을 낮아지게 만들고 주주가 가진 주식의 가치를 떨어뜨리는 것이다. 자본시장법 개정으로 분리형 BW를 이용하기 어렵게 되자 지배주주들은 이번에는 전환사채를 이용해 지배력을 강화하기 시작했다. 'CB 리픽싱'이란 전환사채의 전환 가격이나 비율을 조정하는 것을 의미하는데, 사채인수인의 수익률을 보전하기 위한 목적으로 도입됐다. 이를테면 회사의 주식 가격이 절반으로 떨어졌다면, 주식 수를 2배로 전환할 수 있게 조정해주는 것이다. 이를 악용하면 주가가 낮아졌을 때 싼값으로 지분을 늘릴 수 있다. 후계자가 이를 악용하는 경우 편법 증여가 된다.

4) 지배주주에게 남은 두 가지 선택

현재는 법에 따라 일감 몰아주기는 불가능해졌고, 분리형 BW와 CB

리픽싱도 제한적으로 바뀌었다.* 이제 창업주의 승계는 막다른 길에 몰려있다. 불법을 저지를 것이 아니라면 남은 방법은 정면 돌파뿐이다. 지배주주가 승계를 위한 상속 또는 증여 자금을 합법적으로 마련하기 위해서는 '배당'을 활용할 수밖에 없다. 시작부터가 지배주주와 일반주주의 이해관계가 일치하게 되는 것이다.

지배주주에게는 두 가지 선택지가 있다. 첫 번째 선택지는 자녀 승계다. 그러면 증여(상속)의 세금 재원을 마련하기 위하여 배당을 확대해야 한다. 그런데 배당을 1~2년 받아서 내기에는 턱없이 부족하다. 5년이나 10년 단위로 계획해야 한다. 그런데 현재 창업주의 나이는 70~80대가 많고, 이들에게는 남은 시간이 많지 않다. 그렇다면 배당의 상향 속도가 더 빨라질 수 있다. 이것이 세대교체가 일어나기 전부터 주주환원이 강화되는 이유다.

승계 작업이 끝나면 이런 방향성이 멈출까? 아니다. 더 빨라지고 더 확대될 것이다. 앞서 말했듯이 세금을 위한 배당은 일정 기간 장기적으로 이루어지고, 그러면 배당성향이 정착된다. 그리고 차세대 지배주주의 지분율이 충분하지 않다면 자사주 매입뿐 아니라 소각이 더해지거나 정책화될 가능성이 크다. 승계 과정에서 상속과 증여를 하며 필연적으로 지분율이 낮아지기 마련이기 때문에, 자사주 매입과 소각을 하는 것은 지분율을 끌어올릴 수 있는 매우 효과적인 방법이다.

◆ 분리형 BW는 2013년 자본시장법 개정으로 금지되었으나, 2015년 지배주주의 편법 활용이 불가능한 공모 방식으로 다시 허용됐다.

또한 다음 세대 지배주주는 자산 효율화에 관심을 가질 수밖에 없다. 차세대 지배주주는 배운 것도, 하고 싶은 것도, 인적 네트워크도, 활동 영역도 1세대 지배주주와는 너무 다르다. 그들의 과제는 기존 사업을 현금창출원 삼아 또 다른 성장 동력을 만드는 것이다. 그러기 위해 비영업자산을 매각하고 현금을 활용해서 신사업에 투자한다. 성장을 위한 자본배분만으로도 투자자들은 열광할 것이다.

지배주주의 두 번째 선택지는 기업을 사모펀드private equity fund에 매각하는 것이다. 일단 M&A 시장에서부터 기업가치의 저평가가 해소되는 경우가 대부분이다. 과거에는 초저금리 상황에서 순유동자산의 가치가 매우 낮게 평가받는 경우가 있었으나, 이제는 순현금의 가치는 따로 받고 사업 가치로써 매각 가치가 결정된다. 예를 들어보자.

예전에 현대HCN이라는 케이블TV 방송사업을 하는 회사가 있었다. 순현금이 3,000억 원에 연간 영업이익이 400억 원대였지만 주식시장에서 시가총액은 3,000~4,000억 원 수준으로 자산가치 혹은 수익가치 중 하나는 무시를 받고 있었다. 이때 KT스카이라이프가 케이블TV 사업부문만을 인수하기 원했고, 따라서 회사는 현대퓨처넷(기존)과 현대HCN(신설)으로 분할하여 현대HCN을 4,900억 원에 매각했다. 현대퓨처넷은 수익가치는 대부분 사라졌지만, 자산가치를 인정받아 시장에서 다시 시가총액 3,000억 원대를 유지하고 있다. 즉, 기업분할 및 매각을 통해 기업의 자산가치와 수익(사업)가치를 모두 인정받게 된 것이다.

사모펀드의 목표는 대체로 회사를 사서 일정 기간 이내에 되팔아 이익을 남기는 것이다. 사모펀드는 기업 인수 후 주식의 내재가치와 시장 가격 간의 차이인 안전마진을 확보하기 위해 배당을 확대하게 된다. 재매각 시점까지 배당성향 확대는 필연적이다. 사모펀드는 투자한 기업이 10년, 100년 동안 지속되는 것에는 무관심하며, 오로지 매수한 가격보다 더 높은 가격으로 매각하는 것에만 관심이 있다. 이를 위해 배당과 자사주 매입 및 소각을 통한 주주환원 강화를 실시하고, 신사업을 키우기 위해서 비영업자산 매각 등 자산효율화를 통해 기업의 가치를 증대시키고자 한다.

[그림 2-3] **지배주주의 두 가지 선택지**

자녀 승계			PEF에 매각(M&A시장 저평가 해소)		
증여(상속) 세금 재원 마련 위해 배당 확대 → 5~10년 배당성향 증가 필연적			기업 인수 후 안전마진 위해 배당 확대 → 매각 시점까지 배당성향 확대 필연적		
	▽	(승계 이후)		▽	(목적: 더 높은 가격에 매각)
1) 자본효율화(배당+자사주 매입 및 소각) 2) 자산효율화(비영업자산 매각+신사업) → 신성장			1) 자본효율화(배당+자사주 매입 및 소각) 2) 자산효율화(비영업자산 매각+신사업) → 신성장		
	▽			▽	

자산가치 풍부하고, 수익가치 높은 기업들의 지배구조 변화와 주주환원으로 기업가치 증대

결국 자녀에게 승계하건, 사모펀드에게 매각하건 결국 과정과 결과는 똑같아지는 셈이다. 지배구조 변화(세대교체)를 통해서 주주환원이 강력해지고 성장의 동기 여부가 뚜렷해지면서 기업가치 증대라는 공식과도 같은 일이 발생하게 된다. 이제 기업의 세대교체가 내부적으로 어떤 변화를 가져오게 되는지 이해할 수 있을 것이다.

4. 코리아 디스카운트 해소를 앞당기기 위하여

지금까지 주주환원 대변혁을 가져올 세 가지 요소인 사회적 변화, 제도적 변화, 내부적 변화를 살펴봤다. 이 세 가지 톱니바퀴는 이미 돌아가기 시작했다. 톱니바퀴들은 서로 개별적인 것이 아니라 서로 맞물려 있다. 하나가 돌아가기 시작하면 나머지도 따라 움직일 수밖에 없다.

세 가지 변화가 진행될수록 한국 자본시장은 질적인 변화를 겪게 된다. 글로벌 평균 수준으로 배당성향이 증가하면 기업의 막대한 현금흐름을 모든 주주가 누리게 될 것이며, 기업의 자사주 매입이 소각을 동반하게 되면 주주가 가진 주식의 가치가 일시에 제고될 것이다. 또한 이사회가 견제 기능을 발휘하면 지배주주의 독단성이 사라지고 기업의 합리적인 자본 배분이 가능하게 되며 자기자본이익률(ROE)을 높이는 효율적인 의사결정이 이루어질 수 있다. 한국 기업과 한국 주식시장이 '진정으로 투자할 만한 곳'이 되면서 코리아 디스카운트가 해소될 단초가 만들어지게 된다.

이러한 변화가 더욱 빨리 찾아오게 하려면 세 가지 요소의 주체들이 지금보다 더 적극적인 행동에 나서야 한다. 사회적 변화를 가져올 투자자 및 행동주의 펀드와 언론, 제도적 변화를 가져올 정부, 내부적 변화를 가져올 기업 모두가 자본시장의 발전과 공존의 방향으로 나아가야 한다.

이 가운데 사회적 변화는 행동주의 펀드나 일부 투자자만 노력한다고 이뤄질 일이 아니다. 투자자 가운데 가장 많은 자금을 운용하는 주체는 자산운용사를 비롯한 기관투자자와 연기금이다. 특히 한국의 연기금 운용 자산은 약 1,000조에 달하며 전 세계 연기금 규모로는 3위에 이른다.[♦] 연기금이 한국 주식시장과 금융에 미치는 영향은 막대하다. 어지간한 대기업의 주요 주주 명단에는 국민연금이 거의 빠지지 않고 등장한다. 즉 기업의 주요 의사결정에 입김을 행사할 수 있는 위치라는 뜻이다.

스튜어드십 코드stewardship code라는 것이 있다. 연기금과 자산운용사 등 주요 기관투자자들의 의결권 행사를 적극적으로 유도하기 위한 지침으로 '수탁자책임 원칙'이라고도 한다. 스튜어드십 코드는 2010년 영국이 가장 먼저 도입했다. 영국은 2008년 글로벌 금융위기의 가장 큰 원인은 기관투자자가 무관심으로 금융회사 경영진의 잘못된 의사결정을 견제하지 못했기 때문이라고 판단했다. 따라서 주주인 기관투자자의 적극적인 활동을 촉구하기 위해 이와 같은 원칙을 제정한 것이다. 스튜어드십 코드는 네덜란드, 캐나다, 스위스, 이탈리아 등의 국가들이 도입했고, 아시아에서는 일본, 홍콩, 대만 등이 도입했다.

스튜어드십 코드의 일곱 가지 원칙 가운데 다섯 번째는 아래와 같다.

"기관투자자는 충실한 의결권 행사를 위한 지침·절차·세부 기준을 포함한 의결권 정책을 마련해 공개해야 하며, 의결권 행사의 적정성을 파악할 수 있도록 의결권 행사의 구체적인 내용과 그 사유를 함께 공개해야 한다."

♦ 4대 연기금: 국민연금기금, 공무원연금기금, 우체국보험기금, 사학연금기금.

기관투자자와 연기금이 다른 이해관계가 아니라 오로지 수탁자의 이익을 위해 의결권을 행사할 근거가 마련된 것이다. 스튜어드십 코드에 따라 기업의 주요 주주인 연기금과 기관투자자들은 단순히 주식을 보유하여 수익을 올리는 것에 머무르지 않고, 주주로서 기업에 영향력을 적극적으로 행사하여 주주들의 이익을 도모할 수 있게 되었다.

한국에서 스튜어드십 코드 도입은 전국경제인연합회(현 한국경영인협회) 등 경제단체의 반대로 시행이 늦춰지다가 2016년 12월에 이르러서야 시행에 들어갔다. 국민연금은 2018년 7월에 스튜어드십 코드를 도입했다. 그리고 이듬해인 2019년 3월 대한항공 주주총회에서 회장 일가의 갑질 파문으로 주주의 이익을 훼손한 책임을 물어 조양호 한진그룹 대한항공 사내이사의 연임을 저지했다. 이는 국내에서 주주권 행사를 통해 대기업 총수의 경영권을 박탈한 첫 사례가 됐다. 앞으로도 국민연금을 비롯하여 주요 연기금과 기관투자자들은 스튜어드십 코드에 따라 주주의 이익을 보호하기 위해 적극적인 주주권 행사에 나설 것이다.

언론의 역할도 중요하다. 기업의 치부를 그저 가십거리로만 다루는 것은 진정한 언론의 모습이 아니다. 올바른 사회를 위한 감시자로서 기업이 주주의 권익을 위해 노력하는지 관찰하고, 기업의 부조리에 대해서는 균형 잡힌 시야로 보도함과 함께 적절한 개선책을 모색해야 한다.

끝으로 제도적 변화와 관련하여 최근 의미 있는 움직임이 있었다. 2024년 연초에 상법 제382조 3항인, '이사의 충실의무'에 관한 개정안이 발의됐다. 기존 조항은 '이사는 법령과 정관의 규정에 따라 회사를 위하여 그 직무를 충실하게 수행하여야 한다'고 되어 있다. 여기에 이사의 '주주에 대한 충실의무'까지 포함시키자는 것이 개정안의 골자다. 이에 대하여 윤석열 대통령은 상법 개정을 검토하여 코리아 디스카운트를 해소하겠다고 발표했다.

현재 한국 자본시장에서는 지배주주가 자신에게 이익이 되는 합병, 분할, CB/BW발행, 유상증자, 주식병합, 상장폐지 등을 시행해도 막을 수 있는 유효한 수단이 없다시피하다. 다시 말해 지배주주가 선임한 이사들이 지배주주에게는 이익이 되고 일반주주에게는 재산상 손해를 끼치는 의사결정을 반대할 명확한 법적 근거가 부족하다는 의미다. 개정안을 통해 해당 상법이 개정되면 일반주주들의 재산이 이사회 의사들에 의해 보호받을 수 있게 된다. 우리가 이 개정안에 주목하고 힘을 실어주어야 하는 이유다.

주주환원의
효과

앞서 주주환원이 코리아 디스카운트를 해소할 수 있을 것이라고 설명했다. 그런데 지금까지 한국은 전 세계적으로도 배당성향이 가장 낮은 국가 가운데 하나였고, 존경받는 여러 투자 구루들이 설파한 장기투자의 효과도 국내 주식시장에는 잘 적용되지 않았다. 그래서 많은 이들이 주주환원의 효과에 관해 회의적인 견해를 가지고 있다. 주주환원은 정말 한국 주식시장에 커다란 변화를 가져다줄까? 이 질문의 답을 가장 발달한 자본주의 체제를 가진 나라, 미국의 사례를 통해 알아보자.

미국 주식시장도 초기부터 주주의 권익이 잘 지켜졌던 것은 아니다. 이와 관련한 유명한 일화가 있다.

세계 최초로 자동차 대량 생산에 성공한 헨리 포드는 '포드 모터 컴퍼니'를 설립했다. 회사는 일찍 죽은 아들 대신 손자인 헨리 포드 2세가 승계했고, 그 역시 훌륭한 경영자로 존경받았다. 그러다가 1960년대 무렵, 주주총회에서 한 주주가 배당과 자사주 매입 및 소각 등 주주환원에 대한 요구를 헨리 포드 2세에게 전달했다. 그러자 그는 이렇게 답했다.

"당신은 우리 회사의 주식을 몇 주나 갖고 있소?"

이 대답에서 소액주주 따위는 지배주주의 의사결정에 참견하지 말라는 오만함을 엿볼 수 있다. 이렇듯 1960년대에는 미국 주식시장도 주주의 권익을 제대로 보장하지 않았다.

미국에서 주주환원이 자리를 잡기 시작한 것은 1980년대부터다. 1970년대와 1980년대 초기 두 번의 오일쇼크 등으로 미국에서는 실업률과 인플레이션이 동시에 폭등하는 스태그플레이션이 찾아왔다. 제12대 Fed 의장(1979~1987)이었던 폴 볼커 Paul Adolph Volcker는 인플레이션을 잡기 위해 기준금리를 연 20%대까지 끌어올리는 초고금리 정책을 펼쳤다. 공교롭게도 이 당시 미국의 인플레이션과 금리 상황을 비교해보면 지금의 거시경제 환경과 비슷하다.

볼커의 정책으로 미국 중소기업의 40%가 도산했고 실업률은 10%를 넘었다. 그러나 이 시기에 부실기업은 저절로 퇴출됐고, 기업은 구조조정으로 효율성을 높였으며, 임금 인상이 억제돼 장기적으로 생산성과 이윤율이 증가했다. 이 탄력은 그대로 주식시장에 반영됐다. 1983년 무렵 물가상승률이 2.36%까지 떨어지자 볼커는 긴축을 해제했고 경제가 되살아나기 시작했다. 1980년 4월 817포인트까지 내려갔던 다우지수가 1983년 3월 1,130포인트까지 상승했다. 1985년 말에는 주식투자자가 4,000만 명을 넘어섰으며, 1987년 1월에는 다우지수가 2,000선을 넘었다.

이 시기는 미국의 '가치주 전성시대'로 불린다. 이때의 가장 큰 특징은 주주환원의 바람이 거세게 불었다는 점이다. 행동주의 펀드 대두와 함께 일반주주의 주주 제안도 크게 늘어났고, 자사주 매입에 소각이 동반되는 문화가 자리잡았다. 미국에서 시가총액을 산정할 때 자사주 매입분을 제외하기 시작한 것도 이때부터다.

1990년부터는 배당 확대와 자사주 매입 및 소각이 동반되는 주주환원이 본격적으로 실행됐다. S&P500 지수도 장기간 랠리를 이어갔다([그림 2-4] 참조).

S&P500 지수 랠리가 주주환원이 아닌 다른 요인으로 오른 것이 아닐까 생각한다면 [그림 2-5]를 살펴보자. 이 그래프는 기준지수 1994년 1월 1일의 S&P500 지수를 100으로 잡았을 때 바이백buyback◆이 얼마나 더 수익이 났는지를 나타내는 그래프다. 30년간 S&P500 지수와 S&P500 지수 내 바이백 팩터가 강한 종목군을 비교했을 때 S&P500 지수보다도 S&P500 내 바이백 지수가 월등히 높은 수익률을 기록한 사실을 알 수 있다. 즉, S&P500 지수 상승에는 자사주 매입과 소각이 장기간

◆ 자사주 매입을 뜻하는 말. 미국에서는 일반적으로 자사주를 매입하면 소각이 동반된다.

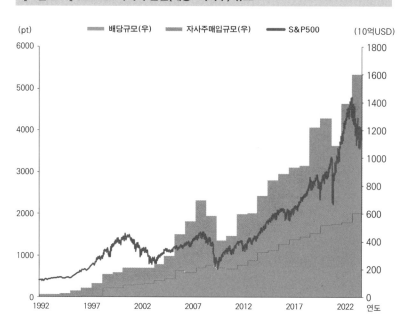

[그림 2-4] S&P500과 주주환원(배당+자사주) 규모

[그림 2-5] 바이백 수익률

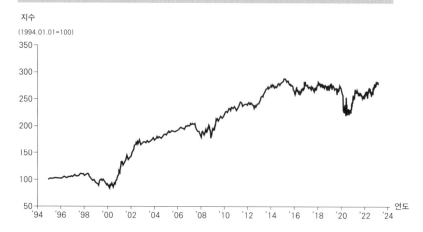

에 걸쳐서 매우 큰 영향을 끼쳤다는 뜻이다.

　지금도 미국 주식시장에서는 애플 같은 시총 1위 기업부터 크고 작은 수많은 기업이 주주환원을 지속적으로 실시하고 있다. 주주환원은 기업의 주가에 즉시 반영되어 주주가치를 확실히 끌어올리는 방법으로 인정받는다.

주주환원 시대의
투자 방식

한국 기업은 지금껏 불투명한 지배구조에서 비롯된 나쁜 경영 관행과 낮은 주주환원으로 투자자들로부터 신뢰를 받지 못했던 것이 사실이다. 그러나 앞서 설명했던 사회적·제도적·내부적 변화라는 세 가지 톱니바퀴가 돌아가기 시작하면 미국 시장처럼 주주환원이 강력해지면서 코리아 디스카운트의 그늘이 걷힐 것이다. 그렇다면 정말 코리아 디스카운트가 해소되는 시점이 왔을 때 우리는 어떤 기업에 어떤 방식으로 투자해야 할까?

1. 세대교체를 앞둔 중견·중소기업

국내 기업 중에서 주주환원의 흐름으로 가장 큰 수혜를 볼 주인공은 중견기업과 중소기업 대상 투자자가 될 가능성이 크다. 단순히 시총으로 말해본다면 대략 3조 원 이하의 기업이 되겠다.

대기업들이 주인공이 될 수 없는 이유는 명백하다. 현대차그룹의 순환출자 구조와 삼성그룹의 불안정한 지분 구조를 제외하면 모든 대기업이 지주사 체제를 이미 완성한 상황이기 때문이다. 대기업은 세대교체 또한 대부분 완료되어 2~3세가 경영하고 있고 LG그룹의 경우 벌써 4세가 경영하고 있다. 그러나 중견기업부터 중소기업들의 경우에는 기업들 대부분이 세대교체나 승계를 완료하지 못한 상황이다. 따라서 앞으로 중견기업과 중소기업 중에서 1세대(창업주)의 퇴진을 앞두고 있는 기업의 주주가 가장 큰 수혜를 보게 될 것이다.

2. 자산가치와 수익가치가 모두 풍부한 기업

지금 현재 글로벌 경영 환경은 거시적으로 지난 10년과는 다른 상황을 맞이하고 있다. 바로 '고물가, 고금리, 고환율'의 3고다. 달러 가치의 방향성은 누구도 예측하기 힘들지만, 나머지 고물가와 고금리는 우리 눈앞에 닥친 현실이다. 설사 향후에 경기침체에 대한 부양책으로 미국에서 기준금리를 내린다 할지라도 과거와 같이 제로 금리 수준의 초저금리로 갈 일은 한동안은 없을 것이다. 또한 2008년 글로벌 금융위기 이후 시행된 저금리 정책도 기대하기 어렵다. 의견 차이는 있겠으나, 이제는 과거보다는 높은 수준의 금리와 물가를 받아들이는 것이 바람직하다.

이런 맥락에서 주주환원 관점을 적용하였을 때 유리한 기업과 불리한 기업을 나누어보자.

우선 불리한 기업은 부채가 높고 현금흐름이 좋지 못한 회사다. 이들은 제대로 된 이익을 내기는커녕 채무에 대한 이자를 지급하는 것도 어려울 수 있다. 그러면 주주환원 자체를 논할 수 없다. 심지어 이들은 신규 투자로 성장하겠다는 명목으로 유상증자를 하거나, CB와 BW 발행 등으로 주주들의 주당 가치를 훼손하기도 한다. 이는 주주들의 허락 없이 지갑에서 돈을 가져가는 행위다. 실제 사례로 2023년 코스닥에 상장된 한 기업은 CB와 BW를 모두 발행해서 주주의 가치를 훼손시켜놓고, 자사주를 매입·소각하고 무상증자를 하는 어처구니없는 모습을 보이기도 했다. 다른 의도가 있다고 생각할 수밖에 없다.

유리한 기업은 자산가치(특히 순유동자산)가 풍부한 기업이다. 이들은 은행에 돈을 빌릴 일이 없다. 오히려 지금과 같이 금리가 높아지는 시기에는 투자에서 중요한 지표인 ROE가 높아지게 된다. 따라서 저금리 시대에는 기업가치로 잘 인정받지 못했던 자산가치를 시장에서 인정받게 되는 것은 너무나 당연한 일이다. 그리고 수익가치(순이익)가 높은 기업은 재무적으로 열위에 있는 회사들이 주춤할 때 연구개발과 투자Capex를 선행적으로 할 수 있기 때문에 다음 시기에 성장성이 높아진다. 그리고 무엇보다도 이들은 주주환원을 제대로 해줄 수 있는 주인공들이다. 사회적·제도적·내부적 변화에 따라서 자사주 매입 및 소각을 반복적으로 해줄 수 있고, 배당을 높임으로써 주주의 가치를 올려줄 수 있다.

[표 2-6] 주주환원 관점에서 본 우량기업과 부실기업

	불리한 기업	유리한 기업
고금리·고물가	• 부채가 높아 이자비용이 높음 • 수익가치가 낮아 비용 부담이 높음	• 순현금으로 높은 이자 수익 발생 (ROE 상승) • 수익가치가 높아 R&D, Capex 투자 용이
주식 수	유상증자, CB, BW로 주식 수 증가	자사주 소각 가능
주주환원	주주에게 아무것도 줄 것이 없음	배당성향 높이고 자사주 매입 및 소각 실시

3. 주주환원을 실천하는 기업

여전히 한국 시장의 주주환원에 대해서 의구심을 품는 투자자들이 있을 것이다. 그렇다면 한국 주식시장의 질적인 변화를 보여주는 다음 두 개의 도표가 의미하는 바를 서로 비교해보자.

[그림 2-6]은 지난 10년간 국내 기업들이 유상증자뿐 아니라 BW와 CB 같은 희석증권을 발행한 규모를 표로 나타낸 것이다. 앞서 CB와 BW 등의 발행이 '주주들의 지갑에서 허락 없이 돈을 가져가는 행위'라고 표현했다. 코로나 발발 전후로 유상증자와 희석증권 발행 수가 폭발

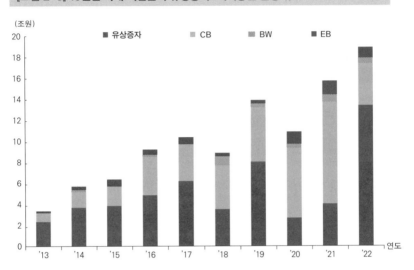

[그림 2-6] 10년간 국내 기업들의 유상증자+희석증권 발행 규모

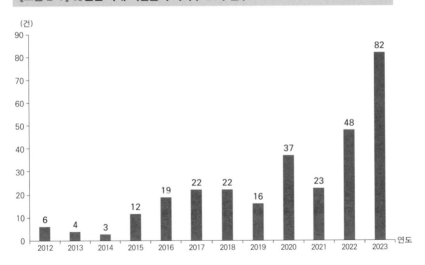

[그림 2-7] 10년간 국내 기업들의 자사주 소각 건수

주주환원 시대 숨어있는 명품 우량주로 승부하라

적으로 늘어났다. 마지막 저금리 시기에 몇몇 기업들이 주식시장이 유동성 파티에 취해있을 때 주주들의 주당 가치를 마음껏 훼손하면서 주식을 발행한 것이다. 주주들의 돈이 갈취된 것은 물론이거니와, 앞으로 저 물량이 시장에 쏟아져 나오면 해당 기업의 주가에 큰 부담을 줄 수밖에 없다.

[그림 2-7]은 지난 10년간 국내 기업들이 자사주를 매입 및 소각한 건수를 나타낸 그래프다. 자사주는 소각했을 때 진정으로 주주를 위한 효과가 발휘된다. 과거에 한국 기업들은 자사주를 매입하기만 하고 소각은 하지 않았다. 매입한 자사주는 주주의 가치를 올리기보다는 경영권을 방어하는 데 쓰이거나 지배주주에게 유리하게 사용되었다.

그런데 드디어 한국도 자사주 소각이 본격화되는 모습을 보이고 있다. 10년 전만 해도 연간 자사주 소각이 10건도 되지 않았는데 2022년에는 48건으로 크게 증가했다. 이 흐름은 일시적인 것이 아니다. 2023년은 11월 기준으로 소각 건수가 무려 82건이며, 아마도 전년 대비 2배 수준으로 급증할 것으로 보인다. 2023년 3분기까지 상장사들의 자사주 소각 합계액은 4조 1,120억 원으로, 2022년 같은 기간 수치인 2조 5,814억 원보다 60% 가까이 증가했다.

그렇다면 자사주 매입 및 소각의 효과는 얼마나 있을까? 주주환원의 정책이 지속적이고 반복적이라면 확실히 효과가 크다. 메리츠금융지주의 사례를 보자.

메리츠금융지주는 2021년부터 배당은 줄이되 대신 자사주 매입과 소각으로 전환하겠다고 발표했다. 처음에는 시장에서 반신반의하는 모습이었다. 이제껏 한국에는 자사주 소각을 적극적으로 하는 기업이 거의 없었기 때문이다. 그런데 메리츠금융지주는 한 발 더 나아간 결정을 내렸다. 2022년 11월 포괄적 주식 교환으로 자회사 메리츠증권과 메리츠화재의 지분을 메리츠금융지주가 100% 인수하는 의사결정이었다. 당시 한국 주식시장에서는 LG화학이 핵심 자회사인 LG에너지솔루션을 물적분할 후 상장시키며 이에 대한 부정적인 여론이 형성되고 있었고, 투자자들은 코리아 디스카운트를 되새기며 매우 예민하게 반응하던 시기였다. 그러나 메리츠금융지주는 LG화학과 정반대의 모습을 보여주었다. 그 결정은 핵심 자회사를 100% 자회사로 두어 갈등의 요소를 모두 제거하면서 지배주주와 일반주주의 이해관계를 일치시키는 용단이었다. 심지어 그 후로 주주환원에 순이익의 50%를 사용하겠다고 발표했고, 실제로 메리츠금융지주는 2022년 11월 이후 1년 동안 세 차례에 걸쳐 약 8,400억 원의 자사주를 매입하고 3,000억 원 규모를 소각하면서 투자자들의 신뢰를 얻게 되었다. 이후 메리츠금융지주의 주가는 한국 금융지주 회사들이 가진 저평가를 무서운 속도로 해소시키기 시작했다([그림 2-8] 참조). 주주환원 정책의 완벽한 승리 사례였다고 볼 수 있다.

희석증권 발행으로 주주들의 가치를 훼손시키는 기업에 투자할 것인가, 아니면 자사주 매입 및 소각을 통해서 주주의 주당가치BPS를 올려주며 번 돈의 일부를 배당으로 현금 지급해주는 기업에 투자할 것인가? 답은 자명하다.

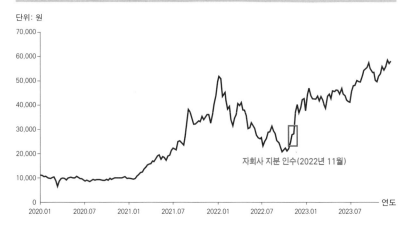

[그림 2-8] 메리츠금융지주 주가 그래프(2020~2023년)

단위: 원

70,000

60,000

50,000

40,000

30,000

20,000

10,000

0

2020.01 2020.07 2021.01 2021.07 2022.01 2022.07 2023.01 2023.07 연도

자회사 지분 인수(2022년 11월)

4. 우리 모두가 주주환원에 주목해야 하는 이유

코로나 이후 주식투자를 하는 인구는 크게 늘어났다. 이제는 주식계좌를 가진 개인의 수가 1,300만 명에 이른다. 그러나 주주환원은 이처럼 스스로 투자를 실시하는 직접투자자나 펀드를 통해 투자하는 간접투자자만 귀담아 들어야 하는 주제가 아니다.

국내에서 약 2,900만 명에 이르는 경제활동인구 가운데 국민연금 가입자는 약 2,200만 명이고 퇴직연금 가입자 중 디폴트옵션 대상자는 600만 명이 넘는다. 국민연금을 비롯한 연기금은 보유한 재원을 묵혀두는 것이 아니라 주식, 채권, 대체투자 등 금융자산 대부분에 투자하고 있다. 즉 국민연금이나 퇴직연금에 가입한 이들은 원하지 않아도 주식시장과 관련을 맺고 있는 것이다.

우리나라 국민 대부분은 국민연금과 퇴직연금을 노후 대비 수단으로 삼고 있다. 따라서 국민연금과 퇴직연금의 투자 수익률은 미래에 우리의 경제적 안정과 직결된다. 그런데도 우리가 자신의 주주권이 침해당하는 것을 손 놓고 구경한다면, 이는 스스로 자신의 미래를 저버리는 결과로 이어질 것이다.

인구 5,000만 명 가운데 0.1%도 되지 않는 지배주주를 위해서 우리가 희생당해야 할까? 그것은 너무나도 불합리한 일이다. 이제껏 주주의 당연한 권리는 너무나 오랫동안 무시당했다. 이제는 주주의 권리를 되찾아야 할 때다.

그렇다면 주주환원 대변혁은 대체 언제 현실화될까? 답은 간단하다. 우리 모두가 참여한다면 당장이라도 이루어질 수 있다. 주주로서 기업의 의사결정에 참여하고, 기업의 정책과 정부의 제도 변화를 촉구하고, 연기금 및 기관투자자의 수탁자책임 이행 여부를 확인하고, 기업의 부조리와 부패를 감시하고 고발하는 언론의 활동을 응원함으로써 우리는 주주환원 시대를 앞당길 수 있다.

코로나 이후 주식시장에서 FOMOfearing of missing out 현상◆이 널리 퍼졌다. 앞으로는 주주환원의 흐름에 동참하지 못하는 사람이 포모를 느끼게 되기를 기대해본다. 이런 포모는 자본시장의 질을 높여주는 건강한 포모가 될 것이다.

◆ 다른 사람이 다 하는 것을 놓칠까봐 두려워하는 심리. 주식투자에서는 '주변 사람들 가운데 자신만 투자에 참여하지 않아 소외되는 심리'를 말함.

2부

명품 중소형 우량주의
8가지 유형

3장

중소형 우량주에
주목하라

왜 중소형
우량주인가?

앞서 '주주환원 시대의 투자 방식'에서 주주환원 시대에 각광받을 기업의 조건을 이야기했다. 그 가운데 '자산가치가 풍부한 기업'과 '주주환원을 실천하는 기업'을 조금 더 자세히 설명하면 다음과 같다.

① 자산가치(순유동자산)가 풍부하여 은행에 돈을 빌릴 필요가 없는 기업
② 연구개발과 투자를 위한 재원이 풍부하여 성장성이 높은 기업
③ 배당성향을 높이고 자사주 매입 및 소각을 반복적으로 실행하여 주주환원을 실천하는 기업

①과 ②는 재무구조가 양호하고 성장을 위한 기반이 단단한 기업을 가리키는 것이고, ③의 경우는 주주환원에 적극적인 기업을 가리킨 것이다. 그런데 주주환원에 유리한 기업과 이른바 우량주는 매우 닮아있다. 기업이 주주환원을 하기 위해서는 과거에 벌어놓은 자산만으로는 무리가 있다. 현재에도 돈을 잘 벌어야 하고, 불확실한 미래에도 수익성에 큰 흔들림이 없어야 한다. 이처럼 기업의 우량함이 담보되어야 꾸준한 주주환원이 가능하다.

우리는 '우량주'라고 하면 흔히 삼성전자나 포스코처럼 시총 규모가 크고 망할 염려가 거의 없는 대기업의 주식으로 이해한다. 그러나 이는 좁은 의미로만 우량주를 이해한 것이다. 이제는 우량주에 대해 제대로 이해할 필요가 있다.

1. 우량주란 무엇인가?

우량주의 사전적 정의는 '타 기업에 비해 수익성이 높고, 지속적인 성장성을 갖추었으며, 자본의 구성에서도 안정적인 기업'을 일컫는다. 이 중에서도 시가총액이 큰 초대형 우량주를 '블루칩blue chip'이라고 일컫는다. 이는 카지노 포커게임에서 흰색, 붉은색, 파란색 칩 가운데 파란색 칩이 가장 높은 가격으로 사용되었던 것에서 유래됐다. 블루칩 기업은 가치평가 또한 비교적 높게 받는 편이다.

블루칩으로 불리기 위해 가장 중요한 요소는 뛰어난 내재가치(혹은 경쟁우위)로 인해 발생하는 현금흐름과, 안정성을 뒷받침해주는 우량한 재무구조다. 혁신 기업(벤처 기업)이 아무리 성장성이 크고 수익성이 좋더라도 블루칩이라고는 표현하지 않는다. 이를테면 '테슬라'는 블루칩일까? 아직은 아니라고 생각한다. 초고성장 기업이고 혁신 기업임에는 틀림없지만, 산업의 사이클을 아직 충분히 겪어보지 못했고 자본의 안정성도 아직 충분하지는 못하기 때문이다.

'옐로칩yellow chip'은 블루칩보다는 규모가 작지만, 이들 또한 재무 구조가 안정적이고 업종을 대표하는 우량종목이다. 산업 내 블루칩을 제외한 상위권 기업이나 경기 변동에 민감한 업종 대표주 등 블루칩보다 조금 못한 준우량주를 말한다. 한국에서는 주로 업종 2~3위 기업을 옐로칩으로 부르는 경우가 많다. 옐로칩은 실적 장세에서는 주도주로 평가받는 경우도 많은데, 이는 블루칩의 경우 뛰어난 내재가치를 보유하고 있으나 상대적으로 저평가에서는 벗어나있는 경우가 대부분이기 때문이다. 블루칩보다 저평가 영역에 있으면서도 유동물량이 충분히 뒷받침되는 옐로칩이 주가 탄력은 더 좋은 경우가 많다.

참고로 '글래머 주식glamor stock'이라는 것도 있다. 자본금 규모가 작은 편이지만 성장성이 좋아서 수익률이 높은 주식을 속되게 이르는 말이다.

2. 우량주를 다시 정의하다

"한국 주식시장에서 블루칩은 무엇인가?"

이러한 질문을 던지면 대부분 '삼성전자, 현대차, 포스코' 등을 답변할 것이다. 이들은 분명 우량 기업이다. 한국뿐만 아니라 세계에서도 인정받는 초우량 기업이다. 이들처럼 산업 내 1등 기업은 물론이고 때로는 2~3등 기업까지도 우량주로 구분하는 것에는 무리가 없다.

"그런데 과연 우량주는 대기업의 주식이어야만 할까?"

나는 우량주를 다시 한 번 정의하고자 한다. 아니, 우량주의 범위를 좀 더 확장하고자 한다. 넓게 정의된 우량주의 개념이 제공하는 투자 기회가 우리에게 큰 의미가 있기 때문이다.

기업의 크기는 우량주의 절대적인 기준이 아니다. 성장성 있는 기업에게 시간만 충분히 주어진다면 자연스럽게 우량하다고 평가받기에 부족함이 없는 수준으로 자랄 수 있다. 기업의 크기보다는 기업의 내재가치와 지속성을 위한 경쟁우위가 사실은 더 중요하다. 이제 새롭게 정의하는 우량주의 정의는 다음과 같다.

"기업이 우량하다'는 의미는 특정 산업에서 초기 시장을 거쳐서 비교적 오랜 기간 호황기와 불황기를 모두 반복해서 겪으면서도, 뚜렷한 경쟁우위를 기반으로 시장점유율M/S, market share을 확대하면서, 자본을 의미 있는 수준으로 꾸준히 쌓아 풍부한 재무 구조까지 담보한 기업이다. 여기서 '의미 있는 자본 수준'이라는 것은 경기 불황기에나 금융 충격이 있을 때조차도 기업이 더 나은 제품을 생산하고 연구개발을 하는 데 재무적인 영향을 받지 않거나 성장을 위한 영업활동에 위축되지 않는 상태를 말한다."

오랫동안 경기순환의 과정 속에서 경쟁우위를 가지고, 경쟁사 대비 탁월한 기술력(생산력 또는 브랜드력)을 기반으로 초과 마진을 기록하며, 의미 있는 수준의 현금흐름과 재무 구조를 쌓아간다면 대기업이 아니라도 우량주로 구분할 수 있다.

특히 한국의 경우 1997년 아시아 금융위기였던 IMF나 2008년 글로벌 금융위기 같은 혼돈의 시기에도 매출 성장이 지속되거나 이익 하락을 최소한으로 방어한 중소형 기업들이 있었다. 이러한 기업의 주식은 우량주라고 불러도 손색이 없다. 이 기업들은 위기의 시기가 지나면서 퇴출된 기업들의 몫까지 차지하며 산업 내에서 시장점유율을 더 늘려갔고, 어려울 때도 인력 충원과 기술 투자가 가능했기에 추가적인 성장 기회를 가질 수 있었다.

결국 우량주를 한마디로 정의하면 '큰 외풍에도 흔들림 없는 기업'이다. 외풍이란 경기침체, 금융위기, 산업 내 드라마틱한 큰 변화 등을 말한다. 이런 기업은 외부로부터 촉발되는 위기마저도 극복할 역량이 있기 때문에 '장기투자에 적합한 투자처'가 된다.

3. 우량주가 되기 위한 마지막 조건

우량한 주식이 되기 위한 마지막 관문이 남아있다. 바로 '해당 기업에 대한 '신뢰'다. 이는 단기간에 쌓이지 않는다.

성장 산업의 초기 단계에서 시가총액이 큰 기업이라면 반드시 우량 주로 성장할 수 있을까? 단정하기는 이르다. 산업의 사이클을 여러 번 겪으면서 테스트를 받을 필요가 있다. 일정한 주기를 가지고 호황과 불황을 반복하는 경기 순환을 거쳐야 한다는 말이다.

지속적으로 성장하려면 외부적인 테스트 외에도 제품 다각화와 고객사 다변화가 필요하다. 이 과정에서 기업 경영진의 자본배분Capital Allocation 역량이 필수적이다. 아이템을 한두 번 성공시켰다고 해서 우량 기업이 되지는 않는다. 벌어들인 돈으로 다시 자본배분을 하고서 실패하는 경우도 많기 때문이다. 이러면 결국 매몰비용Sunk Cost or Retrospective Cost이 발생한다. 매몰비용이란 기업이 의사결정을 하고 실행한 뒤에 발생하는 비용 가운데 회수할 수 없는 비용이다. 매몰비용은 기업의 수익성을 해치고 자본의 안정성을 흔든다. 이는 투자자를 불확실성이라는 혼란에 빠뜨린다.

결국 이런 여러 요소까지 충족하고 경기순환의 긴 기간 동안 혹독한 테스트를 통과하고 나면 우량주의 자격을 얻을 수 있다.

펀드매니저로서 나는 우량주 가운데 '중소형 우량주'에 투자하는 것을 추천하는 편이다. 중소형 우량 기업들은 장기적으로 기대수익률이 높기 때문에 시간이 걸리더라도 수천억 원의 시가총액에서 조 단위로 성장하는 경우가 많았다. 일시적인 테마로 시가총액이 커졌다가 결국 몰락하고 마는 기업과는 질적으로 다르다.

4. 중소형 우량주에 투자해야 하는 이유

우량주에 투자해야 할 이유는 분명하다. 우량 기업은 펀더멘털(기초 체력)이 튼튼하기 때문에 주가가 장기적으로 우상향할 가능성이 높다. 그리고 현금흐름과 자산가치가 풍부하기 때문에 배당을 통해서 주주들과 수익배분을 공유하면서 장기투자를 가능케 한다. 또한 우량주는 변동성이 심한 주식시장에서 투자자에게 재도전의 기회를 많이 준다.

우량주 가운데서도 특히 중소형 우량주를 추천하는 이유가 무엇인지 대형 우량주와 비교하여 알아보자.

첫 번째, 초과 수익을 내기 용이하다. 대형주의 경우에는 모든 시장 참여자들이 지켜보고 있다. 예를 들어 코스피200 종목과 비非 코스피 200 종목으로 나누어보자. 코스피200 종목의 경우 대부분의 증권사에서 리포트로 다루기 때문에 특정 투자자가 정보의 우위에 있기 어렵다. 새로운 정보조차 주가에 즉각 반영되는 편이기 때문에 초과 수익을 내기가 쉽지 않다. 반면에 중소형 우량주의 경우에는 증권사 리포트가 없는 경우도 많고, 시장 참여자들의 관심도가 코스피200 수준으로 높지 않다. 따라서 평소에 기업에 대한 경쟁우위만 잘 파악해둔다면 시장에서 소외되는 구간에 투자하여 초과 수익을 거두기가 더 쉽다.

두 번째, 목표 수익률을 더 높게 잡을 수 있다. 삼성전자나 현대차의 경우 훌륭한 기업임에 분명하지만, 관련된 사업현황을 모두가 인지하고 있고 사업성이 무르익어서 목표 수익률을 몇 배 수준으로 기대하기가 어렵다. 그러나 중소형 우량주의 경우에는 기업을 잘 발굴하여 가치와 가격이 큰 괴리를 보이는 구간에서 투자할 수만 있다면 몇 배 수준의 목표 수익을 거두는 것이 가능하다. 같은 우량주라면 대형주보다는 중소형주의 장기 수익률이 더 높을 수밖에 없다. 단, 주의할 점은 대형주와 중소형주 전체 그룹을 기준으로 보면 중소형주의 변동성이 더 크다는 사실이다. 그렇기 때문에 중소형의 모멘텀 투자와 우량주 투자는 구분해야 한다. 이 경우에는 중소형주라고 해도 개별 기업 기준으로는 대형주보다 변동성이 꼭 크다고 볼 수도 없다.

세 번째, 더 큰 배당수익을 얻을 수 있다. 국내에서도 대형 우량주는 배당성향이 해외와 비교해도 그리 낮지 않은 편이며, 이미 거대해진 복합기업으로서 배당금이 큰 폭으로 증가하는 사례를 찾기는 매우 어렵다. 예를 들어 KT&G의 경우 이미 배당성향이 60% 이상 수준이기 때문에 배당성향을 더 높이는 것이 현실적으로 쉽지 않다. 그러나 배당성향이 아직 10% 수준인 중소형주의 경우에는 이익이 성장하여 자본이 안정성을 갖추고 나서 배당성향까지 높아진다면 투자자는 매우 큰 자본이득을 보게 된다. 소외되어있는 중소형 우량주를 조기에 발굴했을 경우에는 중장기적으로 배당 수익률 10% 이상을 보는 것도 꿈이 아니다.

네 번째, 매크로 변수에 대한 민감도가 낮다. 대형주일수록 거시경제에 더 연관성이 높고 중소형주일수록 (산업별로 조금 차이는 있지만 대부분) 거시 경제에 대형주보다는 덜 민감하다. 전문투자자는 거시경제를 같이 보는 것이 어렵지 않지만 일반투자자가 거시경제까지 예측하며 투자하기란 쉽지 않다. 중소형주에 투자한다면 대형주보다 덜 고민하면서 더 편안하게 투자할 수 있다.

우량 기업을
알아내는 방법

주식에 투자하기 위해서는 기업 분석이 필수적이다. 기업의 주식은 가치를 지니고 있고, 그 가치를 알아야 매수와 매도의 기준을 잡을 수 있기 때문이다. 기업에 대한 기초 분석조차 하지 않고 투자하는 것은 전쟁터에 총 한 자루 없이 나가는 것과 같다. 총이 있어도 전사할 수 있는 곳이 전쟁터다. 주식시장도 마찬가지다.

1. 기업 분석은 어떻게 해야 할까?

기업 분석을 하려면 무엇을 어떻게 준비해야 할까? 이 책에서는

PER(주가수익비율), PBR(주가순자산비율), ROE(자기자본이익률), EBITDA(이자/법인세/감가상각비 차감 전 영업이익) 같은 기본적인 개념을 다루지는 않겠다. 대신 투자자가 기업 분석을 하는 방법 가운데 기초적이면서도 실전적인 방법을 소개할 것이다. 직관적으로도 이해하기 쉬우면서도 핵심적인 부분을 설명하기 위함이다.

1) 기업 분석의 모든 것, Q·P·C

기업 분석은 간단히 말하면 Q, P, C 3가지 키워드가 전부다. 기업 분석에 반드시 복잡한 경제 용어가 필요한 것은 아니다. 미국의 전설적인 투자자 워런 버핏은 이렇게 말했다.

"기업을 분석하기 위해 어려운 수학은 필요 없다. 산수만 할 줄 알면 된다."

Q Quantity는 수량이다. 제품이든 서비스이든 기업의 매출의 대상이 되는 시장의 규모를 파악하는 작업이다. P Price는 가격이다. 기업이 만드는 재화나 서비스에는 그 가치에 맞는 가격이 붙기 마련이다. C Cost는 비용이다. 기업의 재화나 서비스를 생산하는 데 필요한 자본이다.

보통 경제학 책에서는 P-Q-C 순서로 설명한다. 그런데 왜 여기서는 Q-P-C 순서로 이야기할까? 첫째 이유는 중요도 순이다. 기업 분석과 기업 가치를 산정하는 데 Q > P > C 순서로 중요하기 때문이다. 경제학자의 사회적 현상 분석과 투자자의 기업 가치 분석은 관점의 차이가 있다고 볼 수 있다.

둘째 이유는 기업 분석의 용이함이다. 수량을 파악하고 그 다음에 가격과 비용을 분석하는 것이 분석의 흐름상 적합하다. 철강과 화학처럼 가격과 비용의 차이가 핵심인 스프레드 산업은 더욱 그렇다.

우리는 경제학자가 아니다. 투자자로서 Q, P, C에 익숙해지는 것을 추천한다.

2) 간단한 기업 분석 사례

이제 Q·P·C 분석을 적용해보자. 내가 일하는 부서에 신입 매니저가 들어오면 가장 먼저 기업 탐방을 보내는 곳이 있다. 바로 시멘트 회사들이다. 시멘트 회사들은 아이템이 시멘트 한 가지이기 때문에 분석하기 매우 용이하고, Q·P·C를 명확하게 파악할 수 있다.

시멘트의 수량Q부터 알아보자. 시멘트 산업은 국내 수요가 대부분이고, 국내 시멘트 연간 생산 규모는 5,000만 톤 내외다. 시멘트의 월별, 연간 생산 수치는 한국시멘트협회 홈페이지에도 나와있어서 누구나 확인할 수 있다.

시멘트 수요를 좌우하는 전방◆은 당연히 건설회사다. 흔히 아파트를 떠올릴 것이다. 그러나 건설투자 체감경기를 가장 현실적이고 직관적으로 느낄 수 있는 부분은 아파트가 맞지만, 전체 시멘트 수요 중에서 아파트는 20%대로 생각보다 절대적인 수준은 아니다. 의외로 수요

◆ 해당 기업을 기준으로 제품 소재나 원재료 공급 쪽에 가까운 업종을 후방, 최종 소비자와 가까운 업종을 전방이라 한다.

에 변동을 주는 요인은 도로, 항만, 철도 등 사회간접자본soc 투자다.

주택 중심의 민간 투자와 SOC 중심의 정부 투자가 시장 수요를 이끄는 구조이기 때문에 두 영역을 각각 전망하는 작업이 필요하다. 한국시멘트협회에서는 매년 시멘트 예상 수요를 발표하기 때문에 참조할 필요가 있다.

또한 Q에서는 수요뿐 아니라 공급도 중요하다. 시멘트는 수요와 마찬가지로 공급도 어느 정도 정해져있다. 따라서 경쟁 강도가 좀 더 중요하다. 근래에 시멘트 회사들 간의 인수합병으로 경쟁 강도가 과거 대비 약화된 부분은 긍정적이다. 경쟁이 격해질수록 수익성은 나빠지기 때문이다. 시멘트 산업의 판매는 지역별로 어느 정도 권역이 나누어져 있으니 지역별로 수요 대비 공급의 경쟁 강도를 파악하면 된다.

다음으로 시멘트의 가격p을 알아보자. 시멘트는 고시 가격이 정해져있다. 따라서 시멘트 제조사별로 시멘트 가격은 거의 같다. 실제 영업 현장에서는 할인가격의 변동이 조금 있을 수는 있으나 평균 가격의 차이는 작은 수준이다. 사실 이것은 대부분의 재화에도 해당된다. 마트에서 판매하는 참치와 햄도 제조사의 유통사에 대한 할인이 있다.

가격에서는 '시멘트-레미콘-건설사' 순서대로 유통되기 때문에 레미콘사에 가격 전가가 가능한지가 중요하다. 또한 레미콘사도 건설사에 가격을 올릴 수 있어야 하기 때문에 전반적으로 가격 인상을 위한 명분이 중요하다. 과거와 다른 점은 시멘트사가 인수합병으로 경쟁사 수가 줄어든 상황에서 가격 협상력이 커졌다는 사실이다

마지막으로 시멘트를 제조하는 데 드는 비용c이다. 시멘트를 만

드는 데 드는 비용은 대략 원재료비 40~50%, 운반비 20%, 전력비 10~15% 수준이다. 원재료는 유연탄이 가장 크게 차지하는데, 유연탄의 국제 가격은 변동이 크기 때문에 원가 변동의 주요 요인이 된다. 또한 과거보다 운반비의 부담이 늘어나는 추세이고, 전력비 또한 전 세계에서도 값싸기로 유명한 한국의 전기료가 얼마나 상승할지 주목해야 한다. 이는 또 시멘트 가격에 영향을 줄 수 있으므로 P-C가 유리한 상황인지, 불리한 상황인지를 잘 판단하는 것이 중요하다.

또한 시멘트는 제조 과정에서 환경에 유해한 물질이 많이 나오기 때문에 지역자원세에 대한 이야기가 꾸준히 나오고 있다. 반대로 이러한 환경유해 산업이라는 이미지를 벗고 원가 절감을 위해서 몇몇 시멘트사는 순환자원 처리시설을 통하여 탄소배출이 높은 유연탄 대신 폐플라스틱, 폐타이어 등을 소각한 열을 이용하여 시멘트를 만들면서 환경오염을 줄이고, 수익성을 개선하는 노력도 지속하고 있다.

3) 처음에는 단순한 아이템을 가진 기업부터 분석하자

나 역시 첫 기업 탐방으로 시멘트 회사에 갔다. 당시 내게 주식을 가르쳐주신 스승 엄덕기 매니저님의 지시였다. 2014년 당시 나는 팀 포트폴리오에 모바일게임주 매수를 적극적으로 권유하고 있었는데, 그때 팀장이었던 스승님이 난데없이 시멘트 기업 탐방을 다녀오라고 한 것이다. 그때는 그게 무슨 의도인지 이해하지 못했다. 하지만 시간이 지나고 나자 Q·P·C를 명확하게 파악하는 것이 매우 중요하다는 가르침을 주기 위해서였음을 깨닫게 됐다. 2018년부터 운용사에서 팀장을 맡고 나서부터는 나 역시 같이 일하는 팀원들에게 항상 Q·P·C를 강조하고 있다. "기업 미팅 때 IR의 현란한 말솜씨와 스토리에 현혹되지 말고 냉철하게 숫자 베이스로 Q·P·C를 마음에 새겨라", "주어진 미팅 시간 내에 최대한 Q·P·C를 발가벗겨 와라"고 말이다. 이번에 새로 함께 일하게 된 팀원에게도 시멘트 기업 탐방을 추천했다. 그 친구의 표정은 9년 전 나와 같았다. '많은 기업 중에서 왜 굳이 시멘트 회사를 다녀오라는 걸까?' 아마 이 친구도 시간이 지나고 나면 내 의도를 이해하리라.

기업 분석 사례로서 시멘트 산업을 언급한 것은 그것이 전통 산업에서 가장 중요해서가 아니다. Q·P·C를 파악하는 훈련을 하기가 용이해서다. 덧붙여, 개인적으로는 2~3년에 한 번씩 스프레드 변화가 생길 때 포트폴리오에서 활용하기 매우 좋은 산업이라고 생각한다.

기업의 제품이나 서비스가 한 가지라면 그만큼 분석이 쉬워진다. 분석이 쉬운 기업이 무조건 투자의 우선순위가 있다고 말할 수는 없지만, 초보 투자자들에게는 사업 아이템이 단일하거나 소수인 기업을 분석하는 편이 더 쉽다.

2. 산업별 분석은 어떻게 할까?

모든 산업은 각각의 특성과 사이클이 다르므로 같은 기준을 대입하기는 어렵다. 그렇지만 기업을 하나하나 공부하다 보면 각 산업의 속성을 자연스럽게 알게 되고, 기업을 분석하고 투자할 때 유용하게 활용할 수 있게 된다. 여기서 모든 산업을 다룰 수는 없지만 주요한 몇몇 산업의 속성을 정리했다. 이곳에서 언급한 내용은 이어지는 2부에서 각 개별 기업의 사례로 다시 확인할 수 있다.

1) 전통 산업

시멘트, 제지, 축산, 방직 등이 여기에 속한다. 전통 산업은 각각 사이클이 다르다. 공급이 제한된 상태에서 전방산업의 수요에 따라서 느슨해지기도 하고 타이트해지기도 한다. 다만 공통점은 '사이클이 분명하기 때문에 호황과 불황을 반복한다'는 것이다. 큰 투자 기회는 사이클에 따라 보통 2~3년에 한 번꼴로 생기는 경우가 많다. 전통 산업에서는 신규 투자가 제한되거나 거의 없기 때문이다. 또한 우량 기업과 비우량 기업 간에 자본이 증가하는 속도는 장기적으로 매우 크게 차이 나기 때문에 어떤 기업이 투자 우위를 지니는지 선택하기 쉽다.

2) IT

산업 내 해당 기업의 '아이템의 생성과 수명'에 기업가치가 달려있다. 다만 기술의 변화가 빠른 분야여서 이 구간이 짧아질 수 있기 때문에 기술 우위의 기업이 더 큰 기회를 맞이할 가능성이 크다. 따라서 해당 기업의 기술력이 기업가치에 더해지고 이것이 기업의 핵심 경쟁력으로 작용한다.

IT 기업 투자는 투자 스타일에 따라서 전략이 천차만별이다. 나의 경우에는 정보에 민감하게 반응해서 투자하기보다는 해당 기업의 아이템 수명과 경쟁우위를 고려하여 시장에서 소외되는 구간에서 매수하여 시장에서 열광할 때 매도하는 것을 선호한다. 하지만 IT에서만큼은 여러 투자 전략을 복합적으로 활용하는 것이 가능하기 때문에 투자 기질에 따라서 전략은 달라질 수 있다.

3) 콘텐츠

지금 세상에서 변화의 속도가 가장 빠른 영역 중 하나로, 높은 성장성을 지녔으며 사이클은 가장 예측하기 힘든 영역이다. 콘텐츠를 담는 플랫폼이 새롭게 탄생하고 경쟁하면서 콘텐츠의 수명도 예상보다 매우 길어지기도 하고, 순식간에 단명하기도 한다. 노래, 영화, 드라마, 웹툰 등 모든 콘텐츠의 가치를 정확하게 안다는 것은 매우 어려운 일이다. 하지만 무형자산의 가치도 측정할 줄 알아야 하는 시대다. 조금 더 마니아처럼 '세상에 다시없이 귀한 것을 바라보는 듯한' 느낌으로 세상의 콘텐츠를 볼 필요가 있을지도 모른다.

4) 시클리컬

시클리컬cyclical이란 흔히 '경기민감주'라고 한다. 정유, 화학, 철강, 조선, 해운과 같이 경기에 매우 민감하고 수요와 공급이 조금만 틀어져도 기업의 이익 변동성이 매우 커지는 산업이 여기에 속한다. 대표적인 스프레드P-C 산업으로서 범용 제품이 주를 이루는데, 산업 사이클을 이용한 투자 전략이 유효하다. 즉 안 좋았을 때 매수하여 충분히 좋아졌을 때 매도하는 전략이다. 이는 고PER에서 매수하여 저PER에 매도한다는 말과 같다. 미국에서는 'low quality industry'라고도 표현하는데, 단순히 산업이 좋지 않다기보다는 변동성이 크기 때문에 질이 높지 않다는 의미로 붙은 말이다.

스페셜티 제품군을 다루는 기업의 경우에는 조금 다르다. 스페셜티 제품군은 범용 제품군과 달리 사용처가 다소 제한되지만 생산 기업도 제한되는 것이 특징이다. 단순히 사이클 외에도 해당 제품군의 글로벌 수급 및 경쟁사의 현황이 더 중요시된다. 따라서 거시경제를 고려하여 투자하기보다는 중소형 회사를 분석하여 투자하는 방식이 더 쉬울 때가 있다.

5) 소비재

필수 소비재의 경우 소비자의 브랜드 충성도가 높은 기업이 유리하다. 필수 소비재를 포함한 일반 소비재 영역에서 중요한 것은 소비자들의 소비 트렌드 변화에 대한 관심을 가지면서 국내용인가, 세계로 뻗어나갈 수 있는 확장성이 있는가를 판별하는 것이다. 브랜드력이 강해지면 사이클이 매우 길어진다. 따라서 높은 멀티플을 받는 경우가 생긴다. 때로는 불리한 업황도 극복해내는 경우가 있는데 프리미엄 요소로서 충분한 가치가 있다.

내구 소비재는 일반 소비재에 비해서 내구연수가 3년 이상인 경우를 가리키며, 자동차, 냉장고, TV, 가구 같은 품목을 말한다. 필수 소비재와 달리 경기에 더 민감한 특성을 지니기 때문에 경기의 순환을 고려해야 하며, 기술적 혹은 기능적 업그레이드가 커서 소비자 편익을 크게 유발할 때 수요가 크게 증가하는 특성을 보인다. 내구 소비재는 주로 1등 기업이 선도하는 편이기 때문에 업종 파악만 잘한다면 투자는 의외로 쉬울 때도 있다. 최근에는 의료기기와 같은 새로운 산업도 점점 소비재의 특성을 띠는 모습을 보여주고 있다.

6) 제약/바이오

제약회사들의 전통적인 비즈니스인 제너릭Generic, 복제의약품은 완전히 성숙 단계에 접어들었다. 따라서 기업들은 새로운 성장 동력을 마련하기 위해 여러 방향으로 길을 모색하고 있다. 신약 개발에 도전하기도 하고 개량신약에 집중하기도 한다. 또한 전방을 넓혀서 건강기능식품이나 의료기기까지 확장하는 제약사도 있다.

바이오 회사는 개인적으로 투자 난이도가 높은 영역이라고 본다. 특히 한국 바이오 기업에 투자하기 위해서는 정보의 상위에 있지 않으면 불리한 경우가 많다. 신약 하나 개발한다고 주가가 뜨던 시절은 지났기 때문에 현금흐름에 대한 고민도 필요하다. 그렇지만 수많은 영역에서 꾸준하게 도전이 이어지고 있고, 특히 임상 3상 허가나 패스트 트랙fast track◆을 밟을 수 있는 기업에게는 기회가 있다. 코로나 이후로 진단기기 시장의 규모도 더 커지고 있어서 주목할 만하다.

◆ 임상 시험을 축소 신청하여 신약 개발을 가속화하고 심사 기간을 단축하는 것.

7) 규제산업

업종은 서로 달라도 전력, 통신, 금융, 방산 등은 규제산업으로 묶을 수 있다. 정부의 규제는 주로 디스카운트 요소로 작용하는 경우가 많다. 산업을 보호한다는 명목이지만 실제로 기업 입장에서는 이익이 제한되는 경우가 자주 발생하기 때문이다. 산업과 기업의 저평가는 결국 국가 경쟁력을 저하시키기 때문에 정부 개입이 최소화되는 것이 바람직하다. 때로는 국가의 보호가 산업을 보호하고 최저 마진을 보장하는 경우도 있기는 하지만, 기업 경쟁력을 키우는 것은 국가가 할 수 없는 일이다.

앞서 Q·P·C 가운데 Q가 가장 중요하다고 말했지만, P와 C가 더 중요한 분야도 있다. 먼저 언급한 스프레드 산업 외에도 금융(은행, 증권, 보험 등) 분야가 대표적이다. 금융의 경우 예대마진이 중요하고 매출의 경우에 금융 상품별로 총매출 인식이냐, 순매출 인식이냐에 따라서 매출로 잡는 부분의 차이가 크다.

이상으로 몇 가지 산업에 대한 속성을 살펴보았다. 한 가지 강조하고 싶은 부분은 산업별로 밸류에이션valuation, 즉 기업에 대한 가치평가는 정해져있지 않다는 것이다. 많은 초보 투자자가 이 점을 간과한다. 산업별로 밸류에이션의 높낮이를 매기는 일률적인 평가를 맹목적으로 신봉하고는 한다. 하지만 각 산업마다 성장기와 성숙기가 다르다. 그 시기에 따라서 밸류에이션 또한 달라진다. 몇 가지 사례를 보자.

음식료의 경우에 2000년 초반에는 극도의 저평가를 받다가 2014~

2015년에는 지나치게 높은 평가를 받았고, 최근에는 다시 낮은 평가를 받고 있다. 종목을 예로 들어보면 오뚜기는 당시 PER 60배까지 받았지만, 지금은 10배 미만이어도 시장에서 매우 소외되어있다.

지주사의 경우 많은 가치투자자가 지나치게 저평가되어있다고 언급한다. 2000년 중반에는 한 운용사의 지주사에 투자하는 펀드가 단일 규모로 수조 원이 되었을 정도로 지주사가 프리미엄을 받았다.

홈쇼핑의 경우에도 10년 전에는 유통업종 내 대표적인 성장산업으로 분류되었고 PER 30배 수준까지 기록했지만, 현재에는 PER 7배 수준도 못 받고 있다. 현재 대부분의 홈쇼핑 회사는 그룹사 내에서 합병되어 그룹의 캐시카우로 사용되고 있다.

결국 밸류에이션에는 해당 산업의 사이클이 중요하고 해당 시점 투자자들의 인식이 생각보다 크게 작용한다. 따라서 밸류에이션을 절대적인 공식처럼 생각하면 곤란하다. 이보다는 과열의 시기와 공포의 시기를 판별하는 것이 투자자로서는 더 중요하다.

다음 장은 펀드매니저로서 내자 지금까지 실제로 발굴해온 중소형 우량주들과 그 분석 및 투자에 관한 이야기다. 중소형 우량주의 장기 성장을 기대하며 오랜 기간 주주가 되어 투자함으로써 느꼈던 매력과 깨달은 바를 꼼꼼하게 작성했다. 독자가 자신만의 명품 중소형 우량주를 직접 발굴하는 데 큰 도움이 될 것이다.

4장

유형1: 글로벌 최고 경쟁력을 가진 기업

주머니 속에 든 송곳은 드러나기 마련이다

한국은 수출 중심의 경제 구조를 가진 나라다. 급격한 경제 성장을 이뤄내면서 삼성전자, 현대차와 같이 해외에서도 누구나 아는 글로벌 브랜드 회사들이 생겨났다. 그뿐만이 아니다. 널리 알려지지는 않았지만 글로벌로 뻗어나간 중견기업이나 중소기업도 자연스레 탄생했다. 그중에는 전 세계 어느 기업과 견주어도 경쟁력이 뛰어날 뿐만 아니라 아예 독보적인 기업도 있다. 이 기업들은 단순히 매출과 영업이익 등의 영업 동향뿐만 아니라 경쟁력의 근원에 대한 깊은 분석이 필요하다. 이런 기업들이야말로 최고의 투자 기회가 되기 때문이다.

기업을 발굴하는 투자자의 관점에 있어서 투자 수익을 가장 높이는 방법은 해당 기업이 'Unknown' 상태일 때 그 가치를 알아보는 것이다. 이미 다수로부터 '글로벌 최고의 경쟁력을 갖추었다'라는 평을 듣는 'Well-known' 상태라면 기업가치는 이미 저평가를 벗어난 상태일 가능성이 크기 때문이다. 이렇게 저평가를 벗어났거나 고평가에 진입한 기업이라면 투자는 가능하지만 전방에 민감하게 산업 동향과 해당 기업의 추가 퍼포먼스까지 분석해야 한다. 해당 기업의 원천적인 경쟁우위 요소만 보고 마음 편하게 장기투자하기에는 적합하지 않다.

나는 누구나 아는 기업에, 누구나 투자할 수 있는 타이밍에 투자하는 것을 지양한다. 펀드를 운용하는 입장에서 모두가 아는 기업에 투자하여 나만이 초과수익을 얻을 수 있다고 생각하지 않기 때문이다. 그래서 대중이 잘 알지 못하는 기업, 또는 과거에 알았지만 지금은 잊힌 기업에 주로 투자한다. 이를테면 삼성전자보다는 삼성전자에 공급하는 기업 가운데 경쟁우위가 뚜렷하고 성장성이 높은 기업에 투자하는 식이다.

아직 시장에 널리 알려지지 않은 기업이 높은 경쟁력을 지녔다고 판단된다면 투자를 주저할 필요가 없다. 주머니 속에 든 송곳은 외부로 드러날 수밖에 없다. 세계 최고의 경쟁력을 가진 기업이 'Unknown' 상태였다면, 세상에 드러나는 시기에 시장의 반응은 폭발적일 것이다.

사례1

글로벌 No.1 반도체 부품 기업

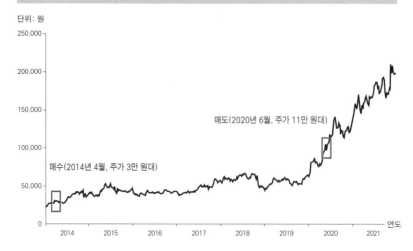

[그림 4-1] 주가 그래프(2014~2021년)

단위: 원

매도(2020년 6월, 주가 11만 원대)

매수(2014년 4월, 주가 3만 원대)

연도

첫 번째로 소개할 기업은 글로벌 톱 수준의 기술력을 가진 반도체 부품 기업이다. 10년 전만 하더라도 시장에서 크게 유명한 편은 아니었으나, 몇몇 보수적인 가치투자자조차도 기업의 경쟁력이 높다고 감탄한 바가 있었다. 나도 당시에 IT 기업을 집중적으로 리서치하던 시기였고, 특히 이 기업의 높은 이익률에 주목하면서 초반부터 관심이 많았다. 그렇기에 탐방을 가기 전부터 공부를 충실히 해두었고, KTX를 타고 부산으로 내려가는 기차 안에서의 설렘은 지금도 기억에 남는다.

기업 개요:
글로벌 반도체 공정의 수문장

이 기업의 이름은 리노공업이다. 리노공업의 경쟁력을 이해하기 위해서는 제품을 간단히 이해할 필요가 있다. 이 회사는 반도체 등의 공정에서 검사장비에 사용되는 핀과 소켓을 제조한다. 고객사가 수천 곳에 달하며 국내 반도체 산업이 2010년 이후 커지기 전부터 수출 비중이 절반을 넘었다. 10년 전 기준으로도 고객사의 수는 2,000여 개 수준으로 지구상의 반도체 관련 기업이라면 이 회사를 통하지 않고서는 제품을 만들 수 없다고 말해도 무방할 정도다. 국내 기업인 삼성과 SK하이닉스를 비롯하여 퀄컴, 인텔, IBM, TSMC 등의 초대형 IT회사부터 중소 IT회사까지 매출치 다변화가 매우 잘 되어있있다. 과거에 반도체 중소형 기업 대부분이 삼성과 SK하이닉스에 의존하는 편이었던 것을 감안하면 태생부터 달랐다고 볼 수 있다.

이 회사의 제품은 특히 비非 메모리 분야에서 크게 사용된다. 국내의 반도체 소부장(소재·부품·장비) 기업이 대부분 메모리를 중심으로 영위하고 있는 것에 비해 이 회사의 포지션은 특별하다. 고객사가 매우 다양한 만큼 매출 다변화도 잘 되어있다. 따라서 소수 고객사에 대한 의존도가 커서 매출의 변동성이 생긴다거나 고객사의 가격 인하 요구로 인하여 이익의 변동성이 생길 이유도 없다.

탐방 회상:
타의 추종을 불허하는 마인드

2014년 봄에 부산 강서구에 위치한 리노공업으로 탐방을 갔다. 반년 이상 글로만 분석하던 기업을 마침내 방문하게 되어 기대감이 가득했다.

IR 담당자와 미팅하면서 이 회사 제품의 글로벌 입지와 당시 경쟁사로 언급되던 몇몇 회사에 대해 들었다. 경쟁사라 해도 비슷한 아이템을 다루는 정도였고 전방은 달랐다. 비교우위와 차이점을 알게 되면서 내가 리노공업 입장이라면 그들과 함께 묶여 언급되는 것이 불쾌할 수 있겠다는 생각이 들 정도였다.

기업 설명을 들은 뒤 IR 담당자와 가볍게 생산라인을 둘러보는데, 기계 설비를 직접 만지면서 순찰하듯이 지나가는 50대 중반으로 보이는 관리자가 있었다. IR 담당자는 목례하듯 인사했고, 나도 함께 인사했다. 미팅룸으로 돌아와 '아까 그분은 누구시냐'고 물었다. IR 담당자는 회사의 창업주인 이○○ 대표이사라고 알려주었다. 나는 무수히 많은 회사를 다녀보았지만 대표이사가 매일매일 기계 설비를 하나하나 정성을 담아 만지면서 라인을 관리하는 것은 본 적도, 들은 적도 없었다.

IR 담당자와 얘기를 더 나누면서 놀란 점이 몇 가지 더 있었다. 회사 부지 내에는 축구장처럼 넓게 잔디로 꾸며진 공간이 있었다. 요즘에야 회사 사내 복지 공간부터 건물 밖 조경에도 신경을 많이 쓰지만 이때만 해도 보기 드물었다. 이 회사의 제품들이 0.3mm대 핀사이즈를 활용해 핀테스트를 하는 것이 많았기에 직원들의 눈 건강을 위한 공간이라고 했다.

그리고 이 회사는 경비원과 식당 직원들까지도 정직원으로 채용하고 있고, 그분들도 회사의 인센티브를 공유한다고 했다. 그럼에도 이 회사의 평균 영업이익률은 30~40% 수준으로서 국내 상장기업 중 가장 높은 수준의 마진을 기록하고 있었다. 많은 회사가 인건비 절감을 위해 관리 인력은 계약직 또는 외주 고용을 하는 경우가 흔한데, 회사 정책을 보니 직원들에 대한 깊은 배려를 느낄 수 있었다.

이런 회사 분위기가 직원의 사기와 충성도에 남다르게 작용했으리라 생각된다. 실제로 IR 담당자도 2001년에 입사해서 500원 액면가에 받은 우리사주를 십몇 년이 지난 당시까지도 보유하고 있었다.

어딤으로 리노공업이라는 기업명은 창업주의 성씨인 이 씨와 그분의 부인의 성씨인 노 씨를 따서 지었다고 한다. 간단하면서도 직관적인 작명이라고 생각하면서 웃었던 것이 기억난다.

첫 탐방 이후에는 전화 통화로 주로 업데이트하다가 최근 거의 10년 만에 부산으로 다시 찾아갔다. 예전에는 비교적 한적한 느낌이었는데 현재는 이 회사 부지 내에 새로운 생산시설과 R&D 건물이 들어섰고, 이 회사 주변 공단에는 더 많은 회사가 들어서있었다. 꾸준하게 성장하는 기업은 해당 지역의 경제활동마저 부흥시키는 힘이 있는 걸까?

퍼포먼스:
산업 내 독보적인 이익률

반도체는 사이클 산업이기 때문에 호황인 업사이클에서 큰 이익을 낼 수 있어도 불황인 다운사이클에서는 어려운 구간을 지나가야 한다. 하지만 이 회사는 반도체 산업을 전방으로 두고 있으나 경기에 대한 민감도가 다른 반도체 관련 회사들보다는 훨씬 낮았다. 그만큼 고객사 다변화와 핀/소켓 분야에서의 절대적인 우위가 명확했다.

리노공업은 글로벌 금융위기의 영향을 받은 2009년을 제외하고는 매년 매출이 성장하는 강한 모습을 보여주었다. 매출 성장도 좋지만, 한 가지 더 중요한 사실이 있다. 이 기간 동안 적자가 한 번도 없는 것은 물론이고, 영업이익률이 평균 36%로 엄청나게 높은 수익성을 자랑한다는 것이다.

리노공업은 지난 20년간 평균 30% 중반 이상의 영업이익률을 기록

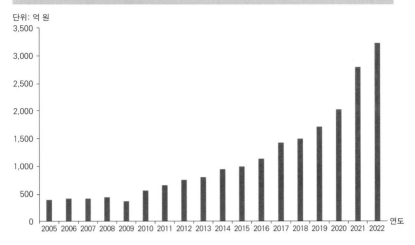

[그림 4-2] 리노공업 매출액

단위: 억 원

했으며, 높을 때는 40% 중반 수준까지 올라갔다. 2009년 금융위기 때가 30년 내 가장 낮은 이익률을 기록했는데, 그때가 20% 중반이었다. 이 정도면 업황을 거의 무시하는 수준이다.

리노공업의 기업 가치는 기술력에서 온다. 그들이 가진 기술력의 핵심은 미세피치에 있다. 실리콘 러버 타입의 피치는 0.35mm 이하로는 한계가 있는 반면, 이 회사가 만드는 핀 타입의 피치는 0.1mm 이하까지도 가능하다. IT 제품은 점점 더 경박단소화를 요구하기 때문에 이 회사의 기술력은 미래에도 경쟁우위가 높을 수밖에 없다.

그렇다면 이 정도 기술력을 보유한 기업은 마진이 얼마나 날까? 대부분의 기업 마진은 해당 제품과 서비스의 경제적 부가가치와 더불어 경쟁자의 경쟁 강도에 의해서 결정된다. 이 회사는 금속을 기반으로 한 미세 피치 기술력에서 따라올 경쟁자가 없었기에 국가의 경제 성장이

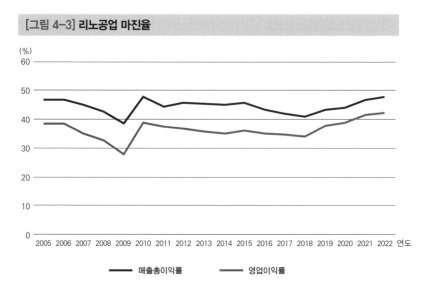

[그림 4-3] 리노공업 마진율

(%)

매출총이익률 · 영업이익률

나 산업 사이클과 무관하게 절대적인 수익성을 기록했다.

전 세계적으로 대체할 수 없는 수준의 정밀함으로 반도체 검사용 핀/소켓을 제조하며 수십 년간의 기술적 경쟁력을 입증해왔기 때문에, 오랜 시간이 지났음에도 불구하고 글로벌 IT 기업들은 여전히 이 회사를 찾는다. 제품 생산을 위한 장비는 독일 등 수입산 장비를 사용하지만, 모든 장비를 개조하여 커스터마이징해서 가동하기 때문에 타사는 이 회사의 제조 능력을 흉내 내지 못한다. 첫 기업 미팅을 한 지 10년이 지난 지금, 타 기업 가운데 메모리 영역에서 성장을 보였거나 기업 합병으로 규모가 커진 해외 기업은 존재해도, 비 메모리 분야에서 리노공업은 여전히 독보적이다.

자연히 기업가치도 엄청나게 상승했다. 내가 처음 투자했던 2013년에는 시가총액이 3,000억 원 내외의 소형주 규모였으나, 2021년에는 시가총액 3조 원을 돌파하며 중대형주 규모까지 성장했다. 10년도 되지 않아 10배에 가까운 주가 상승률을 보여준 것이다.

종목 사례를 살펴볼 때 이미 성공한 과거 스토리를 뒤늦게 언급하는 것은 큰 의미가 없다. 중요한 건 저평가 국면이거나 소외 국면일 때 이러한 '진주'를 어떻게 알아보느냐다.

내가 집중적으로 매수한 시기는 2013~2016년이었는데 이미 지난 10년간의 매출과 높은 수익성은 확인했고 타 IT 중소형 회사와 비교할 때 경쟁우위가 명확했기 때문에 우선순위로 놓는 것은 어렵지 않았다. 하지만 그때까지만 해도 시장에 이 회사의 기술력과 아이템 확장 가치가 크게 알려지지는 않았다. 글로벌 톱 기술력을 보유한 기업이 시총 3,000억 원대이면서 IT 산업에서 지속 성장할 가능성을 보여주었기에 매우 저렴한 가격이라고 판단했다. PER도 10배 미만 수준으로 밸류에이션 부담도 없었다.

이는 양적인 분석뿐 아니라 부산에 직접 탐방을 가서 이 회사의 제품력과 기술력을 이해했기에 가능한 질적 판단이기도 했다. 여기서 질적인 분석이란 10년 치 재무제표를 분석하면서 단순히 숫자만 보는 것이 아니라 잘할 때와 못할 때를 구분하고, 그 이유를 내적 요인과 외적 요인을 구분해 분석하면서 기업의 경쟁력과 아이템 특성을 이해하는 행위를 말한다.

과거의 저평가 영역에서 탈피하여 고평가 영역으로 들어가면서 나는 시총 1조 원 중후반대에 매도했다. 이후에는 주가가 조정을 크게 받았을 때 정도만 포트폴리오에서 활용하고 있다. 이유는 기업이 아무리 좋아도 고평가 영역에서는 보수적으로 접근하는 내 투자 방식에 기인한다. 아무리 좋은 기업도 2~3년에 한 번은 매수하기에 좋은 큰 기회를 주는 순간을 맞이하기 때문에 급할 필요가 없다. 물론 포트폴리오에 없는 시점에도 꾸준히 체크하고 관리하는 부지런함이 있어야 투자 기회를 발견할 수 있다.

투자 기회:
Unknown이라면 즉시, Well-known이라면 낙폭과대일 때

대부분의 기업은 경제 상황이나 금융시장의 변동에 영향을 받는다. 리노공업처럼 거시경제 상황을 거의 무시하는 수준으로 자기 갈 길을 가는 기업은 극소수다. 이처럼 변동성이 적으면서 'Unknown' 상태에 있는 기업을 찾아낸다면 투자에 망설일 필요가 없을 것이다.

실제로 과거에 IT에 보수적인 가치투자자들도 리노공업을 미팅하고 나면 흠뻑 빠져서 투자를 한 사례가 많았다. 재밌는 것은 나를 포함해 리노공업에 투자한 사람들 가운데 수익 실현을 하고 나서도 주가가 꾸준히 상승해 후회하는 투자자가 많았다는 점이다. 가치투자자들은 대개 종목을 발굴하는 역량을 보유하고 있기 때문에 단순히 주가가 올랐다고 후회하는 경우는 드물다. 세상에 좋은 종목은 얼마든지 많다고 생각하기 때문에 더 그렇다. 그런데도 후회할 만큼 리노공업은 글로벌 톱 경쟁력을 보유한 기업이었고, 더 길게 보유하지 않아서 아쉬워했다.

이제 리노공업은 'Unknown' 기업이 아닌 'Well-known' 기업이고 밸류에이션도 높다. 많은 이가 보고 있는 기업에서 좋을 때 뒤늦게 따라가는 것은 큰 수익을 거두기 어렵다. 그렇지만 기회가 없지는 않다. 시장에서 충분히 'Well-known' 주식이 되고 기업가치가 재평가된 이후에는 낙폭과대 때 투자 기회를 노려야 한다. 나 역시 요즘은 1~2년에 한 번 정도 오는 낙폭과대 시기에 매수를 검토한다.

리노공업의 아이템인 반도체 검사용 테스트 소켓/핀은 메모리와 비메모리를 구분하지 않고 폭넓게 사용된다. 미래에도 신규 IT 디바이스가 출현하거나 기술이 발전할 때마다 굴지의 글로벌 반도체 회사들이 리노공업에 제품 문의를 하기 위해서 몰려들 것이다.

지난번 업사이클에서는 휴대폰 시장의 성장과 더불어 4G에서 5G로 넘어가는 기술적 발전이 이루어지면서 어플리케이션이 확대되는 계기가 되어 큰 성장을 이루었다. 다음번 사이클은 무엇이 될지 궁금하다. 지금 시장에서 떠오르는 자동차 전장향, 고도화된 통신칩, XR(AR, VR) 같은 기술일까? 아니면 우리가 아직 상상하지 못한 새로운 디바이스일까?

사례2

글로벌 No. 1 중소형 화학 기업

[그림 4-4] 주가 그래프(2016~2021년)

단위: 원

매도(2021년 8월, 15만 원대)

매수(2017년 3월, 4만 원 후반대)

연도

두 번째로 소개할 기업은 가성칼륨 분야에서 세계 시장점유율 30% 이상을 차지하는 세계 1위 기업이다. 가성칼륨은 농업, 석유화학, 식품, 태양광, 반도체, 의약품 등 매우 다양한 전방산업에 사용되는 화학물질이다. 일반적인 산업용뿐 아니라 화장품, 이온음료, 초콜릿, 건전지 등 일상생활에서도 흔히 사용되는 화학소재다.

화학 산업에서는 아주 오래전부터 바스프 BASF, 듀퐁 DuPont 등 글로벌 화학 기업들이 시장에서 영향력을 발휘해왔고, 2000년대 이후로 덩치가 매우 커진 중국 기업도 여럿이다. 그런데 가성칼륨 분야에서 이 기업의 시장점유율은 중국 기업들이 크게 성장한 지난 10년간에도 20% 후반대에서 30% 초중반대로 오히려 더 증가했다. 이 기업은 어떻게 1등을 지속하고 있는 것일까?

기업 개요:
글로벌 화학 기업들을 넘어선 강자

글로벌 No.1 아이템을 보유한 또 다른 기업의 정체는 중소형 화학 기업 유니드다. 투자자들은 화학 기업이라고 하면 경기에 민감한 스프레드 산업이라는 점을 먼저 떠올린다. 틀린 것은 아니다. 다만 일반 범용 화학과 특수 화학은 산업적 특성에서 차이가 크다. 뒤에서 자세히 살펴보겠다.

이 기업이 생산하는 가성칼륨은 글로벌 시장 점유율 1위 아이템일

뿐 아니라 진입장벽도 높다. 보통의 화학 기업들이 경기에 민감할 뿐 아니라 신규 증설이 쉬워 경쟁 요인을 두려워하기 때문에 낮은 밸류에 이션을 받는 것과는 다르다. 과연 유니드는 어떻게 다를 수 있었을까?

이는 이 기업이 오랫동안 전 세계에 침투와 확장을 지속하면서 이뤄낸 부분도 있겠지만, 가성칼륨이 속하는 특수 화학 산업의 독특한 속성에 기인하는 부분이 있다. 다음 화학식을 보자.

$$2KCl + 2H_2O \longrightarrow 2KOH + H_2 + Cl_2$$
(KCl: 염화칼륨, KOH: 가성칼륨, Cl2 염소)

가성칼륨은 염화칼륨을 원재료로 전기분해해서 만든다. 이 과정에서 염소가 발생한다. 염소는 독성이 강한 화학성분으로 단독 배출할 수 없다. 그래서 염소를 사용하여 PVC 등 다른 화학제품을 생산하는 기업을 비즈니스 파트너로 삼게 된다. 신뢰할 수 있는 파트너와 매우 탄탄한 고객사가 뒷받침되지 않으면 화학 기업의 매출 성장에 가장 중요한 의사결정인 '증설'을 실시하기 어렵다. 독성물질 처리와 신뢰성 있는 파트너사 구축이라는 두 가지 이슈는 화학 산업에서 신규 경쟁자에 대한 강력한 진입장벽이며 경제적 해자로 작용한다.

한 산업의 사이클이 호황일 때는 여러 경쟁자가 동시다발적으로 증설을 하고, 일정 시간 이후 공급과잉을 경험하면서 이익에 큰 훼손을 입기도 한다. 그러나 가성칼륨 시장에서 유니드만이 증설을 하면서 글로벌 시장점유율이 더 높아진 것은, 염소 처리라는 환경적인 진입장벽이 존재했고 글로벌 고객사 수요층이 두터웠기 때문이다.

산업 이야기:
저무는 범용 화학, 떠오르는 특수 화학

한국 산업에서 범용 화학의 시대는 저물고 있다. 이해를 돕기 위해 먼저 범용 화학과 특수 화학에 대해 살펴보자.

범용 화학제품은 흔히 말하는 원유에서 나오는 나프타^{naphtha}◆로부터 에틸렌, 프로필렌 등을 기반으로 만드는 비닐, 플라스틱 등의 다운스트림 제품군을 말한다. 특수 화학제품은 이와 달리 다양한 합성을 통해서 만들어지며, 일반적으로 사용처가 다소 제한되지만 생산 기업도 제한되는 것이 특징이다. 한국 기업으로 분류해보면 LG화학, 롯데케미칼, 대한유화, 한화케미칼, 금호석유 등이 범용 화학에 해당하고, 휴켐스, 유니드, 국도화학, 송원산업, 이수화학, 애경케미칼, KPX케미칼, 휴비스, 그린케미칼, 카프로 등이 특수 화학에 속한다.

과거부터 화학 산업에서는 중국 등 수요 기반의 사이클이 가장 중요했기 때문에 주식시장에서의 화두는 스프레드 확대 또는 축소였다. 그로 인해 범용 화학이 시장 규모도 훨씬 컸고, 주식시장 내에서는 세계 경제와 연동되는 화학 사이클 투자에 베팅하는 것에 초점이 맞추어졌

◆ 원유를 정제할 때 생산되며, 석유화학 산업에서도 가장 대표적인 기초 원재료가 된다.

다. 이로 인해 특수 화학 부문은 개별 기업단으로 이익이 피크를 칠 때 잠깐 관심을 받는 수준에서 벗어나지 못했다. 유니드 또한 이러한 관점에서 저평가를 받는 구간이 대부분이었다. 그러나 화학 산업 내에서 '국내 1위'는 큰 의미를 가지지 못하나, '세계 1위' 제품을 가진 회사의 밸류에이션은 달라져야 한다. 다음과 같은 상황 때문이다.

화학 산업 내 다운스트림 영역은 전 세계적으로 활발하게 진행되어 왔다. 미국은 셰일가스 혁명 이후에 자연스럽게 다운스트림 산업을 확장해갔고, 중동 국가들도 천연자원인 석유뿐만 아니라 석유화학 제품군까지 확대했다. 예를 들어 한국에서는 사우디 아람코ARAMCO의 자회사 에스오일이 그 역할을 담당했다. 중국도 다운스트림에 지속적으로 투자해왔는데, 이로 인해 중국의 석유화학 제품의 자급률이 크게 올라왔다. 중국이 수입을 하지 않고 수출 중심으로 변한다면 국내 범용 화학이 설 자리는 더 위태로워질 것이다.

사실 이러한 흐름은 국내 화학 기업들 스스로가 가장 잘 알고 있다. 실제로 최근 국내 최대 화학 기업들의 전략이 크게 변화하는 모습을 엿볼 수 있다. LG화학은 첨단소재, 친환경, 제약 등 신규 성장 사업부에 집중하면서 한계 마진을 지속하고 있는 범용 화학을 축소하고 있고, 롯데케미칼도 중국 화학 시장의 의존도를 줄이고 배터리 소재와 수소 등 신규 사업에 대부분의 자본을 집중하기 시작했다. SKC도 수년 전부터 이미 IT 기업으로의 변신을 마쳤고, 최근에는 필름 사업과 자회사 매각을 통해서 2차 전지/반도체 사업에 '올인'하는 모습이다. 한화솔루션, 코오롱인더스트리, 이수화학 등 기존 회사들도 화학 산업 내 구조조정을 수반하고 있다.

이제 화학 기업들은 과거의 전통적인 다운스트림에서 벗어나 배터리, 반도체 소재, 수소, 친환경 등으로 제품 포트폴리오를 다변화하고 있다. 이제 신규 사업군에서의 성과가 뚜렷하게 나오거나 혹은 중국 사이클에서 벗어나 성장성이 높은 신흥국 등으로 지역 다변화에 성공했는지가 기업 실적과 가치평가에 핵심이 될 것으로 보인다.

퍼포먼스:
전방과 고객사 다변화로 달성한 승자독식

유니드의 매출은 2008년부터 거의 매년 꾸준하게 성장을 지속했다. 다만 화학 기업의 특성상 마진은 시황에 따라서 변동성이 클 수 있지만, 이 회사의 마진 변동성은 매우 적은 수준이다. 10년 동안은 영업이익이 400억 원에서 800억 원 수준이었다가 2018년부터 3년간 이익 성장이 두드러졌는데, 이는 증설 사이클이 시작되었기 때문이다. 증설 이전에도 세계 시장점유율 1위였는데, 글로벌 기업들 가운데 이 회사만 증설을 하였으니 매출이 증가한 것은 당연하다. 다변화된 고객사들의 수요로 높은 가동율을 유지하면서 증설 초기부터 영업이익이 레버리지 효과까지 냈다.

2020년 코로나 이후 미국을 중심으로 글로벌 각 중앙정부는 유동성 확대에 애썼고 동시에 공급망 대란 사태까지 불거지면서 화학 산업도 2021년까지 큰 호황을 맞이하게 된다. 이후 2022년부터 공급망 이슈가 해소되기 시작하고 약해진 수요 대비 공급이 많아지면서 대부분의 화학 기업들은 2022년에 전년 대비 이익이 크게 감소했다. 그런데 유니드는 상황이 달랐다. 이 기간 동안 유니드의 주력 제품인 가성칼륨 시장을 분석하기 위해 먼저 원재료인 염화칼륨의 전방을 살펴보자.

2021년에 가스와 석탄 가격 상승은 암모니아의 가격 강세로 이어졌고, 암모니아의 상당수가 비료용으로 사용되기에 비료와 농산물 가격이 모두 올랐다. 이때 염화칼륨의 대부분이 비료의 원료로 사용되었기에 염화칼륨 가격도 급등세를 보였다. 가성칼륨은 다양한 산업에 극소량이 사용되는 필수 첨가제로서 고객 원가에서 차지하는 비중이 매우 적었고, 이 회사는 다양한 글로벌 고객사를 보유했기에 가격 전가가 용이했다. 따라서 이 회사의 영업이익은 처음으로 1,000억 원대 중반까지 큰 폭으로 증가했다.

여기까지는 타 화학 기업과 비교해서 이익이 조금 더 좋았던 것을 제외하고는 스토리가 비슷했다. 결정적으로 다른 점은, 우크라이나-러시아 전쟁이 발발하면서 타 화학 기업들이 2021년까지 이익의 고점을 찍고 내려왔던 반면에 이 회사는 2022년까지도 역대 최대치 이익을 기록한 것이다.

원재료인 염화칼륨은 러시아, 벨라루스, 캐나다 3국이 글로벌 독과점 체제를 이루고 있는데, 전쟁으로 가성칼륨 가격이 급등하고 생산량 또한 원활하지 못했다. 유니드의 경쟁사들인 중국, 인도, 브라질 업체는 염화칼륨을 원활하게 구하지 못하거나 비싸게 구매해야 하는 상황이 되었다. 반면에 유니드는 대부분 캐나다산을 수입하는 상황이었고, 오랜 기간 비즈니스를 해오면서 장기계약을 통해 안정적으로 원료를 공급받을 수 있었다. 경쟁사에 비해 원재료 수입이 원활할 뿐 아니라 상대적으로 낮은 가격에 조달이 가능했다. 원재료의 대부분을 캐나다에서 조달한 것은 이 시기에 있어서 행운 요소였으나, 염화칼륨-가성칼륨 가격이 폭등했음에도 불구하고 고객사로 물량이 잘 흡수된 것은 이 회사의 고객사 다각화가 잘 되어있었기 때문이다.

다음으로 수익성 측면이다. 범용 화학의 경우 경기 사이클 상단에서는 두 자릿수 영업이익률을 기록하기도 하지만, 사이클 하단에서는 큰 폭의 적자를 기록하는 경우도 많다. 반면에 이 회사는 20년 동안 단 한 번도 적자를 기록한 해가 없고 평균 영업이익률이 10%에 가까울 정도로 높은 편이다. 보통 화학 기업 평균 마진은 미드싱글인 4~6% 수준이라는 점을 감안하면 수익성이 상당히 높다. 심지어 경기가 어려웠던 2008~2009년 금융위기 때도 영업이익률을 10% 수준으로 지켜냈다. 2021년처럼 이례적으로 높은 마진의 시기에는 이 회사의 글로벌 고객사 다각화라는 요인이 또 작용했다.

이 시기에 기업가치도 재평가를 한 번 받았다. 유니드는 금융위기 이후 10년간 꾸준히 매출이 성장했지만 주가는 박스권에 갇혀서 시가총액이 3,000~4,000억 원대에 머물렀다. 증설 사이클로 2018~2020년까지 3년간 꾸준히 이익이 성장했을 때도 주가는 좀처럼 이익 성장을 따라가지 못했었다. 주식시장에서 보통 3년 정도의 이익 성장을 보여주면 주가는 자연스레 따라가는 경우가 대부분인데, 이러한 현상이 나왔던 것은 당시 지분을 각각 10% 이상씩 보유하고 있었던 자산운용사 두 곳에서 장기간 매도를 지속한 점과, 이 기업을 장기 박스권 기업으로만 바라보던 시장의 편견 때문으로 보인다.

2021년이 되어서야 유니드 주가는 3~4배 상승하게 되면서 시총이 1조 원을 훌쩍 넘었다. 영업이익도 장기 박스권 시절 평균 영업이익 대비 3배 수준으로 증가했기 때문에 펀더멘털로 주가를 설명하기에 충분했다. 과거에는 소형 화학주라는 인식이 강했다면 이제는 매출 1조 원 이상의 중형 화학주로서 시장에서 가치를 평가받기에 부족함이 없을 것이다.

투자 기회:
글로벌 1위 경쟁력이 새로운 성장 산업으로 이어질 때

화학 산업 내에서 글로벌 No. 1 아이템을 보유한 한국 화학 기업은 얼마 없다. 과거 이 기업의 글로벌 경쟁력이 잘 알려지지 않은 채 장기간의 수급적 매도에 눌려있던 시기에서는 편견과 맞서야 투자가 가능했다. 나 또한 당시 기업 성장 국면에서 좀처럼 박스권을 돌파하지 못하는 주가를 보며 한동안 답답하기도 했다. 그러나 기업의 경쟁우위와 증설로 인한 성장을 신뢰했기에 기다릴 수 있었고, 결국 4년 만에 높은 수익률을 거둘 수 있었다.

글로벌 1위라는 사실 외에도 글로벌 1위만 증설하는 상황이라는 것이 사실 더 특이한 점일지도 모른다. 신규 증설의 조건이 까다롭다는 것은 앞에서도 설명한 바 있다. 기업에게 가장 큰 리스크 요인은 결국 경쟁이다. 그럼에도 불구하고 증설 경쟁이 거의 없다는 사실은 의미하는 바가 매우 크다. 산업의 등락은 있을 수 있지만 경쟁으로 인한 등락이 매우 적다는 것은 이 기업이 미래에도 현재 지위를 잃어버릴 가능성이 거의 없다는 것을 뜻하기 때문이다. 한국의 화학 산업이 더 이상 범용 화학 중심으로 세계에서 두각을 나타내기 어렵다는 점을 감안하면 이러한 글로벌 No.1 특수 화학 업체들의 존재는 주식투자자 입장에서 더욱 반갑다.

게다가 이 회사에는 미래 기술인 CCUS(탄소 포집, 활용, 저장)와 관련된 제품이 하나 더 있다. 전 세계적으로 지구온난화에 대응하기 위해 탄소중립에 대한 계획과 방향성이 뚜렷하다. 이제 탄소 배출을 적게 하는 것만으로는 탄소중립을 달성하기 어렵기 때문에 발생된 탄소를 CCUS로 처리하는 것이 필수 과정으로 떠오르고 있다. 탄소 포집을 하기 위해서 사용되는 것이 바로 탄산칼륨인데, 이는 염화칼륨 수용액에 이산화탄소를 작용시켜 제조한다. 지구온난화의 핵심 물질인 이산화탄소를 원재료로 사용하는 것이다.

유니드는 글로벌 No.1 가성칼륨 생산력을 그대로 탄산칼륨에도 적용할 수 있으므로 여기서도 글로벌 No.1의 포지션이 예약되어있다. 미래에 탄소 포집 시장이 커질수록 이 회사의 탄산칼륨 시장도 커지게 될 테니 엄청난 성장 동력을 기대할 수 있게 된다. 본업에서의 경쟁우위가 또다시 신규 제품에서의 성장 기회로 연결되는 매력적인 비즈니스 모델을 가지고 있다. 게다가 이 기업은 부산물로 수소도 생성하여 판매하고 있으며, 미래의 친환경적인 방향성에 대한 준비로 수소 기업, 탄소 포집 기업, 2차전지 기업 등에 지분 투자도 하고 있다.

이제 글로벌 내 유니드의 아이템 위상은 이미 노출되었다. 본업인 가성칼륨에서의 글로벌 No.1이라는 경쟁력은 당분간 위협할 존재가 없다. 더불어 미래 인류의 생존을 위한 탄소중립에 있어서도 중요한 역할이 기대되는 기업이기도 하기 때문에 향후에도 좋은 투자 대안이 될 것이다.

5장

유형2: 국내 1위 중소형 기업

독과점 수준의 기업이
변화할 때를 주목하라

한국은 경제 규모에 비해 내수 시장이 크지 않다. 인구 5,000만 명에 내수 산업 대부분이 성숙기에 접어들었다. 수출 중심의 경제 구조를 가진 한국에서 수출 확장성을 가진 기업은 주식시장에서 더 높은 평가를 받았고, 내수용 기업의 경우에는 높이 평가받기 어려웠다. 예를 들어 음식료 회사 가운데 오리온의 경우 중국와 동남아 확장에 성공하면서 성장성을 인정받아 다른 음식료 회사보다 더 높은 밸류에이션을 받았다. 최근 농심도 라면이 내수 중심에서 수출 가능성을 인정받으며 주가가 재평가를 받았다.

그러나 내수용 기업이라고 할지라도 독점 혹은 과점 수준의 기업들은 다르게 봐야 한다. 독과점 수준의 기업들은 반드시 경쟁우위를 확보하고 있다. 물론 정부가 규제하고 보호하는 산업이라면 예외가 있을 수 있다. 하지만 보통 기업들은 이 경쟁우위를 기반으로 중장기적인 현금흐름을 창출한다. 이 강력한 현금흐름은 다시 기업 성장을 위한 투자와 인재 확보에 사용되고, 시간이 흘러 재무적 우월함까지 쌓이면 동종 업계 내에서는 좀처럼 그 기업의 지위를 빼앗기 어렵게 된다.

물론 가장 중요한 것은 기업의 성장이니, 내수주가 초과 성장할 수 있는 방법을 생각해보아야 한다. 내수 기업이라고 해서 성장성이 무조건 제한되어 있을까? 그렇지는 않다. 비즈니스나 제품의 특성상 지금은 내수용이지만, 미래에는 수출이 가능할 수 있다. 예전에 한국의 라면은 해외에서는 단지 교포들을 중심으로 소비된다는 인식이 있었다. 그러나 한국 문화가 점차 알려지고 소비에서도 인지도가 올라가면서 현재는 라면이 주요 수출 품목으로 자리를 잡아가고 있다. K-pop의 경우에도 과거에는 아시아 내 일본과 중국 정도에서만 반응이 있었고, 공연을 할 때도 일본을 제외하고는 이익을 제대로 낼 수 없던 시절이 있었다. 하지만 최근에는 세계적인 팬덤이 생기면서 무서운 성장세를 보여주고 있다.

순수 내수용 아이템과 기업으로 시작했더라도, 기술 발전이나 문화적 변화에 따라서 뜻밖에 성장성이 새롭게 창출되기도 한다. 다음에 소개하는 두 사례를 통해서 자세히 살펴보도록 하자.

사례1

국내 No.1 중소형 ERP 기업

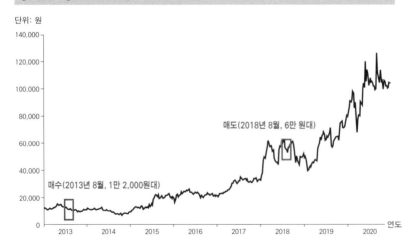

[그림 5-1] 주가 그래프(2013~2020년)

단위: 원

매도(2018년 8월, 6만 원대)

매수(2013년 8월, 1만 2,000원대)

연도

첫 번째 사례는 해외산이 대부분이었던 소프트웨어 산업에서 거대한 기술의 변화에 선제적으로 대응하며 국산화에 앞장서서 성공한 기업이다. 이 회사의 특징은 사업 초기 때부터 세무회계사무소라는 고객군을 중심으로 캡티브 마켓, 즉 독과점 시장을 보유했다는 점이다. 이러한 캡티브 고객군을 확보했기 때문에 과거부터 현재까지 ICT 기술이 발전함에 따라 시대에 맞는 제품을 서비스하고 일반기업까지 고객군을 확대해갈 수 있었다.

기업 개요:
해외산을 대체한 국산 소프트웨어

이 기업의 이름은 더존비즈온이다. 더존비즈온은 소프트웨어 회사로서 기업의 생산, 물류, 재무, 회계, 영업, 구매, 재고 등 경영 활동 프로세스들을 통합적으로 연계하여 관리해주는 ERP Enterprise Resources Plan, 전사적 자원 관리 라는 S/W 시스템 사업을 운영한다.

지금은 ERP가 기업에서 사용되는 기본적인 인프라이지만 과거에는 외산 소프트웨어가 장악하고 있었다. 더존비즈온은 토종 소프트웨어 기업으로 점차 시장을 넓혀가며 국산화에 일조했다. 한글과컴퓨터의 '한글'이 마이크로소프트의 Word를 대신해 관공서 등에서 문서작성 프로그램으로 사용됐던 경우를 제외하면 무척 보기 드문 일이었다.

탐방 회상:
네이버보다 빨랐던 대규모 데이터센터 구축

더존비즈온의 첫 탐방은 2013년 봄에 이루어졌다. 미팅 장소가 특이했는데, 과거에는 본사가 위치했던 서울시 강남구의 선릉역 근처에서 미팅을 진행했지만, 이번에는 강원도 춘천의 강촌에서 한다고 했다. 강남인 줄 알고 탐방 미팅을 잡았던 나는 춘천으로 이동해야 했다. 도착하고 나서 이유를 알았다. 더존비즈온은 클라우드 서비스를 위한 대규모 데이터센터를 지으면서 2011년에 본사를 강촌으로 이전했던 것이었다. 이때의 투자 비용만 500억 원에 달했다. 당시 이 회사의 연간 영업이익이 100~200억 원대 수준이었으니 얼마나 큰 규모의 투자였는지 알 수 있다.

'데이터센터의 위치가 왜 하필 강촌이냐'는 내 질문에 IR 담당자는 '데이터센터는 24시간 365일 가동되기 때문에 인프라 설비를 차갑게 유지하는 쿨링이 중요한데, 강원도의 추운 날씨가 적합하기 때문'이라고 답했다. 환경 요인은 적합하나 강남으로 출퇴근하던 직원들이 강촌의 외진 지역까지 다녀야 하니 인력 이탈이 있지 않았을까 싶었다. 그러나 서울 주요 지역에서 출퇴근 버스를 운행하고 있고, 춘천 본사에서 여러 가지 복지 서비스를 획기적으로 제공해서 직원들 대부분이 적응했다는 설명이었다. 특히 복지 서비스 가운데 어린이집과 유치원을 질 높게 운영하는 정책이 직원들의 호평을 받고 있다고 했다. 산을 깎아 건물을 지었기 때문에 자연환경과 공기가 매우 좋아서 실제로 아토피가 있는 아이들이 싹 나을 정도라고 담당자는 너스레를 떨었다.

이 기업은 ICT 산업 내 클라우드 서비스의 미래 성장성을 보고 선제적인 투자를 단행했다. 국내 1위 IT 기업으로 손꼽히는 네이버조차 2013년에야 강원도 춘천에 대규모 데이터센터 '각클라우드'를 지었는데, 당시 중소기업이었던 더존비즈온은 이보다도 먼저 데이터센터 설립에 대규모 투자를 단행한 것이었다. 그리고 이 투자는 먼 미래에 이 회사 비즈니스의 핵심적인 역할을 하게 됐다.

퍼포먼스:
국내 상장사의 절반 이상이 고객

더존비즈온의 ERP 제품은 고객군별로 제품이 구분된다. 그 가운데 Lite ERP는 세무회계사무소와 중소기업을 주요 고객으로 삼는다. 당시 전국에 1만여 개 이상의 세무회계사무소가 있었는데, 이 회사의 시장 점유율은 90% 수준으로 독점에 가까운 수준이었고, 종업원 수 5~50인 사이의 중소기업 고객의 수도 11만 개였다. 그러나 당시 시장은 이미 무르익어있었다. 세무회계사무소는 이미 대부분이 고객이었고, 일반 기업으로 침투할 여지는 남아있었지만 기업들이 기존에 익숙하게 사용하고 있던 ERP 프로그램을 굳이 바꾸어야 할 동기가 부족했다. 여기서 더존비즈온은 큰 도전을 했다. 2013년부터 본격적으로 ERP 제품군을 클라우드화해서 비즈니스 모델을 업그레이드한 것이다.

기존의 제품은 클라이언트-서버 방식으로 PC의 하드디스크에 데이터가 저장되기 때문에 초기 라이선스 매출에 더해 연간 유지보수 비용을 받는 매출 구조를 취했다. 반면에 클라우드 제품을 적용하면 더존비즈온의 클라우드에 데이터가 저장되면서 기존 제품에 없었던 확장성이 생기고, 초기 라이선스 매출은 같지만 구독 모델처럼 과금이 가능한 수익 구조가 되었다.

회사와 몇 번의 미팅을 진행한 끝에 알아낸 것은 추가로 수익화가 가능한 부분이 있다는 것이었다. 당시에는 CD key로 USB를 사용해야 했고, Key-Lock 기능이 있었지만 편법 사용자도 있었다. 심지어 세무사가 수임 업체에게 키를 제공하기도 했다. 이에 비해 클라우드 방식은 소프트웨어 Key-Lock이 가능했기 때문에 음지에 있던 사용자를 양지로 끌어낼 수 있는 좋은 기회가 됐다. 이는 넷플릭스가 최근에 계정 공유를 금지하는 것과 비슷한 양상이다.

당시 나는 더존비즈온의 S/W 클라우드화 전략의 성공 가능성을 크게 보았다. 기존 캡티브 고객사가 확실한 상황에서 제품의 클라우드화로 인하여 고객사의 편익이 증가할 것으로 보았기 때문이었다. 그래서 몇 번의 미팅 끝에 나름 확신을 가지고 투자를 시작하게 되었다.

그러나 내 예상과는 달리 고객사의 클라우드 전환은 목표보다 느리게 진행됐다. 주가는 하락했고, 시가총액은 투자 당시 3,000억 원대에서 2,000억 원대로 떨어졌다. 내가 놓친 점이 있었다. S/W 사용자에게 편익보다 더 중요한 것은 '비용'이었다. 기존 방식에서는 유지보수 비용으로 고객사가 연 64만 원을 냈다. 그런데 새로 도입된 클라우드 방식은 연 240만 원을 지불해야 했다. 투자 시점에 나는 세무사가 먼저 빠르게 바뀌고 기업들이 따라갈 것으로 예측했다. 그런데 뚜껑을 열어 보니 기업들은 비교적 순조롭게 증가했지만, 주요 고객인 세무사들은 높은 비용에 거부감을 느껴 전환이 매우 느렸다. 클라우드 전환 사업을 위해 회사의 투자도 늘고 인력도 충원한 상태였기 때문에 이익률은 하락했다. 탁월한 성과가 나오지 않자 주가 또한 1만 원 내외에서 2년간 정체하면서 펀드는 마이너스 수익을 기록했다.

그러나 나는 ICT 산업 전반에서 클라우드화 추세는 전 세계적으로 매우 뚜렷하다고 판단했다. 더존비즈온도 클라우드 서비스에 계속 변화를 꾀했다. 기존에 ERP, 전자세금계산서 같은 서비스에 클라우드 서비스를 통해 이 회사 S/W 제품군 안에서 그룹웨어 통합 등의 서비스를 제공하면서 고객사의 효용을 높여갔다. 그러다가 변화의 계기가 찾아왔다. 정부에서 클라우드컴퓨팅 법률안을 통과시키면서 공공기관과 기업들의 S/W 클라우드화의 문이 열린 것이다. 세무서들도 클라우드를 통한 DB 관리와 수임업체 협업의 효용을 느끼면서 전환이 이루어지기 시작했다.

2015년 하반기부터 이 회사의 클라우드 고객사 증가 추세가 조금씩 본격화되었다. 사업부는 BEP손익분기점를 넘기기 시작했다. 또한 Lite ERP 제품과 고객군 중심에서 Standard ERP 제품으로 중견기업과 일부 대기업까지 시장을 확장하면서 고객군을 넓혀갔다. 당시 상장사 1,900개 중 절반 이상이 더존비즈온의 ERP를 사용할 정도였다. 다만 대기업 고객군은 글로벌 기업 SAP의 ERP가 주도하고 있어 확장이 제한적이었다.

그렇지만 국내 중견기업과 중소기업의 대부분을 장악하며 마침내 더존비즈온은 한국의 대표적인 클라우딩 S/W 회사로서 자리를 잡게 됐다.

더존비즈온의 영업이익 추이를 보면 처음 투자했던 2013년에 183억 원에서 2015년에 289억 원, 2017년에는 505억 원까지 증가했다. 영업이익률은 10% 중반에서 20% 중반까지 올라가면서 수익성이 좋아졌다. 영업이익률 20%대를 꾸준히 내는 회사는 흔하지 않기 때문에 소프트웨어 회사로서 퍼포먼스는 충분했다.

나는 2013년에 투자를 시작한 뒤 2018년에 주가가 6만 원대까지 치솟으면서 시가총액이 1조 원 중반까지 올라간 시점에 투자를 종료했다. ICT 산업에서의 클라우드 트렌드하에서 이 회사의 경쟁우위 요소였던 캡티브 고객군과 선제적인 클라우드 투자의 조합을 믿은 결과로 얻어낸 성과였다.

세무회계사무소를 기반으로 한 작은 내수용 소프트웨어 기업이라고 평가받았던 10년 전 시장의 판단은 틀렸다. ICT 산업 내 클라우드라는 큰 기술 발전과 함께 내수용의 작은 시장이라고 평가받았던 ERP 시장은 몇 배 규모로 성장했고, 더존비즈온은 그 중심에 서있었다.

이번 투자 유형에서 전달하고 싶은 것은 내수 기업이라고 해서 성장이 제한적일 것이라고 단정하지 말자는 것이다. 내수 기업이라는 결과적 사실보다는 그 기업이 어떤 특성을 지닌 제품이나 비즈니스 모델을 갖고 있는지가 더 중요하다. ICT 산업의 융복합에는 제한이 없다는 점을 기억하자.

투자 기회:
독과점 기업이 지배력을 발휘할 때

내가 투자를 마친 이후에도 더존비즈온은 이익 성장세를 이어갔다. 2020년에는 영업이익 700억 원대를 기록했다. 물론 코로나 이후의 추가적인 성장에는 정부가 시행했던 비대면 소프트웨어 바우처 정책도 일조했지만, ERP 클라우드화의 독과점적인 지위를 누리면서 고객사 다변화에 성공했기 때문이다.

그 후 최근까지 국내 기업들의 경기 상황이 나빠지고 정부의 바우처 사업이 끝나면서 더존비즈온은 이익이 감소했고, 최근까지 주가도 크게 하락했다. 또한 기존의 ERP 사업 외에 신규 비즈니스를 준비하면서 수익성도 악화되었다. 그러나 세무회계사무소 내 이 회사의 클라우드 ERP가 차지하는 입지는 여전히 굳건하며, 중소기업과 중견기업 내 확장은 향후에도 지속될 것으로 보인다. 국내 경기의 반등과 새로운 ERP 서비스를 통한 고객사 확대 속도가 다시 재점화되는 시기를 가늠해볼 필요가 있다.

덧붙이자면, 이 회사의 고객사의 특성에 기인한 신규 비즈니스도 장기적으로 지켜볼 부분이 있다. 국내에서 세무회계사무소라는 고객군을 중심으로 더존비즈온이 독점적 지배력을 갖고 있다는 점에서다. 세무회계사무소의 수임업체 수만 200만 개에 달하니, 그동안 이들의 재무 정보가 빅데이터로 활용할 수 있을 만큼 쌓였을 것이다. 더존비즈온의 일반 고객 수도 2만여 개에 달하기 때문에 '마이데이터' 같은 핀테크

사업이나 '매출채권 팩토링'이라는 플랫폼 금융 사업에도 진출할 여지가 있다. 데이터테크 분야는 앞으로 성장할 미래 산업 가운데 하나다. 데이터와 관련해서 독과점적인 지위를 지닌 기업을 장기적으로 유심히 살펴보는 것도 좋을 듯하다.

사례2

일본의 '코끼리 밥솥'을
퇴출시킨 기업

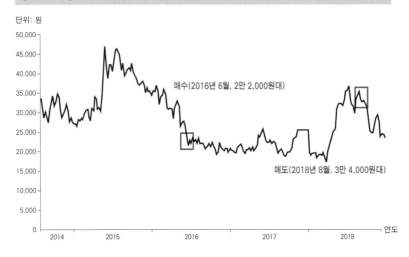

[그림 5-2] 주가 그래프(2014~2018년)

단위: 원

매수(2016년 6월, 2만 2,000원대)

매도(2018년 8월. 3만 4,000원대)

연도

두 번째 사례는 브랜드력을 바탕으로 대기업을 이긴 가전제품 중소기업이다.

가전 시장에는 '33법칙'이라는 것이 있다. 신규 가전제품이 시장 침투율 10%를 넘기기 시작하면 시장 규모의 1/3 수준인 33%까지는 빠르게 성장한다는 것이다. 과거 다른 가전제품들의 사례에서 온 경험적 법칙이다. 일례로 제습기 시장을 보자. 제습기는 2013년에 이르러 가구당 보급율이 10%를 넘기 시작했다. 10% 미만까지는 위닉스와 LG전자가 시장을 거의 양분하고 있었는데, 시장의 성장이 본격화되자 여러 가전 회사들이 본격적으로 뛰어들기 시작했다. 위닉스는 시장점유율 50%까지 차지하며 꽤 오랜 기간 선전했다. 하지만 결국 국내시장에서는 삼성, LG와 같은 대기업뿐만 아니라 여러 신규 업체들의 진입으로 경쟁이 심화되었고, 이제는 위닉스뿐만 아니라 나머지 제습기 업체들의 수익성도 웃지 못할 상황이 되어버렸다.

중소기업과 대기업의 경쟁은 아이와 어른의 싸움이나 마찬가지다. 중소기업이 심혈을 기울여서 기술을 완성하여도 브랜드 인지도와 마케팅 자본력에서 절대적 열위이고 유통망에 대한 영향력도 크게 차이가 난다. 산업이나 아이템 초기에 열풍을 불러일으킨다고 하더라도 시간이 지남에 따라서 점유율이 밀리거나 경쟁이 심화돼 수익성이 악화되기 일쑤다. 그런데도 이 중소기업은 대체 어떻게 대기업과의 경쟁을 끝끼지 이겨냈을까?

기업 개요:
밥솥 시장의 절대 강자

이 기업의 이름은 쿠쿠전자다. 코스피 상장은 지주회사인 쿠쿠홀딩스의 이름으로 했다. 쿠쿠전자는 1978년에 성광전자라는 이름으로 설립되어 전자제품 OEM Original Equipment Manufacturer◆ 사업을 했다. 실제로 현재 핵심 브랜드 제품인 전기밥솥도 당시에는 LG전자의 의뢰로 생산을 시작했다. 한때는 필립스와 동양매직(현 SK매직)에도 OEM으로 공급하며 생산성을 키워나갔다.

밥솥 시장에서 이 기업이 써낸 신화는 1998년의 의사결정에서 비롯됐다. 1998년은 IMF 외환위기가 발생한 시점으로 많은 기업이 도산하거나 경영에서 심각한 위축에 빠진 시기였다. 당시 성광전자는 OEM 사업으로 축적된 기술력과 생산 노하우를 기반으로 쿠쿠Cuckoo라는 독자 브랜드를 출시했다. '쿠쿠'라는 이름은 '뻐꾸기' 혹은 '뻐꾸기 울음소리'를 나타내는 영어 단어에서 가져온 것이다. 밥솥에서 밥이 다 되었을 때 뻐꾸기 소리와 비슷한 '쿠우쿠우' 소리가 나게 설계했다. 쿠쿠 전기밥솥은 출시 1년 만에 시장점유율 1위를 기록할 정도로 선풍적인 인기를 누렸다. 2002년에 성광전자는 사명을 아예 쿠쿠전자로 변경했다. 이후 현재까지 40년 이상 밥솥 개발과 생산에 몰두한 결과 시장점유율

◆ 주문자 상표 부착 생산. 주문자의 의뢰에 따라 주문자의 상표를 부착하여 판매할 상품을 제작하는 업체. 애플의 아이폰 위탁생산을 맡은 폭스콘이 대표적이다.

이 더욱 상승하여 밥솥 시장의 절대적인 강자가 되었다.

산업 이야기:
대기업을 압도한 기술력과 마케팅 파워

1990년대까지 밥솥 시장은 국내 대기업 제품과 해외산 제품이 선호되었다. 특히 일본 조지루시의 코끼리 밥솥이 국내 소비자에게 인기가 가장 많았다. 그런데 브랜드도 갖추지 못했던 회사가 제품 출시 1년 만에 판매량 1위를 기록했다. 어떻게 가능했을까?

답부터 이야기하면, 기술력과 마케팅에서 모두 성공한 결과였다. 우선은 기술력이었다. 쿠쿠의 제품은 압력솥과 전기밥솥을 합친 전기압력밥솥이었다. '밥맛이 뛰어나다'는 평가를 들으면서 소비자들에게 빠르게 전파됐다. 이때부터 쿠쿠는 중소기업임에도 불구하고 공격적인 마케팅 전략을 펼치기 시작했다.

1997년 외환위기 당시 쿠쿠가 내린 결단은 실로 대단한 것이었다. 이제는 시간이 흐르고 한국의 경제 수준이 크게 성장한 상황이라 당시가 얼마나 어려웠었는지 체감하지 못하는 경우가 많은데, 간단히 IMF 때 있었던 일 몇 가지만 짚고 넘어가보자.

당시 재계 서열 14위 한보그룹이 부도의 방아쇠를 당기면서 진로, 기아, 쌍방울, 해태 등 대기업들이 차례로 무너졌다. 결국 당시 한국을 대표하는 30대 대기업 중에서 절반이 넘는 17개 대기업이 도산했고,

127만 명이 일자리를 잃었다. 재계 1위 삼성조차 30%의 인원 감축을 실시했고, 재계 자산 순위 2위였던 대우그룹은 아예 공중분해됐다. 대기업조차 부도가 나고 수많은 사람들이 일자리를 잃어가는 상황에서 어떤 기업이 광고비를 쉽게 사용할 수 있었겠는가.

그런데 쿠쿠는 1998년에 연간 50억 원의 광고비를 책정하여 방송, 신문, 잡지, 옥외광고 등에 대대적인 마케팅을 실시했다. 중소기업 마케팅 비용으로서는 매우 큰 금액이었는데, 이는 그때까지 20년간 한눈팔지 않고 본업에 매진하면서 견실한 재무구조를 유지했기 때문에 가능했다.

당시 쿠쿠전자의 밥솥 광고를 살펴보면 제품의 기능성과 이미지 두 마리 토끼를 모두 잡아냈다. 전기압력밥솥의 강력한 기능 외에도 돌솥으로 만든 내솥, 압력 배출을 알려주는 음성 가이드, 뚜껑 내부를 분리하여 세척할 수 있는 부가적인 기능이 소비자에게 잘 전달되었다. 모두 쿠쿠 밥솥이 처음 도입하여 널리 퍼진 것들이다. 이미지 광고에서도 효과가 두드러졌다. 요리사가 쿠쿠 밥솥으로 지은 밥맛에 감탄하고, 외국 주방장들과 밥 짓기 대결을 벌인다는 스토리 광고가 쓰였다. '쿠쿠 하세요'라는 문구도 반응이 좋았다. '쿠쿠 하세요'는 '맛있는 밥을 하세요'라는 의미로 받아들여져 '밥맛=쿠쿠'라는 이미지가 소비자에게 심어졌다. 또한 '여자들은 다 알아요', '어머니 쿠쿠 하세요', '밥 먹는 사람들은 쿠쿠가 있어야 한다'라는 간결한 문구를 통해서 주부들의 소비심리를 사로잡았다.

2004년에는 여러 큰 회사의 밥솥 제품에 결함이 생기면서 대규모 리콜 사태가 일어났고, 결국 LG전자가 철수하면서 시장에서 강력한 경쟁자가 사라졌다. 쿠쿠전자는 반사 수혜를 톡톡히 입었다. 이후 쿠쿠전자는 밥솥 시장의 과점 사업자로 등극했고, 우리나라 가정의 식탁에서 일본 밥솥과 국내 대기업 밥솥이 사라지기 시작했다.

퍼포먼스:
브랜드 충성도로 일군 막강한 자본력

강력한 브랜드 기업으로 성장한 쿠쿠전자의 현재는 IMF 당시의 과감한 마케팅 의사결정 외에도 앞서 OEM 기업에서 단독 브랜드 기업이 되고자 했던 의사결정을 살펴볼 필요가 있다. 당시 이 회사는 LG전자의 밥솥 OEM 사업을 하고 있었다. 그런데 중소기업이 자기 브랜드의 밥솥을 런칭하겠다는 것은 OEM 사업의 밥줄이 끊기는 것뿐만이 아니라 고객사였던 LG전자와 경쟁을 하겠다는 뜻이었기 때문이다.

무모해 보이는 도전이었지만, 놀랍게도 브랜드 출시 3년 만에 쿠쿠전자의 매출은 3배, 영업이익은 20배가 성장하면서 단숨에 브랜드 기업으로서 포지셔닝에 성공했다.

쿠쿠 밥솥이 국내 대기업과 굴지의 브랜드 해외 기업들과의 경쟁에서 이겨내는 과정을 보면 독특한 모습을 발견할 수 있다. 일반적으로 가전제품은 같은 사양이라면 중소기업 제품이 대기업 제품보다 싸다. 쿠쿠전자 역시 사업 초기에는 대기업과 외산 제품보다 가격을 낮게 책정하여 싸고 품질 좋은 제품을 추구했다. 그런데 소비자 만족도가 커지고 제품 이미지가 꾸준히 제고되면서 점차 경쟁 기업 제품보다 높은 가격을 책정하기 시작했다. 그런데도 소비자는 대기업 제품 대신 쿠쿠전자의 제품을 선택했다. 쿠쿠전자의 브랜드력이 대기업을 능가하는 이 지점에서 경쟁의 승부는 기울어졌다고 볼 수 있다.

이후로 쿠쿠의 밥솥과 경쟁하고자 하는 대기업의 재진출 소식은 20년째 들리지 않고 있다. 뜻밖에 2004년에 웅진코웨이(현 코웨이)가 마마 전기밥솥으로 유명했던 마마전기의 후신인 두원테크를 인수하여 '쿠첸'이라는 브랜드로 시장에 뛰어들었으나, 결국은 쿠쿠의 아성에 밀려 부방테크론에 매각했다.

쿠쿠전자는 밥솥 브랜드 사업 초중반까지는 100억 원대의 영업이익을 보이다가, 경쟁사들을 물리치고 시장을 독과점하게 되면서 2013년 영업이익이 600억 원대까지 증가한 다음, 이듬해인 2014년 8월에 코스피 시장에 상장됐다. 투자자로서 아쉬운 점은 '쿠쿠전자가 조금만 더 일찍, 한참 성장하던 시기에 상장했더라면 어땠을까' 하는 점이다.

물론 상장된 전후로도 회사의 영업가치는 크게 성장했다. 추가적인 성장 동력이 생겼는데, 바로 중국인의 밥솥 구매가 크게 증가한 것이었다. 쿠쿠 밥솥은 중국인의 입맛도 사로잡았다. 인기는 폭발적이었고 면세점에서도 쿠쿠 밥솥을 사가는 중국인이 가득했다. 혹자는 1970~1980년대에 일본의 코끼리 밥솥을 사기 위해서 줄을 섰던 한국 주부들 같았다고 표현했다. 이러한 인기에 힘입어 쿠쿠전자는 영업이익이 2014년 700억 원대, 2015년에는 900억 원대까지 증가하면서 사상 최대 이익을 거두었다.

이때 나는 쿠쿠전자에 투자하지 못했다. 상장 때부터 눈여겨보기는 했지만, 중국인의 소비가 단기간에 이렇게 커질 것이라고는 생각지 못했던 것이다. 그러나 호사다마라고 했던가. 2016년 7월 사드 사태가 터지면서 쿠쿠 밥솥에 대한 중국인 수요는 크게 타격을 받았고, 매출과 영업이익이 동시에 하락했다.

쿠쿠전자는 2017년 말 지주회사 체제를 구축하기 위해 신설법인으로 쿠쿠홈시스를 인적분할했다. 쿠쿠홈시스 또한 정수기 등의 생활가전 렌털 사업과 가전유통으로 국내에서 시작해서 말레이시아에서 크게 성공하여 해외시장에서 성공 사례를 만들어냈다.

쿠쿠전자는 1위 사업자임에도 밥솥의 기능을 꾸준히 개발하고 업그레이드하면서 시장지배력을 높여갔고 경쟁자들의 의지를 꺾어놓았다. 기술의 예를 들어보면, IH압력밥솥을 개발하면서 밥을 지을 때 열선을 밑에만 쓰지 않고 측면에도 넣어서 밥이 더 빠르고 잘 되게 만들었다. 최신 기술로는 '트윈프레셔'가 있다. 밥솥 한 대로 고압 취사과 무압 취사가 모두 가능한데, 사용자 취향에 맞추어서 밥맛과 찰기를 조절할 수 있다. 특히 무압 취사의 경우 '오픈 쿠킹' 기능으로 취사 중 밥솥 뚜껑을 열고 재료 추가나 요리까지 가능하다. 이는 밥솥이 멀티쿠커 역할까지 가능하도록 활용 범위를 넓히는 것이었다. 이것이 왜 중요한지는 뒤에서 설명하겠다.

국내 밥솥 시장은 성숙 시장이어서 Q 성장성은 부족하다. 그렇지만 쿠쿠전자는 밥솥의 기능 발전을 이루면서 프리미엄 제품군 중심으로 가격을 올리며 P 상승 중심으로 이익 성장을 이뤄냈다. 2020년과 2021년에는 영업이익이 1,000억 원을 돌파했다. 코로나 시기엔 가정식이 선호되면서 일시적으로 Q 성장도 조금 나오기도 했다.

생각해보면 쿠쿠전자가 전기압력밥솥으로 시장에서 처음 히트한 1998년에도 국내에서 전기밥솥의 보급률은 이미 98%였다. 결국 새로운 기술을 갖춘 브랜드 회사가 밥솥 시장의 성장을 주도한 것이다. 이후 이 회사는 밥솥 시장의 시장점유율 70~80% 수준의 강한 브랜드 충성도를 기반으로 오랜 기간 군림하면서 두 자릿수 영업이익률의 높은 수익 가치를 보여주었으며, 회사의 자기자본은 20년 전 500억 원에서 이제는 1조 원 가까이 늘어나 막강한 자본력까지 갖춘 회사로 거듭났다.

투자 기회:
개구리가 우물을 벗어날 때

국내에서 밥솥만으로는 성장 한계가 명확했기 때문에 쿠쿠전자는 일찌감치 두 가지 성장 전략을 준비했다.

첫 번째는 제품 다각화다. 밥솥 외에 전기레인지, 식기세척기, 펫드라이어, 블렌더 등 타 생활가전과 펫 제품까지 확대했다. 그렇지만 밥솥 매출 비중이 여전히 매우 높아서 주식시장에서는 아직 밥솥 기업으로서만 인식하는 편이다. 이러한 상황에 대해 내 개인적인 경험에 근거한 논리는 다음과 같다.

단독 아이템 기업에서 아이템 다각화 기업으로서 인정받는 시점은 전체 매출에서 후자의 비중이 20%를 넘어가는 구간이라고 생각한다. 10%대까지는 시장에서 보통 '매출 비중이 아직 너무 적잖아?'라는 반응을 보인다. 그러나 20%에서 30%로 상승하는 과정에서 비로소 주식시장에서는 그 기업의 아이템 다각화를 인정하고 주가 또한 뒤늦게 따라가는 경우를 자주 경험했다.

어떤 회사든 단독 아이템 회사로 인식되다가 다른 아이템들의 비중이 20% 수준에 다다르면 유심히 관찰할 필요가 있다고 본다. 쿠쿠홀딩스의 경우 2020년까지 밥솥의 매출 비중은 90% 이상이었다. 그러나 기타 제품군의 매출 비중이 2021년과 2022년 빠른 속도로 성장하면서 매출이 1,000억 원을 돌파했다. 매출 비중도 각각 14%와 18%로 올라왔다. 다시 쿠쿠홀딩스에 주목해야 할 시점이 가까워지고 있다.

두 번째 전략은 해외 진출이다. 2017년 해외 매출 비중은 5%에 불과했지만 2022년에는 20%를 넘어섰다. 해외 매출은 2021년 1,000억 원을 달성했고 2022년에는 1,500억 원을 달성했다. 내수용 기업이라는 일반적인 인식과는 괴리가 큰 수치다.

주요 지역은 예전부터 사업을 진행했던 중국 외에 미국의 성장세가 빠르고, 베트남과 같은 동남아 시장도 있다. 이 가운데 미국의 경우가 흥미롭다. 과거에는 교민을 대상으로 한 밥솥 제품의 판매가 일부 있었다면, 최근에는 멀티쿠커로서 미국 소비자에게 접점을 넓혀가고 있다. 앞서 언급했듯 무압 취사로 멀티쿠킹이 가능해지며 밥을 짓는 것뿐 아니라 찜 요리나 죽을 만들 때도 사용하는 등 다양한 요리를 할 수 있다.

일각에서는 이러한 초기 성과를 두고 'K-밥솥'이라고 표현하기도 한다. 쿠쿠전자는 밥솥뿐 아니라 기타 제품군의 매출도 함께 증가하면서 해외 매출 성장세가 높아지고 있다.

문화의 전파와 브랜드의 구축이라는 것은 시간이 걸리고 매우 섬세한 작업이다. 단기적으로 접근하기보다는 해당 브랜드의 제품력과 확장 역량을 파악해야 한다. 이 기업의 주 제품은 밥솥이지만 과거에 전 세계가 열광했던 일본 밥솥을 성능으로써 제압하면서 한국인에게 인정받았고, 중국인이 한때 면세점에서 사는 주요 품목 중 하나로써 인기를 얻은 적도 있다. 베트남에서는 프리미엄 제품으로 자리 잡기 시작했고, 미국에서는 멀티쿠커로서 제품이 알려지기 시작했다. K-밥솥으로서 세계에서도 크게 통할지는 아직 알 수 없지만 아무리 봐도 내수용 기업으로만은 보이지 않는다.

쿠쿠홀딩스는 말레이시아를 기반으로 연간 영업이익 1,000억 원대를 벌고 있는 쿠쿠홈시스를 분할한 뒤 지분법으로만 인식하여 실적을 포함시키지 않고 있다. 지주회사로서 로열티도 해외 쪽만 받고 있고 아직 국내는 받고 있지 않다. 높은 현금흐름의 가치에 더해서 현금성 자산 2,000억 원대와 투자 자산 1,000억 원대를 보유한 기업이지만 아직 주주환원에는 적극적이지 않다. 과거에는 경영진과 IR의 보수적인 기조가 알려진 편이었으나, 2022년 하반기에 1세대 창업주의 증여가 이루어지면서 지분 구조가 2세대로 완성됐다. 따라서 향후에 기업의 지배구조와 주주환원 측면에서 변화할 여지가 있는지 주목할 필요가 있다.

6장

유형3: 일상생활 속
브랜드 기업

아이템의 경쟁우위가
수익의 지속성을 담보한다

투자 의사결정 과정은 매우 복잡하지만 때로는 매우 간단한 일상 속 아이디어 하나에서 비롯되는 경우도 있다. 투자 서적을 가까이하는 독자라면 저 말에 벌써 어떤 이름이 떠오를지도 모르겠다. 바로 "일상생활 속에서 투자 아이디어를 찾으라"고 말한 전설적인 투자자 피터 린치다. 그는 1977년부터 13년간 피델리티에서 마젤란 펀드를 운용하면서 연평균 29%라는 경이로운 수익률을 낸 투자자로 지금까지도 수많은 투자자들에게 존경받고 있다.

그는 일상생활 속 아이디어를 투자로 연결할 수 있다고 강조했다. 자신의 책에서 소개한 사례는 아내와 세 명의 딸들과 쇼핑을 하며 여러 투자 기회를 잡기도 하고 놓치기도 했던 일화들이다. 투자의 대가가 일상생활의 경험과 상식을 이용해서 평균 이상의 좋은 기업을 찾으라고 말한 사실은 많은 투자자들에게 영감을 주었다.

하지만 여기에서 많은 이들이 오해하는 부분이 있다. 피터 린치는 일상생활에서 발견한 마음에 드는 기업을 바로 매수하라고 말하지 않았다는 점이다. 실제로 그는 이러한 오해가 부담스러웠는지 "사람들이 오해하고 있는 부분이 있다"라고 종종 언급했고, 2015년 「월스트리트 저널」과의 인터뷰에서는 "스타벅스 커피가 마음에 든다고 당장 스타벅스 주식을 사라는 식의 이야기를 한 적이 없다"라고 말했다.

그의 말뜻은 일상 속 아이디어를 관심 기업을 찾아내는 계기로 삼으라는 것이었다. 조금 더 자세히 설명하면, 투자를 3단계로 구분했을 때 '아이디어-기업 분석-의사결정'으로 나눌 수 있는데, 일상에서의 발견은 이 중에서 1단계에 불과하다는 의미다. 2단계와 3단계의 신중한 투자 프로세스가 이어지지 않는다면 소용이 없다.

피터 린치가 말한 일상 속 투자 아이디어를 나는 '지속성'이라는 관점을 붙여 해석하는 편이다. 투자 아이디어 자체도 물론 의미 있겠지만, 그 아이디어가 얼마나 오랜 기간 수익성을 담보할 수 있는가에 더 관심을 두고 본다. 좋은 아이디어라도 쉽게 경쟁이 발생할 수 있는 상품이라면 유효시간이 짧을 수밖에 없다.

이러한 트렌드성 제품의 주기는 과거보다 더 짧아지는 것 같다. 예를 들어 과거 안마의자로 유명했던 바디프렌드는 한때 매우 큰 성장성으로 매출과 이익이 크게 증가했고, 증시에도 큰 규모로 상장을 준비했다. 하지만 안마의자 시장이 경쟁 강도가 강해지면서 현재까지도 상장 계획을 잡지 못하고 있다. 또 가정 내 안마기기 시장이 확대되면서 상장회사 에코마케팅의 자회사가 내놓은 '클럭'이라는 스트레칭 마사지기도 2022년에 큰 히트를 기록했다. 기존 안마의자가 고가에다 집 안에서 넓은 공간을 차지하는 것에 부담을 느끼는 점을 공략한 제품이었다. 초기 반응이 매우 좋았지만, 이내 경쟁 상품이 많아지면서 성장세가 단기에 그치고 말았다. 이처럼 히트 아이템의 지속 시간이 과거보다 짧아지는 점도 고려할 필요가 있다.

수익의 지속성이라는 면에서 핵심은 경쟁우위다. 브랜드에 대한 소비자의 충성도가 매우 높거나, 진입장벽이 있어서 신규 기업들이 가격 경쟁력만으로 쉽게 승부하기 어려운 분야가 지속성의 우위를 가져간다. 다음 두 사례를 통해서 생활 속 아이디어가 지속성을 품었을 때 기업에 얼마나 강하고 장기적인 성장이 찾아오는지 알아보자.

사례1

작은 의류 기업으로 시작한
아시아 브랜드 기업

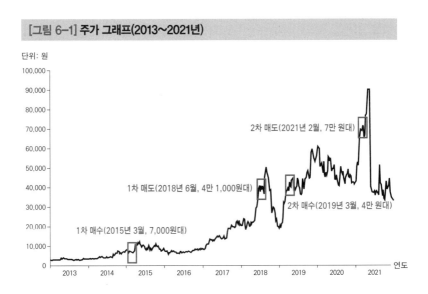

[그림 6-1] 주가 그래프(2013~2021년)

단위: 원

1차 매수(2015년 3월, 7,000원대)

1차 매도(2018년 6월, 4만 1,000원대)

2차 매도(2021년 2월, 7만 원대)

2차 매수(2019년 3월, 4만 원대)

연도

첫 번째 사례는 소형 패션 브랜드 기업에서 한국을 넘어 아시아에서도 높은 인지도를 갖게 된 의류 회사다. 이제는 국내 의류 기업 중에서 가장 많은 이익을 내는 회사로서 모르는 사람이 없을 정도다. 이 회사의 특징은 해외 브랜드 라이센싱을 통해서 성장을 주도했다는 점이다. 이는 국내 순수 의류 브랜드인 한섬의 '타임' 같은 회사와 비교하면 전략이 사뭇 달랐다. 그리고 신규로 비즈니스를 구축해서 성과를 얻은 것이 아니라, 이미 기존 강자들을 포함한 경쟁자가 무수히 포진하여 업황이 쉽지 않은 구간에서 브랜드력을 구축했다는 점이 인상적이다.

기업 개요:
TV 채널인가, 의류 브랜드인가

첫 번째로 소개할 기업은 F&F다.[*] F&F는 한국을 대표하는 의류 기업으로 디스커버리, MLB 등의 브랜드로 유명하다. 대표 브랜드인 디스커버리는 2012년에 이 회사가 디스커버리 채널[**]과 아웃도어 의류 브랜드 라이선스 계약을 맺으며 탄생했다. 당시 중독성 있는 '붐디야다Boom De Ya Da'라는 노래와 함께 당시 최대 인기를 누리던 배우 공유

---

[*] F&F는 2021년 5월 지주사 체제로 전환하며 인적분할을 통해 지주사인 F&F홀딩스와 사업회사인 F&F로 분할했다. 주가 그래프를 비롯해 여기에서 이야기할 내용은 특별히 언급하는 경우가 아니면 모두 신설 법인 F&F가 아닌 분할 이전 시점의 F&F를 가리킨다.

[**] 미국의 미디어 그룹인 워너브라더스가 운영하는 다큐멘터리 전문 채널.

를 오랜 기간 광고 모델로 쓰면서 지속적인 브랜드 마케팅을 진행했다. MLB도 이 회사가 미국 메이저 리그 베이스볼Major League Baseball과 라이선스 계약을 맺어 장기간 키워온 의류 브랜드다. F&F가 자체 브랜드도 없이 라이센싱 전략으로 시작하여 어떻게 한국 최대의 의류 브랜드 기업이 되었는지 살펴보자.

탐방 회상:
도전적이고 강력한 브랜드 마케팅

2014년에 F&F를 처음 방문했을 때 이 회사는 소형 패션 회사로서 여러 도전을 하는 시기였다. 디스커버리와의 라이선스 계약을 추진할 뿐 아니라 레노마와 같은 브랜드력을 잃어버린 상표를 과감히 정리했다. 이러한 당찬 도전과는 다르게 주식시장에서는 이 회사의 성장성에 대해 기대감이 전혀 없었다.

이때의 분위기를 이해하기 위해 당시 아웃도어 시장을 살펴보자. 2011년부터 3년간 아웃도어 중심으로 의류 시장에 큰 호황이 있었고, 당시 아웃도어 강자였던 노스페이스, 코오롱스포츠, K2 같은 의류 기업들의 실적이 매우 좋았다. 신규 강자로서 블랙야크, 네파와 같은 기업들도 두각을 나타내고 있었다.

그러나 의류 산업은 경기에 민감한 산업이기 때문에 3년의 호황을 끝으로 다시 업황이 꺾이기 시작했다. 게다가 산업에 큰 성장이 있으면 경쟁자가 늘어나게 마련이어서 아웃도어에서도 신생 업체 수가 매우 많아졌다. 수요의 감소는 곧 의류 기업들의 할인 판매로 이어졌고, 높았던 이익률은 급격하게 떨어졌다. 이런 흐름에서 완전한 신생업체였던 F&F가 새롭게 런칭한 디스커버리라는 아웃도어 브랜드는 시장의 기대를 받지 못하는 것이 당연했다.

그런데 F&F는 신생 브랜드를 내세우며 매우 독특한 전략을 사용했다. 2013년 하반기부터 TV 광고를 적극적으로 실시했던 것이다. 이에 대해 업계의 반응은 부정적이었다. 과다한 광고비 사용이라고 생각했고, 업황이 비우호적으로 변했기 때문에 오래 유지할 수 없다고 생각했다. 그러나 이 어려운 시기에도 F&F는 꿋꿋이 광고를 지속했다.

더 인상적인 부분은 백화점 브랜드 판매 시에도 할인을 전혀 하지 않는 정책을 고수했다는 점이다. 당시 기존 강자 아웃도어 기업들도 모두 할인 판매를 했다는 사실을 감안하면 신생업체로서 매우 모험적이고 파격적인 전략이었다. 신생 브랜드가 '노 세일' 정책을 유지하는데도 제품 판매가 잘 되었다는 것은 그만큼 제품에 대한 소비자의 만족감이 높았기에 가능한 일이었다. 당시 회사 관계자를 만난 미팅에서도 회사는 전략을 고수할 의지를 보여주었다. 매출 성장은 더뎠으나, 막대한 마케팅비를 사용하고도 2016년 상반기부터 이익이 조금씩 증가하는 것을 보면서 나는 기대를 걸게 되었다.

퍼포먼스:
아시아 일류 브랜드로 성장

2016년 하반기부터는 뚜렷한 이익 증가세가 보였다. 디스커버리 매출 증가가 임계치를 넘어가면서 이익 레버리지가 나오기 시작했고, 주가도 2016년 말부터는 조금씩 올랐다. 그렇지만 시장에서는 여전히 보수적인 시각이 많았다. 그러나 F&F는 영업이익이 2015년 187억 원에서 2016년 456억 원, 2017년 914억 원을 기록하면서 엄청난 성장세를 이어나갔고, 뒤늦게 시장에서 열광하기 시작하면서 2016년 말 8,000원대였던 주가는 2018년 하반기에 5만 원을 넘어갔다.

2015년 무렵 시장의 비관적인 전망이 이어지는 가운데 내가 운용하는 펀드에서는 시가총액 2,000억 원 중후반부터 F&F의 주식을 매수하기 시작했다. 2,000억 원이 깨지면서 내려갔던 순간이 아직도 또렷하게 기억난다. 시장에는 증권사 리포트도 없었다. 주변의 업계 사람들에게 이야기해도 아무도 관심을 보이지 않았다. 신생 아웃도어 기업이 도저히 경쟁에서 살아남을 수 없을 거라는 전망 가운데서 나는 외롭게 이 회사의 디스커버리 브랜드 육성이 다다를 지점을 멀리 점쳐보고 있었다.

당시 F&F에는 디스커버리 외에도 투자 요인이 한 가지 더 있었다. MLB라는 전통적인 브랜드에서는 매출이 정체 상황이었는데, 새로이 MLB Kids라는 키즈 브랜드의 인기가 높아질 수 있다고 생각했다. 물론 당시에도 출산율은 감소하고 있었다. 그러나 한 자녀에게 소비가 집중되는 현상은 키즈 브랜드의 성장에 기대를 품게 했다. 시장 소외 구간에서 내가 견딜 수 있었던 요인이었다.

2018년까지의 주가와 실적 상승세에는 예견하지 못한 한 가지 요소가 있었다. 바로 MLB 브랜드가 국내뿐 아니라 해외에서 인기가 급증한 것이었다. 당시에 나는 MLB Kids에만 기대를 걸고 있었는데, MLB 브랜드가 갑자기 중화권에서 선풍적인 인기를 끌기 시작했다. SNS에서는 여러 유명 스타가 MLB 모자를 쓴 모습을 게시하며 핫한 패션 트렌드를 만들었고, 한국을 방문한 보따리상뿐 아니라 일반 관광객도 모자를 수십 개씩 사 가면서 말 그대로 열풍이 불었다. 처음 투자할 때에는 전혀 예상하지 못했던 보너스였다.

지금 F&F 투자를 돌아보며 스스로 평가하자면, 매우 큰 수익을 거둔 투자이기는 했으나 성공하는 브랜드에 대한 장기투자 의지를 다 지키지 못한 사례이기도 했다. 사실 2,000억 원 아래로 내려갔을 때도 추가로 매수했기 때문에 매우 저렴한 가격에 보유했지만, 디스커버리의 성공과 MLB Kids의 성장이 더해지면서 시가총액이 8,000억 원을 상회했을 때는 이후의 성장성을 보수적으로 판단했다. 중화권에서의 MLB 제품에 대한 열광은 장기간 지속되지 못할 것이라 속단했고, 보유 물량을 전부 매도하면서 투자를 중단했다.

나는 투자를 종료한 뒤에도 포트폴리오에 담아둘 때처럼 해당 종목을 업데이트한다. 여느 종목들처럼 F&F 역시 업데이트하고 있었을 때였다. 내 판단이 틀릴지도 모른다는 불안감이 들었다. F&F의 매출과 영업이익은 한두 분기만 주춤하더니 다시 성장세를 그리기 시작했다.

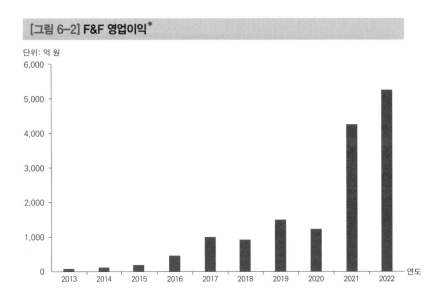

[그림 6-2] **F&F 영업이익**♦

단위: 억 원

당시 나는 하나의 종목을 매도한 가격 근처에서 재매수하는 행위를 좀처럼 하지 않았다. 그러나 이번에는 심상치 않게 느껴졌다. 결국 내가 생각하는 것보다 이 회사의 브랜드 가치가 해외에서 더 크게 인정받을 가능성을 열어두고 매도했을 때와 비슷한 가격대에 재매수했다. 기대는 틀리지 않아서 F&F의 매출과 영업이익은 다시 큰 폭으로 성장했다.

다시 10년 전으로 돌아가보자. 패션 업계의 강자는 LG패션(현 LF), 한섬, 휠라 등이었다. 이 기업들은 패션 업계에서 여러 브랜드를 통한 지배력을 가지고 있었고, 영업이익도 대략 500~1,000억 원에 시가총액도 1조 원 이상이었다. 반면에 F&F는 시가총액 2,000억 원도 안 되는 소형 패션 기업이었고, 영업이익도 100억 원 내외에 불과했다.

♦ 2021년은 분할기일인 5/1~연말 기준이라 실제 수치를 적용했다.

그러나 이 회사는 2013년 영업이익이 100억 원도 안 되는 회사에서 10년 만에 50배 이상 성장하여 2022년 5,000억 원이 넘는 영업이익을 거두는 회사로 성장했다. 실로 엄청난 성장성을 보여주며 해외에서도 통하는 브랜드가 되었다. 더욱이 기존의 의류 브랜드 강자들이 이미 시장에서 오랫동안 자리를 잡고 있었음에도 불구하고 그들을 따돌리고 크게 성장한 것은 확실히 주목할 만하다.

F&F의 성공은 한국 소비재 브랜드가 해외로 뻗어나가는 아주 소수의 사례가 되었다. F&F의 제품은 새로운 아이템도 아니었지만, 지금은 모두가 인정하는 높은 브랜드 가치를 지닌 아시아의 의류 회사가 되었다. 이 당시에 일상 속 투자 기회를 놓치지 말라는 피터 린치의 교훈을 실천하는 투자자였다면 어렵지 않게 매우 큰 수익을 낼 수 있었을 것이다.

투자 기회:
의류 기업의 투자 기회는 GPM이 높아질 때

F&F는 이제 아시아에서 손꼽히는 브랜드 의류 회사로 중화권을 중심으로 확장하고 있다. 시총은 한때 7조 원까지 올랐다가 현재에는 내려와있지만, 이 회사의 성장 스토리는 여전히 유효하다.

다만 과거와 같은 폭발적인 성장을 하기에는 회사 규모가 너무 커져버렸기 때문에 이제는 과거와 같은 주가 상승을 기대하는 것은 쉽지 않다. 그러나 넓은 아시아 시장에서 성장의 기회는 얼마든지 만들 수 있는 역량 있는 회사가 되었다. 앞으로도 어떻게 성장할지 충분히 지켜볼 만하다.

의류 회사에 투자할 때는 한 가지 팁이 있다. 딱 한 가지 지표만 살펴야 한다면 매출총이익률GPM을 살피는 것이 좋다. 의류는 다른 소비재와 달리 판매 유통 경로가 다양하다. 신제품이 나오면 백화점에서 신상 판매를 시작해서 각 정규 매장에서 선보인 다음, 일정 시간이 지나면 할인 판매를 위해서 아울렛과 상설매장을 거친다. 최종 유통 단계에서는 대규모 세일을 하는 경우도 많다. 그만큼 시간이 지나면서 가치가 크게 하락한다. 그래서 의류 산업은 고정비에 대한 개념이 다른 산업과 조금 다르다.

내가 대학생 때 의상학과를 다니던 선배가 이런 말을 했다.

> "티셔츠를 100장 만들어서 50장을 팔았을 때 매출원가를 다 커버했다면, 그 뒤로는 1장 팔 때마다 모두 순이익이다."

이는 50장을 판매한 이후에 30장은 반값에 팔 수도 있고, 나머지 20장은 더 할인해서 1/4 가격에 팔아도 이익이 보장된다는 뜻이다. 보통의 제조업에서 제품 하나당 매출원가 대비 판매가를 생각하는 것과는 관점이 조금 다르다. 따라서 의류 기업이 경쟁력을 유지하고 있는지, 혹은 매출이 더 늘어난다면 영업이익 레버리지 효과가 나올지는 GPM의 지속성을 살피면 알 수 있다. 설령 매출이 많이 늘어나도 할인 판매를 지나치게 많이 했다면 GPM이 낮아질 것이고, 이는 브랜드 가치의 변동을 수반하게 되어 향후 큰 리스크를 맞을 가능성이 커진다. 반면에 GPM이 유지되거나 더 높아진다면 해당 기업의 매출 증가분보다 영업이익 증가분이 더 커진다는 뜻이므로 의류 산업에서의 투자 의사결정이 쉬워진다.

사례2

스크린골프 업계의 역사를 쓴 기업

[그림 6-3] 주가 그래프(2015~2023년)

단위: 원

한국에는 방 문화가 매우 발달해있다. 초등학생 때부터 성인이 될 때까지 '만화방', 'PC방', '노래방' '보드게임방' 등 여러 종류의 방에 들어가 여가를 즐긴다. 근래에는 '방 탈출 카페'라는 신개념도 등장했다. 그런데 골프라는 스포츠를 방 문화와 접목시켜 선도한 기업이 있다. 이 기업은 스크린골프 시장이 형성되기 시작한 초기부터 독과점의 지위를 차지하여 정부의 반독점 규제 대상이 되는 어려움을 겪었음에도 결국 큰 성장을 이루어냈다.

기업 개요:
스크린골프 시장을 장악한 과점 사업자

두 번째로 소개할 기업은 골프존이다. 골프존은 스크린골프 시장 내 높은 시장점유율을 바탕으로 하드웨어뿐 아니라 소프트웨어까지 다루는 종합 골프 기업이다. 2015년에 골프존과 골프존뉴딘홀딩스로 인적분할하면서 골프존은 스크린골프와 유지보수 사업을 하고, 골프존뉴딘홀딩스는 골프존 외의 자회사들을 통해 골프장을 소유하여 운영과 임대를 하여 골프용품 유통과 판매까지 아우르고 있다. 여기서는 골프존 그룹의 핵심인 스크린골프 사업를 영위하는 골프존을 중심으로 살펴보겠다.

골프존은 과거부터 스크린골프 시장에서 독과점 수준으로 시장을 장악했고, 지금도 과점 사업자다. 그만큼 시장의 성장을 주도해왔기 때문에 스크린골프의 역사 자체라고 해도 과언은 아니다. 그에 따라 정부의 규제 등 우여곡절도 겪었다.

본격적인 이야기에 앞서서 오해하지 말아야 할 부분이 있다. 일상생활 속 투자 아이디어는 직접 해당 제품이나 브랜드를 소비하든 안 하든, 또는 그것을 좋아하든 관심이 없든 중요하지 않다. 일반 소비자가 대중적으로 소비하는 과정을 포착하고 그것에 대한 지속성을 느끼면 충분하다. 따라서 골프를 치지 않더라도 소비 패턴에 관심을 가지고 분석하는 것은 전혀 어색할 것이 없고, 이상한 일도 아니다. 이는 다른 일상생활 속 투자 아이디어를 활용할 때도 마찬가지다.

탐방 회상:
독점적인 기업의 유일한 리스크는 반독점 규제

10년 전 골프존에 탐방을 갔을 때, 사실 긍정적인 느낌과 부정적인 느낌을 같이 받았다. 부정적인 느낌을 받은 것은 기업 미팅을 위한 탐방이 원활하지 않았던 탓이다. 투자자를 대하는 태도에서도 우호적인 느낌을 받지 못했다. 물론 지금은 기업 미팅이나 회사와의 관계에 불편함은 없다. 긍정적이었던 점은 이 회사가 스크린골프 시장 내에서 독점에 가까운 압도적인 시장점유율을 차지한다는 것이었다. 회사는 정확한 수치를 밝히기 꺼렸는데, 알고 보니 90%가 넘었다. 당시에 골프존 외에도 몇 개의 스크린골프 업체가 있었지만, 골프존과 비교하면 영세한 수준이었다.

미팅을 마치고 나서 막강한 시장점유율에 마음이 움직였고, 실적 호조세도 지속될 것으로 판단하여 투자하기로 맘을 먹었다. 그런데 바로 그때 변수가 생겼다. 공정거래위원회에서 '골프존과 점주들의 거래가 공정하게 유지되고 있는가'라는 문제를 제기한 것이다. 당시에 공정위는 파리바게트, 던킨도너츠, 배스킨라빈스 등 SPC 그룹의 프랜차이즈 가맹점을 대상으로 1,000억이 넘는 과징금을 부과했기 때문에 골프존도 긴장했다. 골프존의 시장지배력은 매우 압도적이었지만 오히려 이로 인해 리스크가 생긴 것이다. 아니나다를까, 바로 다음 달에 대전지방국세청이 추징금 475억 원을 부과했다.

일시에 큰 자본을 잃는 것도 문제였지만, 공정위로부터 독점에 대한 견제를 계속해서 받으면 사업 확장과 수익성 추구가 어려워질 것이라고 판단했다. 결국 아쉽지만 투자를 보류하기로 했다. 골프존은 주력 제품인 골프 시뮬레이터의 신규 판매를 2014년 4월부터 2015년 3월까지 중단하기로 했다. 당장 한두 분기 매출은 기존 계약 건이 반영되면서 문제가 없었지만, 신규 계약이 없어지자 2014년 4분기부터 실적이 곤두박질쳤다. 투자하기 직전에 악재가 발생했으니 운이 좋았다고 할 것이다. 이때부터는 시간을 두고 지켜보면서 기회를 모색했다.

퍼포먼스:
외부 리스크보다는 내부의 경쟁우위

골프존은 공정위의 제재를 받으면서 동시에 인적분할을 통해 지주회사 전환을 준비했다. 2015년 5월부터는 지주회사인 골프존뉴딘홀딩스와 사업회사인 골프존으로 나뉘었다. 분할 이후에도 실적은 별로 좋지 못했다. 신규 영업이 잘 이루어지지 않은 상태에서 중국과 일본 등 해외 진출을 돌파구로 삼으려 했으나 별 성과를 거두지 못했기 때문이었다.

2016년과 2017년을 지나면서도 기다리던 실적 개선은 나오지 않았다. 2017년 신제품 '투비전'이 출시되었으나 시장에 안착하기까지 시간이 필요했다. 과거 골프존의 시장지배력에 높은 점수를 주었던 판단에 의문이 들던 시기였다. 2018년에 들어서자 카카오도 스크린골프 시장에 적극적으로 진출하기 시작했다. 과거처럼 소소한 경쟁자들이 아니라 인터넷 대기업이라는 걸출한 경쟁자가 출현했고, 골프존은 신제품을 출시하면서 마케팅과 프로모션 비용도 많이 소모했다. 실적은 최악을 찍었다. 골프존을 두고 투자 기회를 꾸준히 모색했으나 오히려 부정적인 생각이 늘어갔다. '내가 기업을 잘못 본 것일까', '스크린골프 산업에서의 지배력은 다 어디로 간 것일까' 하며 의구심은 더 늘어갔다.

2019년부터 마침내 신제품이 안착하면서 매출이 분기별로 20%씩 성장하기 시작했다. 그러나 그동안 부정적인 모습을 여러 번 보았기 때문에 성장 지속성에 확신을 갖지 못했다. 여기서 첫 번째 실수가 발생했다. 분할 시점에 10만 원을 상회하던 주가가 3만 원대까지 하락한 상황에서 나도 주가 하락세에 동화된 것이었다. 매출 성장이 시작된 시점에도 나는 여전히 의구심을 품고 있었다. 머뭇대는 사이 주가는 7만 원까지 반등해버렸고, 나의 장기인 소외된 구간에서의 저점 매수는 실패했다. 5년 동안의 지속적인 업데이트가 무색하게 첫 번째 저가 매수의 기회가 날아간 것이다.

얼마 뒤 코로나가 발발하면서 골프 산업은 큰 전환점을 맞게 됐다. 처음에는 눈치를 채지 못했다. 코로나가 골프 산업의 저변을 넓히고 수요를 만들어낼 것이라고는 전혀 예상하지 못했다. 코로나 시기에 많은 기업이 주가 하락을 면치 못했다. 골프존의 주가도 다시 3만 원대로 하락했다. 이것이 두 번째 기회였다.

야외 골프장에서 골프를 치면서 시간을 보내는 행위는 코로나로 억눌려있던 사람들에게 특별함을 선사했다. 실내 스크린골프도 제한 인원 4인 이하라는 조건을 만족시키면서 특히 젊은 사람들을 중심으로 골프 인구가 확산됐다. 이 시기에 나는 코로나 시국에서 스크린골프가 꾸준히 잘될 것이라고 확신하지 못했다. 그러나 2021년 초가 지나면서 나는 뒤늦게라도 인정해야 했다. 국내에서 스크린골프 수요는 폭발적이었고, 그동안 큰 성과가 나지 않았던 해외에서도 매출이 증가하기 시작했다. 주가는 9만 원대로 상승했다. 나는 지금도 늦지 않았다고 생각했다. 세 번째 기회마저 놓칠 수는 없었다. 그리고 다행히 이 시기에 골프존은 큰 폭의 이익 성장을 이루어냈다. 영업이익은 2019년 323억 원, 2020년 515억 원, 2021년 1,076억 원, 2022년 1,486억 원을 기록했다.

기업 활동의 결과물이라는 것은 투자자의 기다림과 초조함을 비웃기라도 하듯이 긴 시간을 요구하기도 한다. 사업 초기에 골프존이라는 회사가 스크린골프 시장에서 가진 시장지배력과 해외시장에서의 가능성이 크다고 점쳤지만, 결과물이 나오기까지는 생각보다 오래 걸렸다. 나는 막차를 타서 제법 수익을 얻어내기는 했지만 오랜 기간 기회를 엿보았던 투자자로서는 만족스럽지 않았다. 독점에 가까운 높은 시장점유율을 가진 생활 속 브랜드 기업이었음에도, 외적인 리스크에 사로잡혀 내적인 경쟁우위를 더 높은 수익 기회로 살리지 못해 아쉬움이 남았다.

투자 기회:
비즈니스와 생활 문화의 변화가 겹쳐질 때

코로나가 지나가고 사람들이 일상을 회복한 뒤 골프에 대한 열광적인 수요는 한풀 수그러든 모습이다. 코로나 시기의 초과 수요는 이제는 너무 비싸진 골프장 이용료의 반작용으로 감소하는 추세고, 골프 의류 기업들도 그동안 매우 큰 성장을 보이다가 최근에는 수요 감소와 할인 판매가 이어지는 모양새다.

그런데 스크린골프에 대한 수요는 감소하는 조짐이 없다. 오히려 더 늘어나고 있다. 이는 스크린골프의 비즈니스 모델이 값비싼 골프 라운딩을 대체하는 효과를 가지고 있으며, 도심에서도 흔하게 볼 수 있고 회사나 집 근처에서도 칠 수 있기에 접근성이 좋다는 점에서 기인한다.

이제는 스크린골프 문화 자체가 자리를 잡은 것으로 보인다.

골프존이 영위하는 스크린골프 산업은 향후 두 가지의 큰 도전이자 잠재 가능성이 있다. 하나는 해외 시장에서 스크린골프의 성장 가능성이다. 스크린골프의 형태를 한국과 똑같이 고정할 필요는 없다. 일본에서는 GDR이라는 골프 자세 분석을 위한 하드웨어 제품이 잘 팔리고 있고, 미국에서는 한국과 다르게 스포츠펍 형태나 한국의 실내형이 변형된 실외 스크린골프의 형태도 보인다. 형태보다 중요한 것은 사람들이 필드가 아닌 곳에서도 골프를 즐기는 문화가 확산될 수 있느냐 하는 점이다.

또 하나는 메타버스와 같은 미래 산업적인 요소다. 스크린골프 자체가 시뮬레이션 게임 형태이기 때문에 현실에서의 상호작용을 가상공간에 구현하는 메타버스의 정의에도 부합한다. 아직은 이르지만 스크린골프의 VR 산업화에 대한 가능성도 장기적으로는 관전 포인트가 될 수 있다고 생각한다.

피터 린치가 투자하던 시대에는 VR은커녕 인터넷, 스마트폰, 소셜미디어도 없었다. '일상생활 속 투자 아이디어'라는 발상은 가상 세계가 또 다른 콘텐츠 소비의 공간이 되는 시대가 오면 어떻게 적용될 것인가? 상당히 재미있는 주제가 아닐 수 없다.

7장

유형4: 초고마진 기업

기업의 특별함은
지속 가능한 이익률로 나타난다

자영업자들이 자주 하는 말 가운데 "앞으로 벌고 뒤로 깨진다"는 것이 있다. 열심히 벌어들였으나 각종 비용과 세금 등을 제하고 나니 남는 것이 없거나 오히려 적자를 본 경우를 이르는 말이다. 이 말은 기업 단위에서도 적용된다. 기업의 목적은 이윤 창출이다. 기업이 성장하기 위해서는 매출의 증가가 선행되어야 한다. 하지만 결국 이익을 제대로 남기지 못한다면 매출의 의미도 퇴색된다.

기업의 이익은 생각보다 많은 의미를 포함한다. 나는 투자할 때 기업이 내는 이익의 질을 분석하는 것을 가장 중요하게 여긴다. 그렇다면 '이익의 질이 좋은 기업'이란 무엇일까? 예를 들어보자.

A기업과 B기업은 현재 둘 다 매출과 영업이익이 각각 1,000억 원과 100억 원을 기록하고 있고 시가총액도 1,000억 원으로 같다. 그런데 A기업은 외부 환경이 좋건 나쁘건 꾸준하게 최소한 영업이익 100억 원을 달성할 수 있는 체력을 보유했고, B는 좋을 때는 영업이익을 200억 원 넘게 낼 수 있지만 업황이 좋지 않을 때는 겨우 BEP에 맞추거나 적자를 보기도 한다. 특정 시점에 두 기업을 평가할 때 양사 모두 순이익이 100억 원이라고 가정하면 PER 10배로 동일한 기업가치를 줄 수도 있다. 하지만 나는 이것이 적절한 평가가 아니라고 본다. 둘을 놓고 본다면 나는 자신 있게 A기업이 이익의 질이 좋다고 말한다. A 기업의 수익에 '지속성'이 있기 때문이다.

기업의 이익이 지속성을 갖추려면 보통의 경쟁력만으로는 어렵다. 외부로는 다른 기업과 물량 및 가격 경쟁을 해야 하고 내부로는 비용을 통제하면서 신규 먹거리를 위한 R&D에도 투자해야 하기 때문이다. 최소한의 경쟁우위가 없이는 기업이 이익을 늘리기는커녕 유지하기도 쉽지 않다.

다시 말하면, 내가 정의하는 '이익의 질이 좋다'는 것은 '수익가치에서 이익의 지속성이 높다'는 것이고, 이는 '본업에서 경쟁력을 기반으로 안정적인 현금흐름을 갖는다'는 말이다. 더 나아가 '본업의 경쟁우위가 뚜렷하므로 성장을 위해서 고객사를 다변화하고 제품을 확장하는 것도 용이하다'는 의미다.

주식시장에서 투자자들이 좋아하는 기업 유형은 나쁜 영업 상태에서 좋은 영업 상태로 전환하는 턴어라운드 기업이다. 그러나 턴어라운드 기업은 특정 국면에서만 주가가 좋다. 타이밍을 잘못 잡으면 수익이 나빠지는 구간으로 들어갔을 때 큰 손해를 입을 수 있다.

턴어라운드 투자는 타이밍만 잘 맞는다면 괜찮은 수익을 낼 수 있지만, 매번 성공하기는 어렵다. 게다가 수익이 오르락내리락하며 변동성이 큰 기업이 내는 이익의 질이 좋다고 볼 수 있을까? 미국에서 예전부터 화학이나 해운처럼 경기에 민감한 업종을 'low quality'라고 표현해왔던 것은 그럴 만한 이유가 있는 것이다.

기업의 이익은 마진으로 표현하곤 한다. 마진이 높다는 것은 해당 기업의 제품 혹은 서비스의 품질이 좋아서 높은 경제적 부가가치를 실현하고 있다는 말이다. 기업이 높은 마진을 유지하는 것은 매우 어려운 일이다. 시장에는 경쟁자들이 얼마든지 나타날 수 있으며, 경쟁이 심해지면 수익성이 악화되기 마련이다. 그런데도 어떤 기업이 높은 마진을 꾸준히 낸다는 것은, 그 기업에 무언가 특별함이 있다는 뜻이다.

그 특별함은 경쟁우위라고도 표현할 수 있다. 브랜드 가치가 높아서 경쟁자들이 그 아성을 깨기 어려울 수도 있고, 기술력의 차이가 너무 나서 타사에서는 비슷한 제품도 만들 수 없거나 만들어도 비싸게 만들어야 하는 상황일 수도 있다. 혹은 생산 노하우에서 앞서 나가면서 원가 경쟁력이 탁월한 기업도 있으며, 아예 아이템 자체를 독점적으로 만드는 기업도 있을 수 있다.

높은 마진을 꾸준히 내는 기업을 만나러 갈 때는 늘 설렘이 가득했던 것 같다. 이번에는 어떤 특별함을 만나게 될지 상상만 해도 흥미롭고 기분이 좋아지기 때문이다.

사례1

돈 잘 버는 바이오헬스케어 기업

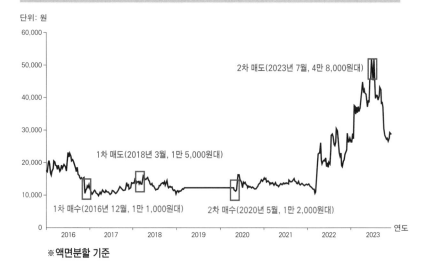

[그림 7-1] 주가 그래프(2016~2023년)

단위: 원

2차 매도(2023년 7월, 4만 8,000원대)

1차 매도(2018년 3월, 1만 5,000원대)

1차 매수(2016년 12월, 1만 1,000원대)

2차 매수(2020년 5월, 1만 2,000원대)

연도

※ 액면분할 기준

첫 번째 사례는 바이오헬스케어 산업에 속해있으면서 믿기 힘들 만큼 높은 마진을 유지하는 기업이다. 심지어 내가 두 번째 투자할 때 배당수익률은 3%대였다. 바이오 회사에 투자한 투자자들 가운데 배당을 의미 있는 수준으로 받아본 이들은 거의 없을 것이다. 바이오 회사는 보통 매출이 나기 어려울 뿐만 아니라 막대한 R&D 비용을 투입해야 하므로 적자를 보는 경우가 흔하다. 그래서 배당이 없거나 배당수익률이 매우 낮다. 그런데도 이 기업은 바이오 산업에 속해있으면서도 타 산업과 비교했을 때조차 깜짝 놀랄 만한 영업이익률을 유지하면서 배당수익률도 높았다.

기업 개요:
제품 확장이 무한한 아이템을 가진 기업

이 기업의 이름은 케어젠이다. 케어젠은 펩타이드peptide 기반의 의약품, 건강기능식품, 화장품 등을 개발하고 판매하는 기업이다. 펩타이드라는 영어 단어는 그리스어로 '소화하다'라는 뜻을 가진 단어에서 유래됐다. 펩타이드는 아미노산이 사슬처럼 연결된 형태를 하고 있다. 아미노산이 50개 이상 연결되어있으면 폴리펩타이드라고 하는데, 이것이 우리가 아는 단백질이다. 순수하게 생체 내에 존재하기 때문에 피부등에 잘 흡수되고 물리화학적으로도 안정성이 높다. 또한 펩타이드의 종류만큼 생체 내에서 다양한 효능과 효과를 가진다.

2001년에 설립된 케어젠은 매우 일찍부터 펩타이드 기반으로 만든 다양한 제품을 해외 각지에 수출하면서 성장해왔다. 2015년 상장 당시 펩타이드 특허만 400개 이상을 등록하며 업계 최다 수준이었고, 최근 기준으로는 600개 이상의 특허를 보유하고 있다. 상장 이전부터 지금까지 다양한 펩타이드 활용 제품을 보여주었으며 이를 기반으로 꾸준한 매출과 높은 수익성을 자랑한다.

탐방 회상:
눈을 의심하게 만든 50% 영업이익률

투자 대상을 찾을 때는 산업을 지정하고 그 안에서 투자할 기업을 찾는 경우가 많다. 바이오 산업에 배경지식을 가진 투자자는 주목받을 만한 신약을 만드는 기업을 찾아보기도 하고, 콘텐츠 산업에 관심이 있는 투자자는 새로운 트렌드를 만들 역량을 가진 콘텐츠 기업을 찾을 수도 있다.

다른 방법도 있다. 오직 재무제표상 특징을 잡아서 접근해보는 것이다. 케어젠을 발굴한 경우가 그러했다. 이 기업은 도대체 어떤 비즈니스를 하기에 이렇게 높은 마진을 꾸준히 거두고 있는 걸까? 케어젠 탐방은 이렇게 시작됐다.

케어젠은 2015년 12월에 코스닥에 상장됐다. 당시 2015년 예상 실적을 살펴보니 영업이익률, 즉 OPM이 50%를 상회하는 수치를 나타내고 있어서 눈을 의심했다. 당시 1,800개가 넘는 모든 상장회사 중에서 영업이익률이 50%가 넘는 회사는 거의 없었다. 나는 이 기업이 높은 가격으로 상장하기 위해 일시적으로 좋게 포장했을 거라고 지레짐작했다. 그러나 상장 이후에도 기업은 두 개 분기 연속으로 평균 50%의 영업이익률을 보여주었다. 이를 확인하고 2016년 가을, 안양에 있는 케어젠 빌딩을 찾아갔다.

회사 내부 풍경은 여태 탐방을 다녀온 기업들과 좀 달랐다. 이제는 여러 기업들이 사옥 내부를 잘 꾸미고 직원들을 위한 공간들도 잘 배치해 두었지만, 케어젠 빌딩 내부는 이미 그 당시에 굉장히 세련되면서도 형이상학적 느낌의 구조물이 공간을 채우고 있었다. 인터넷 플랫폼 기업인 네이버에 탐방을 갔을 때보다도 더 인상적이었다. IR 담당자로부터 대표이사가 구글 출신이라는 말을 듣고서야 수긍했다.

미팅은 꽤 길어졌다. 보통 기관투자자가 기업 IR과 미팅을 할 때는 1시간이 보통이다. 사업부가 다양하거나 기술적으로 이해하기 쉽지 않은 사업인 경우 1시간 반에서 2시간 정도 걸린다. 그런데 그날은 2시간 반이 걸렸다. 펩타이드를 기반으로 사업을 하는 회사를 만나보기는커녕 공부해본 적도 없었으므로, 바이오 산업에 기초가 부족했던 나로서는 사업 내용을 이해하기 어려웠다. 만약 기술 부분만 강조하는 회사였다면 더 어려웠을 텐데, 다행히 수출을 활발히 하고 있었기에 제품군 중심으로 설명을 들으면서 이해할 수 있었다.

퍼포먼스:
배당수익률이 3%나 되는 바이오 기업

기업 탐방 내용을 정리하면서 인상적이었던 것은, 상장할 때만이 아니라 지난 5년간의 평균 영업이익률이 50%에 육박한다는 사실이었다. 5년 전인 2011년 무렵 매출이 100억 원대로 작았을 때조차 영업이익률은 40% 중반을 기록했다. 그만큼 이 회사 제품의 경제적 부가가치가 매우 크다는 의미였다.

케어젠의 사업구조를 보고 나니 실적을 더 받아들이기 쉬워졌다. 이 회사의 주력 제품은 펩타이드 기반의 주름 개선용 제품인 더말 필러와 두피 탈모 치료제인 헤어필러이고, 그 밖에 여러 화장품 등에 공급되는 펩타이드 원료와 당뇨 관련 제품 등이 있었다. 전체 제품군은 100개 이상으로 다양했고, 해외 매출 비중이 90% 이상이었으며, 지역 쏠림 없이 매출 다변화가 잘 되어있었다. 이러한 매출 구조를 파악하면서 케어젠의 현재 이익 수준이 상장 전후로 부풀려진 것이 아니라 꾸준히 유지할 수 있다고 판단하게 됐다.

초고마진을 기록하는 바이오헬스케어 기업으로 시장에 알려지며 상장 이후 견조하게 상승했던 주가는 내가 탐방을 간 2016년 가을에는 하락 추세에 접어들고 있었다. 9만 원대였던 주가가 6만 원 수준까지 급락했다.[*] 3분기 실적 발표가 부진하게 나온 후 매도가 급격히 나오면

◆ 2023년 6월 5:1의 액면분할로 지금과 주식의 가격 기준이 다르다.

서 생긴 결과였다. 그러나 당시만 하더라도 연 매출이 400억 원대 수준이었기 때문에 분기별로 100억 원도 안 되는 매출이 나오기도 했고, 기업의 고정비를 고려할 때 분기 매출에 따른 이익률의 변동성이 생기는 것은 이상한 일이 아니었다. 그리고 케어젠의 성수기는 2분기와 4분기였는데, 단기적 분기 실적에 치중한 투자자들은 상장한 지 얼마 되지 않은 이 회사의 계절성조차 몰랐었을 수도 있다. 기업 탐방 결과 내가 판단한 회사의 영업 상황은 매우 정상적이었고, 매출과 이익 모두 처음 상장했던 2015년보다 두 자릿수 성장이 가능해 보였다.

주가가 고점 대비 반토막 수준으로 떨어진 시점, 매수하기에 적기였지만 당시까지도 나는 매수를 주저하고 있었다. 가장 큰 허들은 밸류에이션이었다. 주가가 크게 하락한 2016년조차 예상 PER 기준 30배 정도로 높은 수준이었기 때문이다. 그러나 기업의 가치와 기회를 곰곰이 생각해보았다. 시가총액은 6,000억 원까지 하락한 상황에서, 현금흐름이 좋은 바이오헬스케어 회사로서 상장 시 조달한 자금까지 합쳐 1,000억 원 중반의 순현금을 보유하여 재무적 안정성이 높았다. 다른 바이오 회사보다 우월한 관점에서 기다릴 수 있는 투자가 가능하다고 생각했다.

마지막으로 투자 의사결정에 큰 영향을 준 공시가 그 시점에 나왔다. 바로 대표이사의 적극적인 장내 매수였다. 일주일에 걸쳐서 지배주주가 거의 100억 원에 가까운 장내 매수를 진행했다. 이를 계기로 나 또한 케어젠에 투자하기로 마음먹고 행동에 나섰다.

여기서 한 가지 짚어야 할 점이 있다. 기업의 지배주주나 임원의 장내 매수는 분명 긍정적인 시그널이다. 하지만 이러한 장내 매수가 있다고 해서 잘 모르는 기업의 주식을 사는 것은 위험하다. 본인이 긍정적으로 판단하는 기업에 대해서 투자하고자 하는 논리가 명확히 섰을 때라야 이러한 공시가 비로소 시그널이 될 수 있다. 피터 린치가 "일상생활 속에서 투자 아이디어를 찾으라"고 말한 의미가 해당 기업에 대한 분석과 밸류에이션 판단 없이 그냥 좋아하는 브랜드의 주식을 사라는 뜻이 아닌 것과 마찬가지다. 잘 모르는 기업의 공시를 하나 봤다고 해서 쉽게 돈을 벌 수 있을 만큼 주식시장은 호락호락하지 않다. 주식투자는 종합적 사고에 따른 의사결정이다.

케어젠을 매수하고 나서 투자는 길게 이어지지 않았다. 2016년과 2017년은 20%씩 이익 성장을 했으나, 혈당을 낮추어주는 디글로스테롤이라는 기능성 제품의 출시가 지연되면서 추가적인 성장 동력이 단기간에 발생할 것으로는 보이지 않았고, 시가총액은 어느덧 1조 원 가까이 올라왔다. 2018년 봄에 일단 투자를 종료했다. 그러고는 늘 그렇듯이 꾸준히 업데이트하면서 관찰했다.

이듬해 케어젠에 이슈가 하나 터졌다. 2019년 3월에 감사의견 거절이 나오면서 거래가 정지된 것이었다. 분식회계와 같은 회계부정 이슈는 아니었고, 해외 매출채권 관리 부분에서 점점 기준을 강화하던 회계법인과의 의견 충돌이 생겼다. 이 부분은 단기간에 해결되지 못하고 1년 동안 거래정지가 되는 불상사를 낳았다. 그러나 기업에 문제가 있는 것이 아니었기 때문에 1년 뒤 거래가 재개되었다.

거래재개 이후 주가는 큰 변동성을 보이다가 하락세를 보였다. 이때 나는 즉시 투자 검토에 들어갔다. 이유는 세 가지였다. 첫째, 주가가 다시 하락세를 보이면서 예전의 시가총액 6,000억 원대까지 내려왔다. 둘째, 거래정지가 되어있는 동안에도 회사의 실적은 별 문제가 없었다. 셋째, 오히려 2019년 회계연도에 대한 배당금을 2배 이상으로 올리면서 배당수익률이 3% 중반까지 증가했다.

세 번째 이유가 결정적이었다. 국내 바이오헬스케어 기업에 배당 투자를 고려하는 투자자가 있을까? 이제껏 이만큼 의미 있는 수준의 배당을 지급하는 국내 바이오헬스케어 기업은 전무했다. 그만큼 회사의 현금흐름이 꾸준했기 때문에 가능한 일이었고, 이것은 나에게 묘한 투자 매력을 불러일으켰다. 재무가 튼튼하고 현금흐름이 좋은 바이오 기업에게서 배당을 받으면서 기다릴 수 있는 투자를 한다는 것이 나에게 안전마진 같은 느낌을 주었던 것 같다. 물론 핵심은 확장성이 뛰어난 아이템의 성장성이었지만 말이다.

케어젠에 2차 투자를 결정했지만 이후 실적도 주가도 2년 동안 정체 상태가 길게 이어졌다. 기존 펩타이드 제품군의 성장도 정체되었고 신규 제품에 대한 임상과 출시가 코로나로 인하여 지연됐다.

신규 제품 가운데 황반변성 치료제와 코로나 치료제도 관심을 끌었지만, 가장 기대를 걸고 있었던 것은 디글로스테롤이었다. 앞서 언급한 것처럼 이 제품에는 혈당을 낮추는 기능이 있었는데, 이는 기존 펩타이드 기반 제품에서 건강기능식품으로까지의 확장을 의미하는 것이었다. 그러나 국내에서 식약처 심사를 받는 데 시간이 오래 걸렸을뿐만 아니라 심지어 통과도 하지 못했다. 회사도 당황했고 투자자도 당황했다. 식약처의 논리는 제품에 대한 문제는 없는데 세계적으로 사례가 없다는 것이었다. 당연하게도 펩타이드 기반의 혈당 강하 건강기능식품으로는 세계 최초 제품이었기 때문이다.

결국 몇 달 뒤 미국 FDA에서는 이 제품을 승인했다. 안정성이 뛰어난 펩타이드 기반이었기 때문에 승인받지 못할 이유가 없었다. 그때부터 주가는 급등하기 시작했다. 2년 동안 기다린 보람이 찾아온 순간이었다.

제품은 프로지스테롤이라는 이름으로 판매가 시작되었고, 초기 반응이 좋았다. 이때 팀 동료 펀드매니저의 날카로운 판단으로 일부 펀드에서 추가 매수를 하면서 큰 수익을 올리게 되었다. 주가 상승 과정에서 회사는 자신감을 크게 어필하며 투자자들을 열광하게 만들었다. 결국 케어젠의 시가총액은 조 단위로 커졌다.

이때부터 나는 투자 스타일대로 분할 매도를 시작했다. 매도의 근거는 시장의 기대가 너무 커져버렸고, 주가는 이미 많은 부분 선先 반영되었다고 판단했기 때문이다. 마지막 매도 시점의 시가총액은 2조 원 중반을 넘어섰다. 투자자들의 탐욕이 강해지면 강해질수록 나는 그 탐욕의 기차에서 내려오고 싶어진다.

투자 기회:
예측이 어려운 산업은 안전마진이 확보될 때

케어젠의 2차 투자에서 한 가지 역이용한 부분이 있었다. 바로 경영진의 성향이다. 케어젠의 대표이사는 빼어난 경영 역량으로 바이오헬스케어 회사를 오랜 기간 키워왔다. 그러나 나는 대표이사가 적극적으로 자신감을 표현하는 모습을 오래 보아왔다. 제품의 성장을 언론에 소개할 때 바로 실현할 수 있는 확신보다는 장기적으로 제품을 성공시키겠다는 자신감의 표출로 해석했다. 그래서 다른 투자자들이 열광할 때 투자를 종료할 수 있었다.

이처럼 기업을 오랜 기간 분석하고 꾸준히 관찰하면 정성적인 투자에 도움이 된다. 단기간에 기업을 분석하고 판단하는 것은 누구나 하는 일이다. 그러나 긴 호흡으로 기업을 바라보면서 투자해야, 대박은 아니더라도 실패 확률을 크게 낮출 수 있다는 사실을 무수히 많은 직접투자 경험으로 깨닫게 되었다.

수많은 국내 바이오테크 회사들이 장밋빛 전망으로 투자자들에게 매력을 어필한다. 그러나 실제 투자자가 되어보면 언제 현금흐름이 마를지 알 수 없고, 그러한 경우 주주들의 동의 없이 유상증자를 통해 강제적으로 현금을 수혈할지 모른다. 신약 개발이 실패하는 경우 기업이 망하는 길에 들어설 수도 있다. 나처럼 보수적인 투자자들은 두려운 감정이 생기게 마련이다. 장기투자를 하기는 더더욱 어렵다.

케어젠 같은 회사는 매우 희귀한 사례다. 바이오테크 기업이 이렇게 초고마진의 높은 현금흐름을 가지고 있고, 심지어 배당수익률도 3%대까지 나온다면 진지한 고민이 필요하다. 보수적인 투자자들이 중요시하는 안전마진을 확보할 수 있기 때문이다. 이런 안전장치가 있는 기업이었기에 나는 3년의 투자기간 동안 주가가 정체 상태였을 때도 참고

기다리면서 불안해하지 않을 수 있었다.

펩타이드 기반 제품의 확장성이 뛰어났던 것처럼, 아이템의 확장성을 가진 기업에 투자하는 것은 좋은 선택이다. 설령 한 가지 아이템이 실패하더라도 다음 기회가 있을 수 있다. 이처럼 아이템의 성장성이 높아야 높은 밸류에이션이 정당화될 수 있다.

매력적인 척하는 바이오테크 기업은 많지만, 높은 수익성을 증명하면서 매력적인 아이템을 만들 역량을 지닌 회사는 보기 드물다.

사례2

의류 산업의 TSMC라 불리는 기업

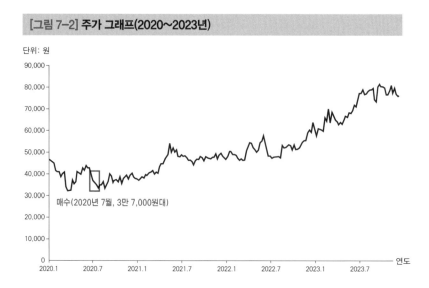

[그림 7-2] 주가 그래프(2020~2023년)

단위: 원

매수(2020년 7월, 3만 7,000원대)

두 번째 사례는 의류 OEM 업계에서 다른 회사들과 차별화되는 독보적인 수익성과 성장성으로 자산의 규모 또한 매우 크게 성장한 기업이다. 혹자는 이 기업을 두고 '의류 OEM 업계의 TSMC'라고 표현하기도 했다. TSMC가 어떤 기업인가? 비 메모리 반도체 산업의 수탁생산 전문 기업 분야에서 글로벌 수장과 같이 절대적인 영향력을 발휘하는 기업이다. 이제부터 이 기업이 의류 OEM 업계 내에서 다른 기업들과 어떠한 경쟁력의 차이를 보여주면서 성장했는지 살펴보자.

기업 개요:
의류 OEM 산업의 대표 주자

이 기업의 이름은 영원무역홀딩스다. 영원무역은 국내 섬유 산업이 발달하던 1974년에 설립되어 한국을 대표하는 의류 기업으로 한 길을 걸어왔다. 2009년에는 순수지주회사인 영원무역홀딩스와 의류 사업을 담당하는 영원무역으로 인적분할했다.

영원무역홀딩스의 핵심 자회사인 영원무역은 글로벌 의류 OEM 회사로서 룰루레몬, 노스페이스, 파타고니아, 아디다스, 언더아머 등 수십 개의 글로벌 브랜드 회사를 바이어로 두고 공급하고 있다. 주요 품목은 아웃도어와 스포츠 의류이며 신발과 백팩 제품도 생산한다.

2014년에는 미국 아웃도어 브랜드 아웃도어리서치Outdoor Research를 인수했고, 2015년에는 스위스 프리미엄 자전거 브랜드인 SCOTT의 지분을 취득하여 사업을 다각화했다. 생산을 전문으로 담당하기 때문에 우리가 브랜드의 가치로는 잘 느끼지 못하지만 여러 글로벌 아웃도어 브랜드와 프리미엄 스포츠 의류을 생산한다.

영원무역홀딩스에는 영원아웃도어라는 자회사도 있다. 국내시장에서 노스페이스The North Face라는 브랜드의 라이선스 사업을 운영한다. 영원아웃도어의 기존 사명은 골드윈코리아였는데, 이는 1992년에 일본의 골드윈과 합자 회사로 세워졌기 때문이다. 지금 골드윈은 영원아웃도어의 2대 주주가 되었다. 골드윈은 스키로 유명한 브랜드이기 때문에 확고한 아웃도어 강자의 이미지를 다지고자 2013년에 영원아웃도어로 사명을 변경했다. 실제로 영원아웃도어의 노스페이스는 국내에서 1위 아웃도어 브랜드로서 과거에도 국내 아웃도어 시장을 주도해왔지만 최근 코로나를 전후로 또 한 번 인기를 누리면서 영원무역홀딩스 성장의 한 축을 담당하고 있다.

산업 이야기:
글로벌 OEM 4강 기업들

우리가 아는 수많은 의류 브랜드들은 대부분 생산을 직접 하지 않고 의류 OEM 회사들에게 맡긴다. GAP 같은 전통적인 의류 회사나 ZARA, 유니클로 같은 SPA 브랜드, 의류뿐 아니라 신발까지 주력으로 하는 나이키, 아디다스 모두 마찬가지다.

의류 OEM 공장들은 중국과 동남아시아에 많이 분포한다. 의류를 생산하는 원가 중에서 노무비가 가장 중요한데, 아시아 국가들이 값싼 노동력을 제공하며 생산기지 역할을 담당해왔기 때문이다. 한국 경제가 성장하는 과정에서도 의류 OEM 사업이 국가의 섬유 산업 장려 속에서 자라났고, 1990년대부터는 원가 경쟁력을 갖추기 위해 해외에 공장을 적극적으로 세우기 시작했다.

의류 OEM 산업은 대표적인 노동집약적 산업이기 때문에 가장 중요한 경쟁력은 사람이다. 실제로 이 산업의 매출 원가를 따져보면 대략적으로 원부자재 60%, 노무비 30%, 감가상각비 10%로 구성된다. 여기서 원부자재는 의류 OEM사가 제어할 수 없는 요인이고, 토지와 건물 및 기계설비 등의 감가상각비도 대동소이하다. 결국 인건비가 가장 중요하고, 그다음은 인력의 숙련도다. 따라서 그 나라의 최저 임금 수준과 인력들의 경험치가 사업성을 좌우한다. 설비가 자동화된 부분도 일부 있지만, 대부분의 공정은 사람의 수작업으로 진행되기 때문에 인력의 가격과 질이 절대적인 영향력을 발휘한다고 볼 수 있다.

기업 소개에 앞서 옷을 만드는 소재를 간단히 알아보자. 이후 설명할 기업들의 주특기 분야와 경쟁력에 영향을 미치는 요소이기 때문이다. 옷을 만드는 소재는 크게 니트Knit과 우븐Woven으로 구분된다. 니트는 신축성이 있어서 늘어난다. 티셔츠, 양말, 스웨터, 카디건 등의 니트 조직을 떠올리면 쉽게 이해할 수 있다. 우븐은 신축성이 없어서 늘어나지 않는 소재로, 니트가 아닌 직물의 총칭이기도 하다.

둘은 소재뿐 아니라 제작 방법과 조직의 개념도 다르다. 원단을 짜는 기계도 완전히 다르다. 심지어 같은 폴리에스테르로 옷을 만들어도 제조 방법에 따라 다르게 구분한다. 니트는 편직물로서 한 가닥의 실을 루프 형태로 이어 짠 원단이고, 우븐은 제직물로서 경사와 위사를 서로 교차하여 짠 원단이다.

아시아에 의류 OEM 회사는 무수히 많지만, 상장회사 기준으로 한국의 영원무역, 한세실업, 대만의 에클랏Eclat과 마카롯Makalot이 글로벌 OEM 4강으로 손꼽힌다. 마침 아시아의 네 마리 용◆ 가운데 두 국가인 한국과 대만이 글로벌 OEM 산업의 선두를 이끌고 있다.

중국에도 여러 의류 OEM 회사가 있다. 하지만 2018년 미국과 중국의 무역분쟁이 본격화되면서 서구권 바이어들은 중국 회사들을 멀리함으로써 정치적인 리스크를 탈피하고자 하는 모양새다. 그 결과로 중국을 제외한 아시아의 다른 OEM 기업들에게 물량이 더 배분되면서 한국의 의류 OEM사들도 수혜를 입었다.

네 기업의 제품군과 고객사는 어떤 차이를 보이는지 살펴보자. 제품군 특성을 살펴보면 영원무역과 에클랏은 우븐 소재를 중심으로 스포츠웨어와 아웃도어가 주류를 이룬다. 영원무역과 비교할 때 에클랏은 후방산업을 수직계열화하여 원단 매출의 비중이 매우 큰 편이다. 한세실업과 마카롯은 니트 소재가 중심이고, 마카롯이 한세실업보다 스포츠웨어 비중이 높다. 지역별 특성을 살펴보면 영원무역은 북미와 유럽

◆ 제2차 세계대전 이후 일본을 제외하고 아시아에서 경제가 급속도로 성장한 동아시아의 네 국가인 한국, 대만, 싱가폴, 홍콩을 말한다.

권을, 한세실업은 미국을 중심으로 하며, 두 한국 회사는 서구권 매출이 대부분을 차지하고 있다. 반면에 에클랏과 마카롯 두 대만 회사는 서구권 매출 비중이 조금 더 크긴 하지만 아시아권 매출 비중도 큰 편이다.

글로벌 판매량이 가장 많은 회사나 프리미엄 고가 의류를 판매하는 회사나 모두 저 OEM 4강 기업을 선호한다. 의류에서 중요한 품질과 납기 이슈 등에서 오랜 기간 레퍼런스를 쌓아온 기업들을 신뢰하기 때문이다.

의류 산업도 경기에 제법 민감한 편이어서 기업의 실적도 경기에 연동되는 편이나, 브랜드 고객사들의 OEM 4강 기업 선호도는 앞으로 더 강해질 가능성이 크다. 중국 리스크를 탈피하려는 목적 외에도, 짧은 납기 기한 등 오더가 까다로운 부분에서 상위 OEM사들의 대응 능력이 훨씬 뛰어나기 때문이다.

퍼포먼스:
급의 차이는 마진의 차이로 나타난다

의류 OEM 회사 각각의 특성과 경쟁우위를 알아보자. 글로벌 4강은 아니지만 국내에서도 OEM 4강 기업을 손꼽을 수 있다. 먼저 언급한 영원무역과 한세실업에 더해 국내 상장사 가운데 태평양물산과 호전실업이 그 대상이다. 태평양물산은 니트와 우븐류가 섞여있는 OEM 기업

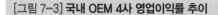

[그림 7-3] 국내 OEM 4사 영업이익률 추이

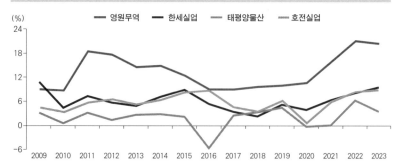

이고, 호전실업은 스포츠웨어와 아웃도어 OEM 기업으로 영원무역과
유사한 제품 구성을 가지고 있다.

　[그림 7-3]은 국내 의류 OEM 4사의 영업이익률을 나타낸 그래프다.

　첫 번째로 절대적인 영업이익률 수준의 차이가 보인다. 금융위기
이후인 2009년부터 2023년까지 15년간 평균 영업이익률은 영원무역
13.4%, 한세실업 6.2%, 호전실업 5.8%, 태평양물산 2.0%다. 같은 비즈
니스임에도 마진의 차이가 매우 큰 편이다. 특히 영원무역의 경우에는
국내 의류 OEM 기업으로서는 좀처럼 보기 힘든 수준의 영업마진을 장
기적으로 보여주고 있다. 이익의 질이 다르다고 하겠다.

　두 번째로는 이익률이 가진 변동성의 수준이 보인다. 영원무역의 경
우에는 지난 15년간 가장 낮은 수준의 영업이익률은 9% 내외로, 어려울
때조차 높은 한 자릿수 마진(하이싱글)을 거둬 이익의 퀄리티를 보여주
었다. 반면에 태평양물산은 산업이 불황일 때는 저마진으로 떨어지거
나 적자로 전환하기도 했다. 한세실업은 니트류의 강자이지만 전반적

인 마진의 수준은 영업이익률이 한 자릿수 중반(미드 싱글)으로 높지 못했고, 불황일 때는 영업이익률이 한 자릿수 초중반대(로우 싱글)로 하락하기도 했다. 호전실업은 강소기업으로서 제법 괜찮은 마진 수준을 보였으나 마찬가지로 업황이 부진할 때는 저마진으로 떨어진 적이 있다.

같은 비즈니스를 영위함에도 이렇듯 마진에 차이가 나는 이유는 무엇일까?

첫째로는 규모의 차이다. [그림 7-4]에서 보듯이 국내 의류 OEM 4사의 매출액은 2009년 이후 현재까지 차이가 더 크게 벌어졌다. 각 기업의 2009년 대비 2022년 매출 성장을 비교하면 영원무역은 4,300억 원대에서 3.9조 수준으로 거의 9배나 증가했다. 한세실업은 3배 미만이었으며, 태평양물산은 5배 수준이고, 호전실업은 2배를 넘는 수준이다. 규모의 경제를 이룬 기업이 다음 성장을 위해서도 더 유리하다는 점을

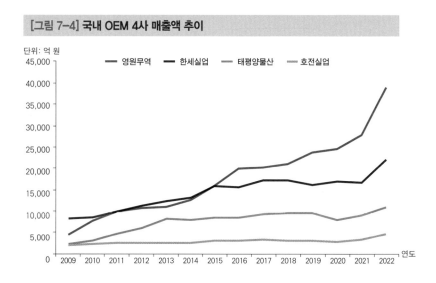

[그림 7-4] 국내 OEM 4사 매출액 추이

알 수 있다.

두 번째로는 제품 구성의 차이다. 앞서 우븐과 니트의 차이를 설명했다. 우븐은 아웃도어나 스포츠웨어에 많이 사용되는 소재로 니트보다 마진이 높다. 제품의 단가 자체가 큰 차이를 보인다. 따라서 영원무역이 한세실업보다 이익률이 높을 수밖에 없다. 심지어 규모가 작은 OEM 회사인 호전실업이 한세실업 수준의 마진을 보이는 이유도 여기에 있다. 또 한 가지 살필 부분이 있다. 의류 산업은 경기에 민감한 편인데, 이는 제품군에 따라 차이를 보인다. 아웃도어와 기능성 의류보다는 캐주얼 의류가 소비 심리 위축을 즉각적으로 반영한다. 이러한 변동성으로 인해 영원무역과 한세실업은 이익의 질에서 차이가 난다.

세 번째는 고객사의 질적 차이다. 주요 글로벌 브랜드사들은 바이어로서 OEM 회사에게 생산을 의뢰할 때 물량을 납기 일정에 더욱 잘 맞출 수 있고 제품의 품질을 더욱 잘 관리할 수 있는 기업을 선호한다. 바이어로서는 기대에 부응한 OEM 회사에게 물량 판매가 많은 주요 품목을 맡기기 마련이다. 그 결과 단일 품목으로서 물량이 많은 볼륨 모델을 맡은 OEM 회사와 물량이 적은 모델을 맡은 OEM 회사는 생산성에서 큰 격차를 보일 수밖에 없다. 따라서 양질의 고객사를 보유한 기업이 이익을 내는 데 더욱 유리한데, 태평양물산은 고객사의 질이 다른 회사보다 떨어지기 때문에 이익의 수준이 낮고 변동성도 큰 편이다.

물론 규모가 다소 작은 의류 OEM 기업들도 투자 기회는 있다. 이익의 안정성은 다소 떨어질지라도 턴어라운드 관점이나 신규고객사를 추가할 때 나타나는 효과가 더 클 수 있기 때문이다. 그러나 장기적으로 양질의 고객사를 중심으로 규모의 경제를 달성하지 못하면 경쟁을 지속하기 어렵다.

한세실업은 과거에 엠케이트렌드라는 회사를 인수하여 자회사 한세엠케이를 만들었다. 하지만 한세엠케이의 의류를 한세실업에서 생산할 수가 없었다. 한세엠케이가 규모가 작기 때문이었다. 당시 한세엠케이는 버카루와 TBJ 등 독자 브랜드와, NBA 라이선스 브랜드 사업을 영위하는 나름 이름 있는 의류 회사였다. 매출이 2,000억 원대에서 3,000억 원대 사이였지만, 글로벌 OEM사가 사업으로 삼기에는 너무 적은 물량이었다.

OEM 산업에서 또 중요한 부분은 대규모 운전자본이 필요하다는 점이다. 자기자본을 비교해보면 차이가 더 명확해진다. 영원무역의 자기자본은 2009년 4,000억 원에서 2022년 3.1조 원으로 7배 넘게 성장했고, 한세실업은 2009년 1,200억 원에서 2022년 5,300억 원으로 4배 넘게 성장했다. 두 회사의 절대적 자본력을 비교하면 6배 가까이 차이가 난다. 규모의 경제와 그로 인하여 자본 관리를 잘한 기업의 실력 차이는 생각보다 크다. 태평양물산은 10년째 자본이 1,000억 원대를 벗어나지 못하고 있고, 호전실업도 비슷한 상황이다. 대규모 자본을 필요로 하는 비즈니스 특성이 있는 상황에서, 이익을 잘 쌓아 순현금만 6,000억 원 이상을 보유한 영원무역의 재무구조가 얼마나 우수한지 잘 알 수 있는 대목이다.

이번에는 다시 글로벌 의류 OEM 강자들과 비교해보자. [그림 7-5]를 보면, 금융위기 이후인 2009년부터 2023년까지 15년간 영업이익률

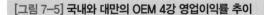

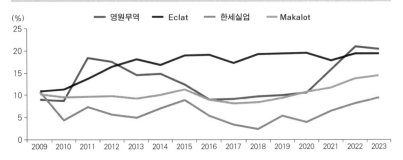

추이를 볼 수 있다. 각 기업의 평균 영업이익률은 에클랏 17.2%, 영원무역 13.4%, 마카롯 10.3%, 한세실업 6.2% 순이다.

제품군 특성상의 차이가 먼저 보인다. 에클랏과 영원무역은 우븐류를 중심으로 생산하기 때문에 영업 마진이 가장 높은 수준이다. 에클랏의 마진이 가장 높은데, 앞서 말한 원단 사업의 후방 수직계열화 외에도 고객사가 영원무역보다 더 다변화되어있어서다. 고객사가 다변화되어 있으면 특정 고객사에게 휘둘리지 않고 자신의 입지대로 영업을 할 수 있다. 마카롯의 마진이 한세실업보다 높은 이유는 앞서 말했듯 스포츠웨어의 비중이 높은 것도 있지만, 에클랏처럼 판매 지역 다변화가 잘 되어있고 원단 사업도 하고 있어서 수직계열화를 이루고 있기 때문이다.

대체적으로 대만 회사들이 한국보다 더 높은 마진을 오랜 기간 유지하고 있는데, 최근에는 한국 회사들의 마진도 높아지고 있다. 이유는 뒤에서 설명하겠다.

앞서 의류 OEM사의 가장 중요한 경쟁력이 '사람'이며, 그 나라의 최저 임금 수준에 따른 인건비와 인력의 경험치에 따른 숙련도가 사업성

[표 7-1] 글로벌 OEM 4사의 지역별 생산 비중

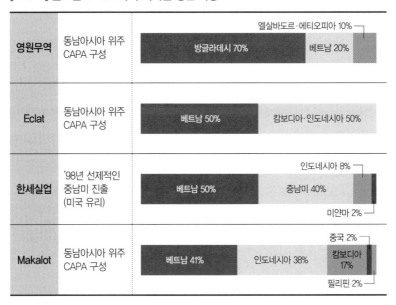

을 좌우한다고 설명했다. 이러한 관점에서 글로벌 OEM 4강 기업의 지역별 생산기지 현황을 살펴보자([표 7-1] 참조). 이미 오래전부터 글로벌 의류 OEM 기업들은 인건비가 싼 지역들로 생산기지를 이전하고 다변화했다. 에클랏, 마카롯, 한세실업은 동남아시아의 대표적 생산기지인 베트남에서 절반 수준의 물량을 생산하고 있다. 에클랏과 마카롯은 인도네시아에도 자리를 잡았는데, 이는 국내 기업 중 호전실업이 인도네시아에도 공장을 두는 것과 전략적 방향이 같다.

눈에 띄는 것은 영원무역의 방글라데시 생산이 매우 높은 비중을 차지하고 있다는 점이다. 방글라데시의 평균 인건비는 베트남의 70~80% 수준이다. 그만큼 인건비 부분에서 영원무역은 경쟁사 대비 우위를 점하고 있다. 한세실업도 중남미로 확장하면서 인건비의 효율성을 높이고자 하는 모습을 보여준다.

여기서 의문이 생긴다. 인건비가 싼 지역에 생산기지를 두는 것이 능사라면 왜 에클랏과 마카롯은 베트남보다 더 싼 지역으로 옮기지 않는 것일까? 인건비도 중요하지만 인력의 숙련도 역시 마찬가지로 중요하기 때문이다. 또한 여러 가지 인프라가 받쳐주지 않으면 고객사로 원활한 공급이 어렵기도 하다. 단순히 인건비가 싼 지역으로 옮겼다가 인력의 숙련도가 떨어져서 불량률이 높아지거나, 제품 생산과 공급을 위한 인프라가 불충분해진다면 낭패를 볼 수 있다. 그래서 인력의 숙련도를 높이는 교육 시스템이 잘 되어있어야 하고 인프라 수준에 대한 판단력이 필요하다. 또한 현지에서 협력 업체들과의 신뢰 관계도 중요하다. 그만큼 지역 다변화는 의류 OEM 회사에게 있어서 가장 중요한 전략적 의사결정이다.

투자 기회:
우량한 기업이 주주환원을 시작할 때

영원무역의 2021년 영업이익률은 21.0%까지 상승하면서 사상 처음으로 에클랏의 영업이익률을 뛰어넘었다. 불과 몇 년 전까지만 하더라도 증권가에서는 영원무역의 마진이 이렇게 높은 수준까지 올라갈 것이라고 예측한 사람은 아무도 없었다. 그 원동력은 무엇이었을까? 그

것은 지속될 수 있는 것일까?

먼저 고객사의 질적 우수함이 느껴진다. 최근까지의 실적 증가에 힘을 실어준 대표적인 고객사는 '요가복의 샤넬'이라는 칭호를 얻고 있는 캐나다 의류 브랜드 룰루레몬Lululemon이다. 룰루레몬은 애슬레저(운동+레저) 유행에 힘입어 엄청난 인기를 누리고 있다. 최근 경기침체에 대한 우려가 있음에도 불구하고 세계적 성장을 이어가고 있다. 애플이 TSMC에 반도체 생산 위탁을 맡기지 않으면 아이폰으로 매출을 올릴 수 없듯이, 룰루레몬도 영원무역 없이는 옷으로 매출을 올릴 수 없다. 영원무역이 의류 OEM 업계의 TSMC라는 평가가 여기서 비롯된다.

영원무역홀딩스의 변화도 눈에 띈다. 지주회사인 영원무역홀딩스는 핵심 자회사인 영원무역 외에도 노스페이스를 판매하는 영원아웃도어를 자회사로 두고 있다. 노스페이스는 과거 중·고등학생들 사이에서 원조 '등골브레이커'로 유명했고, 근래에는 화이트라벨의 인기가 이어지며 장기 성장 브랜드의 면모를 보여주고 있다. 최근 일상생활에서도 캐주얼하게 아웃도어 의류를 입는 '코프코어' 트렌드가 노스페이스의 지속적인 성장을 견인하고 있으며 나아가 아웃도어 OEM 산업의 패러다임 변화까지도 야기하고 있다.

글로벌 브랜드 기업의 OEM사로서 탄탄한 입지, 인건비가 저렴한 제조기지의 생산성, 지속적인 투자를 위한 자본력까지 삼박자를 모두 갖춘 영원무역의 미래는 기대할 만하다고 볼 수 있다.

그렇지만 한국과 대만 의류 OEM 기업들의 밸류에이션 처이는 생각보다 심각하다. 에클랏과 마카롯은 PER 20배 이상을 꾸준히 받고 있는 반면에 한국의 영원무역은 5배도 받지 못하고 있다. 물론 수직계열화가 잘 되어있고 이익의 질을 높은 수준으로 장기간 보여준 대만 기업들이 더 높은 밸류에이션을 받는 것은 자연스러울 수 있다. 하지만 그렇다고 할지라도 이 정도의 밸류에이션 격차는 설명하기 어렵다.

여러 가지 요인이 있겠으나 가장 큰 원인은 역시 코리아 디스카운트와 연관이 있다. 에클랏과 마카롯은 오랜 기간 주주환원에 매우 적극적이었다. 그처럼 자본을 효율적으로 사용한 덕에 ROE가 매우 높은 것이 장점으로 꼽힌다. 여기에 영원무역을 비롯해 한국 기업들이 저평가를 벗어날 단초가 있다.

영원무역의 지배구조와 주주환원 정책에도 변화가 본격화될지 주목해야 한다. 1세대에서 2세대로 경영의 세대교체가 이미 진행되었고 최근 지분 구조와 배당 정책에도 변화가 생기고 있기 때문이다. 특히 영원무역은 연결재무제표 기준 순현금이 1조 원이 넘는 엄청난 순유동자산 가치를 가진 기업 중 하나다. 그만큼 이러한 주주환원에서의 변화가 주가에 미치는 영향도 매우 클 것이다. 이익의 질과 자본의 질이 모두 우수하기 때문에 경기의 변동성이 심해지거나 고금리가 지속되더라도 경쟁 회사 대비 우월함을 꾸준히 가져갈 수 있는 명품 중견 기업으로 손색이 없어 보인다.

8장

유형5: 전통 산업에 속한 기업

전통 산업에서도
큰 투자 기회가 있다

일반적으로 전통 산업은 제조업, 광업, 농업 등과 같은 분야를 이른다. 어떤 이들은 IT, 바이오, 콘텐츠, 인공지능, 로봇 등 미래 산업이라고 불리는 영역을 제외한 모든 제조업을 통틀어 전통 산업으로 간주한다. 그러나 여기서 내가 말하는 전통 산업은 현대 사회의 제조업보다 역사가 더 오래된 '찐' 전통 산업을 가리킨다. 예를 들어 제지, 시멘트, 방직, 축산과 같은 산업이다. 더 이상 먹을 게 없는 산업이라 여겨지는가? 다음의 내용을 읽고 나면 생각이 달라질 것이다.

실제로 많은 투자자가 전통 산업에는 별로 관심이 없다. 이 산업들은 성숙기에 도달한 지 이미 오래되었고 혁신이 일어나기 어렵기 때문에 모멘텀이 없다고 여긴다. 하지만 이것은 큰 오해다. 이유는 다음과 같다.

첫째, 요즘 시대에 산업의 융·복합은 대상이 정해져있지 않다. 오래된 산업이라고 해서 낙후되기만 한 것은 아니고, 새로운 산업이라고 해서 바로 큰 경제적 부가가치를 낳는 것도 아니다. 예를 들어, 요즘은 돼지고기가 유통될 때 무선 주파수를 이용하여 제품을 식별하는 RFID 기술과 빅데이터 분석이 활용되고 있다. 소비자의 밥상에서도 어느 지역 농장에서 만든 상품인지 알 수 있고, 실시간 위치 추적을 통해 냉장 및 냉동 상태를 철저하게 관리하여 품질을 높이며, 돼지고기의 유통 네트워크를 최적화하는 노력까지 진행 중이다. 이는 결국 소비자에게 품질의 신뢰성을 높이면서 기업의 비용은 감소시키게 될 것이다.

둘째, 전통 산업 내에서 살아남은 기업들은 상당히 높은 영업이익률을 보이고 있다. 시멘트와 제지 상위 업체들은 OPM, 즉 영업이익률이 10% 내외 수준으로, 제조업 평균 수준이 3~5% 수준임을 고려할 때 상당한 수익성을 보여준다. 이는 이 산업이 그만큼 높은 경제적 부가가치를 지닌다는 말이다. 전통 산업에 대한 고정관념을 생각해보면 의외의 결과다. 나 같은 투자자들이 이 분야에서 수익을 쉽게 낼 수 있는 것은 시장에 전통 산업에 대한 편견이 존재하기 때문인지도 모른다.

전통 산업에서 어떻게 쉽게 수익을 낼 수 있다는 것일까? 바로 사이클이 존재하기 때문이다. 게다가 전통 산업 내에는 신규 투자도 거의 없다. 따라서 수요와 공급이 조금만 틀어져도 기업이 손쉽게 추가 이익을 낼 수 있는 기회가 온다.

사례1

시멘트 산업 내 컨솔리데이션 흐름

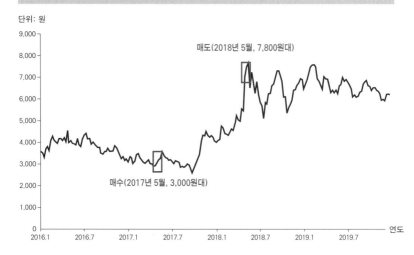

[그림 8-1] 쌍용C&E 주가 그래프(2016~2019년)

단위: 원

매도(2018년 5월, 7,800원대)

매수(2017년 5월, 3,000원대)

연도

업황 개요:
7강에서 3강 체제로

시멘트 산업은 1960년대부터 한국에 뿌리를 내렸다. 초기에는 큰 고정비 투자와 지역 분할이라는 특성으로 사업자의 수가 많지 않았다. 쌍용, 한일, 아세아, 성신, 한라, 동양, 현대 등의 7개 시멘트사가 크게 성장해왔는데, 2010년대에 들어와서 7강 체제가 큰 변화를 맞게 됐다.

먼저 2008년 글로벌 금융위기 이후 경제가 어려워지면서 재무구조가 좋지 못한 시멘트 회사들이 공장들을 매물로 내놓았다. 그 결과 2011년 한일시멘트가 성신양회의 부천공장을 인수하면서 업종 내 M&A 흐름이 시작되었다. 우여곡절 끝에 2017년에는 그동안 지속적으로 불거졌던 대규모 인수합병이 줄줄이 성사되었다. 한일시멘트가 현대시멘트를, 아세아시멘트가 한라시멘트를, 쌍용양회가 대한시멘트를 인수했다. 이때의 변화로 쌍용, 한일, 아세아까지, 현재의 시멘트 3강 구도가 만들어졌다. 전체 플레이어 수도 5개 사로 줄면서 시멘트사들은 구조적인 변화를 맞이하게 됐다.

산업 이야기:
이익의 질을 바꾸는 산업 내 컨솔리데이션

앞에서 Q·P·C 분석법을 소개하면서 시멘트 산업의 기초는 설명했기

때문에 이번에는 시멘트 산업의 전방과 경쟁 구도에 대해서 말하고자
한다.

시멘트는 '시멘트사-레미콘사-건설사'로 가치사슬이 형성돼있다.
가격을 올리고자 하면 세 주체별로 늘 갈등이 생긴다. 시멘트의 기초
원재료인 유연탄 가격이 오르면 시멘트사는 원가 상승에 따라서 판매
단가를 올리고자 한다. 하지만 레미콘사 입장에서는 시멘트 가격 상승
이 원가 상승으로 연결되기 때문에 건설사를 상대로 레미콘 가격을 올
려야 하는 부담이 뒤따른다. 과거부터 세 주체 가운데 건설사의 영향력
이 가장 강했기 때문에 '유연탄-시멘트-레미콘' 순서로 가격이 올라가
는 과정은 늘 순탄치 않았다.

그러나 여기에 변화를 준 것이 앞서 설명한 기업 간 인수합병이 진
행되면서 발생된 컨솔리데이션Consolidation이다. 이는 '산업 내 통합 또는
강화'를 이르는 말로, 상위 업체들이 하위 업체들의 시장점유율을 흡수
하면서 상위 소수 기업들의 산업 내 영향력이 커지는 현상을 말한다.

나는 2014년에 시멘트 산업을 공부하면서 한 가지 재미있는 현상을
발견했다. 대다수 선진국 내 시멘트 산업이 성숙기에 도달하여, 경쟁
기업의 수가 5개 이하로 줄거나 상위 3사의 시장점유율이 60~70% 수
준에 다다르게 되면, 시멘트 회사 간의 경쟁 강도가 매우 약해지고 가
격 협상력이 강화된다는 점이었다.

글로벌 시멘트 회사인 라파즈를 통해서도 이 부분을 확인할 수 있
다. 프랑스의 라파즈Lafarge 그룹은 1998년에 한국에서 한라시멘트를
인수하여 라파즈한라시멘트로 운영하다가 2016년에 사모펀드에 매각

했다. 이것을 다시 아세아시멘트가 인수했다. 짐작건대 라파즈 그룹은 한국의 시멘트 산업이 성숙기에 접어들어 컨솔리데이션 현상으로 상위 소수 기업이 점유율을 높여갈 것을 예상했던 것 같다. 실제로 국내 시멘트 업계의 재편 이후 상위 3사의 시장점유율은 47%에서 65% 수준으로 높아졌다.

컨솔리데이션은 동종업계에서만 발생하는 것이 아니다. 앞서 설명했듯 시멘트 회사와 레미콘 회사는 전후방 관계에 있어서 밀접한 접점이 있고, 레미콘 회사들 또한 후방산업인 시멘트 회사까지 영역을 확장하는 데 관심이 있다. 레미콘 기업인 삼표가 동양시멘트를 인수한 것과, 레미콘 1위 사인 유진기업이 시멘트사 인수에 관심을 보인 것도 업종 내 컨솔리데이션의 흐름이다. 물론 레미콘 산업은 기업들만 수십 개이고, 상위 시멘트사들은 대부분 레미콘 사업도 같이 운영하고 있다. 따라서 헤게모니는 레미콘 회사보다는 시멘트 회사에 있다.

중요한 것은 이러한 시멘트-레미콘 산업의 컨솔리데이션이 상위 업체들의 시장점유율을 높여 Q가 성장하고, 가격 협상력 강화로 P-C 스프레드의 수익성이 좋아지면서 이익 성장을 한 단계 높였다는 사실이다. 그 결과 이 기업들은 10년 전보다도 높고 안정적인 수익을 내고 있다. 성숙산업에 속한 기업의 이익이 성장하지 못할 것이라는 시장의 편견과 다르게 말이다.

퍼포먼스:
재무적 우위가 시장점유율 우위로 작용하는 전통 산업

나는 지난 10년 동안 여러 시멘트 회사에 2~3년에 한 번씩은 투자를 해왔고, 그 결과는 편안하게 수익으로 연결되었다. 모든 투자 시기는 시멘트의 가격 인상과 맞물렸다. 2014년에 가격 인상이 있었고, 2017년에는 시멘트 기업들의 인수합병이 진행되면서 실제 판매가의 할인율이 많이 축소되었다. 2021~2022년에는 전방 수요가 양호한 상황에서 글로벌 인플레이션의 영향으로 2년 연속 가격 인상이 있었다.

지난 10년을 보면 역시 업계 컨솔리데이션의 영향이 눈에 띈다. 과거부터 건설사, 레미콘사, 시멘트사 세 주체의 신경전은 항상 치열했다. 전방에 가격 전가를 하기가 어려운데다 다수의 시멘트 회사들이 경쟁하다 보니 가격 인상이 어려웠다. 그러나 산업 컨솔리데이션이 이루어지면서 가격 인상이 수월해졌다.

나는 투자할 시멘트 회사를 고를 때 재무구조를 가장 중요하게 여겼다. 타 기업을 인수할 때 돈이 많은 기업이 유리함은 당연한 것이고, 인수 이후에도 후유증이 적으려면 지나친 재무 레버리지를 쓰지 않아야 하기 때문이다. 그래서 예전부터 순유동자산의 가치가 풍부했던 한일시멘트와 아세아시멘트를 선호했다. 두 회사 모두 강남 주요 지역에 본사 빌딩을 소유하고 있을 정도로 자산가치도 컸다.

한일시멘트는 예전부터 시멘트, 레미콘, 몰탈◆ 3가지 사업부를 모두

◆ 시멘트에 모래와 물을 섞어서 만드는 제품.

보유하여 다른 시멘트사들보다 산업 내 포트폴리오가 잘 갖추어진 회사다. 몰탈 사업부의 경우에는 한일시멘트가 국내 과점 사업자다. 과거에는 독과점적인 지위를 가지고 있다가 삼표가 새로 진출한 뒤에는 과점 수준으로 내려왔다. 하지만 여전히 1위 사업자이며, 나머지는 삼표와 아세아가 담당한다.

한일시멘트는 2018년 인적분할을 통해서 지주사 체제를 확립했고, 이후로 배당을 기존보다 크게 높이는 정책을 가져가면서 주주환원율을 높였다. 현대시멘트를 인수하면서 부채가 증가했으나, 자본이 풍부한 회사였기 때문에 고배당을 하면서도 부채비율을 감소시키고 있다. 시멘트 회사 중에서 자본력과 주주환원의 안정성이 돋보인다.

아세아시멘트는 과거에는 한일이나 쌍용보다 규모가 작았지만, 수익성 중심의 단단함이 있었기 때문에 꾸준하게 자본이 성장했다. 그러다가 2017년에 시멘트 시장점유율이 더 큰 한라시멘트를 인수하면서 3강 자리에 올랐다. 자연히 부채가 커짐에 따라서 재무구조에 부담이 생겼으나, 수준을 높인 현금흐름으로 부채비율을 감소시킬 계획이다. 최근에는 모회사인 아세아의 주주환원 정책이 매우 강화되면서 아세아시멘트의 주주환원도 증대되고 있기에 장기투자자들에게 환영받고 있다.

쌍용C&E는 쌍용그룹이 IMF 때 무너지면서 산업은행 채권단과 일본 태평양시멘트가 보유하고 있다가, 2015년 사모펀드인 한앤컴퍼니가 인수하면서 회사에 큰 변화가 생겼다. 당시 쌍용양회는 재무구조가 매우 좋지 않은 편이었다. 그러나 당시 시멘트 산업이 좋아지는 사이클에 있었고, 사모펀드답게 회사 구조조정을 본격화하면서 불필요한 비영업자산을 매각하여 재무구조가 제법 개선되었다. 이러한 흐름을 지켜보면서 재무구조가 좋은 시멘트 회사들에 주로 투자했던 나도 이 회사에 관심을 가지면서 조금씩 투자하게 되었다([그림 8-1] 참조).

2017년에 나는 이제까지 가장 큰 규모의 시멘트 업종 투자를 실시했다. 그동안 기다려왔던 업종 컨솔리데이션이 진행되고 있다고 판단했기 때문이다. 당시 한일시멘트, 아세아시멘트, 쌍용양회 3종목을 펀드에 보유했다. 여의도 기관투자자들 중에서도 이렇게 시멘트 산업에 여러 종목을 투자하고 있는 펀드는 찾을 수 없었다.

당시 쌍용양회에 한 가지 더 호재가 생겼다. 바로 주주환원 용도의 자본배분 변화였다. 2015년까지 배당을 실시하지 못하던 쌍용양회는 2016년 160원으로 시작한 배당금을 2017년 1,070원으로 7배 가까이 폭발적으로 늘리면서 시장에서 엄청난 반향을 일으켰다. 투자 초기에 2017년치 배당수익률을 1% 중반으로 예상했는데 결과적으로 10%를 넘겼다. 그 결과 3,000원을 하회하던 주가가 반년 만에 9,000원까지 3배가 오르는 기염을 토해냈다.◆ 초고배당보다도 시장에서 더 호평받았던 것은 국내 주식시장 최초로 분기배당이 탄생했다는 점이었다. 당시 다른 기업들이 하지 못했던 과감한 자본정책 변화를 일으킨 것은 사모펀드였기 때문에 가능했을지도 모른다.

이때의 투자로 나는 펀드에서 2배 이상의 수익을 냈다. 이때부터 기

◆ 2018년 5:1로 액면분할을 했기 때문에 당시 주가와 현재는 차이가 있다.

관 펀드들 중 특히 배당 펀드에서는 쌍용양회가 필수 종목으로 자리잡으면서 저평가를 빠르게 벗어나게 되었다.

쌍용양회는 배당 이후에도 환경오염 문제에 있어 선도적인 변화를 보여주고 있다. 순환자원 처리시설을 도입하면서 탄소배출을 야기하는 유연탄 사용의 감소와 탄소배출권 판매가 가능하게 되었고, 최근에는 폐플라스틱과 같은 폐기물을 연소하여 공장을 가동함으로써 환경 폐기물도 처리하는 기능도 가지게 되었다. 이제는 다른 시멘트 회사들도 친환경적인 요소를 마련하기 위해 변화를 시도하고 있다.

기업은 늘 변화하는 것 같다. 변화하지 않는 것은 과거에 묶여있는 투자자다.

투자 기회:
시멘트 산업의 기회는 가격 인상이 이루어질 때

시멘트 산업을 통해서 산업 내 컨솔리데이션의 효과와 재무구조 우위 기업들의 미래가치 증대 사례를 충분히 확인했을 것이다. 이제 시멘트 산업에서 3강 체제의 컨솔리데이션 이후 추가적인 컨솔리데이션은 당분간 없으리라고 본다. 주요 시멘트 회사들은 지난 인수합병에 큰 자본을 투하하여 이제는 재무구조를 안정화시켜야 하는 단계이기 때문이다. 쌍용C&E는 최근에 쌍용레미콘을 매각한다고 발표했다. 고금리가 당분간 지속될 상황이기 때문에 주주환원 정책을 유지하기 위해서는 추가적인 재무구조 개선이 필요했을 것이다. 다음의 시장점유율 싸움을 위해서라도 시멘트 회사에게는 자본 확충과 재무구조의 건전함이 핵심이다. 또한 주주환원도 강화되는 추세이기 때문에 이 과정에서 투자자에 의한 시멘트 회사들의 비교우위가 가려질 것이다.

최근 2023년 4분기부터 또 한 번 가격 인상이 이루어지고 있다. 3년 연속 가격 인상은 과거에는 생각해보지도 못한 현상이다. 2014년의 가격 인상 이후 다음 인상이 있기까지 7년이 걸린 것을 떠올려보자. 물론 이번 인상으로 당분간은 가격 상승이 일단락될 것 같다. 그렇지만 시멘트 산업에서의 Q·P·C는 명확하고 분석하기 쉬우므로 Q·P·C의 변화에 따라 투자 아이디어는 얼마든지 생길 수 있다.

사례2

제지 산업의 이익 스프레드 변화

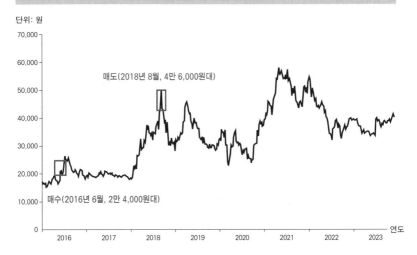

[그림 8-2] 아세아제지 주가 그래프(2016~2023년)

단위: 원

매도(2018년 8월, 4만 6,000원대)

매수(2016년 6월, 2만 4,000원대)

연도

업황 개요:
사양 산업 내 유일한 성장 아이템

종이는 중국 역사의 4대 발명품 중 하나일 정도로 오래된 제품이다. 근현대 사회를 거치며 종이도 현재의 제지업까지 발전해왔지만, 산업의 디지털화에 따라 종이 산업의 수요는 지속적으로 감소하고 있다. 국내의 대표적인 제지 회사들도 인쇄용지와 산업용지의 국내 수요 하락으로 수출을 늘리면서 대응하고 있지만, 글로벌 수요도 감소하고 있기에 어려운 상황이다. 소수의 기업이 특수용지에서 매출을 늘려가고 있으나 경쟁 요인을 고려하면 녹록지 않다.

이렇게 수요가 꾸준하게 하락하는 종이 산업에서 오직 한 분야만이 수요 성장을 지속하고 있다. 바로 골판지다. 골판지는 주로 택배 상자를 만들 때 쓴다. 기술이 아무리 발전했어도 아직 종이보다 더 싸고 가볍고 재활용까지 가능한 포장 수단은 없다. 온라인 배송과 배달 문화의 발달로 골판지 수요는 앞으로도 더욱 증가할 가능성이 크다. 골판지가 다른 제지들과 다르게 가지고 있는 장점이 또 있는데, 이는 뒤에서 자세히 설명하겠다.

산업 개요:
가격 전가가 용이한 전통 산업은 이익 예측이 쉽다

골판지는 어떻게 만들어질까? 우선 고지(폐지)를 주요 원재료로 골판지 원지를 만들고, 다음으로 골판지 원단과 상자를 만든다. 여기서 원재료에 주목해야 한다. 다른 일반적인 제지 과정에서는 펄프pulp◆를 많이 쓴다. 펄프는 원가가 높고 가격 변동이 클 뿐만 아니라 수입에 의존하므로 환율 변동까지 감당해야 한다. 이익의 변동성이 큰 데다 수요까지 감소하는 추세여서 가격 전가가 제한적이다. 반면 골판지는 국내에서 값싼 고지를 수급해서 사용하기 때문에 수익성이 좋고 예측도 가능하다.

골판지 원지는 상위 업체들을 중심으로 과점화되어 있어서 가격 전가가 쉬운 편이다. 상위 업체들의 과점화는 꾸준하게 진행되어왔기 때문에 예전보다 경기에 대한 민감도가 낮아졌고 수익성도 강화되었다. 이는 시멘트와 비슷한 지점이다.

국내 5대 골판지 업체는 아세아, 신대양, 태림, 한국수출포장, 삼보다. 골판지 상위 업체별로 원지가 중심이면서 원단과 상자를 같이 취급하는 회사가 있고, 원단과 상자가 중심이면서 원지를 같이 취급하는 회사가 있는데, 전자의 경제적 부가가치가 더 높다.

2018년 중국의 폐기물 수입 금지 조치는 국내 골판지 산업에 또 다른

◆ 기계적·화학적 처리에 의하여 식물체의 섬유를 추출한 것. 섬유나 종이 따위의 원료로 쓴다.

긍정적인 영향을 주었다. 이전까지 중국은 전 세계 최대의 폐기물 수입국이었으나, 폐기물 수입을 금지하면서 국내에서 중국으로 가던 고지가 국내에 남아돌게 되었고, 덕분에 고지 가격이 하향 안정화되었다. 결국 국내 골판지 원지 업체들의 스프레드가 상승하면서 이익이 과거 대비 크게 증가하는 모습을 보였다. 이후로도 국내 '고지-원지 스프레드'는 과거보다 좋은 모습을 유지하고 있으며, 골판지는 수요가 성장하는 산업이기에 상위 업체들은 더욱 안정적인 이익을 낼 수 있게 됐다.

골판지 산업의 수요와 공급을 보면 골판지 원지 기준으로는 공급이 제한적인 가운데 수요는 꾸준하므로 평소 스프레드는 안정적이다. 오히려 공급 쪽에서 이슈가 있을 때마다 골판지 기업들에게 스프레드 확대 기회를 주었는데, 이는 다음에서 소개하겠다.

퍼포먼스:
잉여현금흐름이 큰 기업은
투자와 대규모 주주환원을 동시에 할 수 있다

아세아제지는 골판지 업체 중에서 매출과 이익의 규모가 가장 크다. 제품군 중에서 부가가치가 높은 표면지 외에도 수출용으로 수익성이 좋은 석고 원지를 만드는 국내 유일한 기업이기 때문에 포지션이 가장 뛰어나다.

10년 전에는 지금보다 경기에 조금 더 민감한 상태였기 때문에 나는 스프레드 확대 구간에서만 펀드에서 주로 투자했고, 목표 수익률을 높게 잡지는 않았기 때문에 적정 수익을 올리는 것이 어렵지 않았다([그림 8-2] 참조). 이후로는 앞서 언급한 것처럼 상위 업체의 과점화가 이루어졌으며 중국의 폐기물 수입 금지 조치로 인하여 이익의 안정성이 매우 높아진 상태였기 때문에 투자하기가 더 편해졌다. 그리고 2023년 4월 아세아제지는 대규모 신규시설투자를 발표하면서 산업 내 경쟁 기업 가운데 가장 활발한 투자를 시작했다. 이는 미래 성장 동력의 발판을 마련한 셈이었다.

최근에는 주주환원과 관련해서도 주목해야 하는 상황이 만들어졌다. 지주회사인 아세아에서부터 시작한 주주환원 강화 정책이 아세아제지로도 확산되고 있어서다. 실제로 2023년 7월에 4년간의 중장기 주주환원 정책을 발표했다. 먼저 배당금을 크게 증액하면서 분기 배당도 처음으로 시행한다. 또한 큰 규모의 자사주의 매입과 더불어 소각까지 연도별로 계획을 발표하면서 주주의 가치를 증대시키는 구체적인 의지를 보였다. 또한 주식분할까지도 수반한다.

더 주목해야 할 것은 이 기업이 이렇게 움직일 수 있는 원동력이다. 대규모 투자를 하면서 주주환원 정책까지 동시에 강화하는 행위는 아세아제지가 이제까지 쌓아온 이익잉여금이 크고, 잉여현금흐름 FCF 이 풍부하기 때문에 가능한 것이다. 즉 이 기업의 자산가치와 수익가치가 모두 크다는 의미다. 주주환원이 크게 강화되는 기업들의 미래는 주목할 만하다.

신대양제지(당시 대양제지)는 이벤트로 기억에 남은 기업이다. 회사

공장에 큰 화재가 발생하면서 나와 투자의 인연을 맺었다. 이 회사도 이익 규모로 볼 때 아세아제지와 더불어 골판지 원지 비중이 높은 톱 2 기업으로 볼 수 있다. 하지만 과거에는 투자자의 탐방을 받지 않았기 때문에 투자하지 않았다.

2016년 이 회사는 시화 공장에 불이 나면서 골판지 원지 생산에 큰 타격을 입었다. 화재는 회사에게 당연히 악재였으나, 산업 전체로 보면 호재였다. 공급이 제한되어있는 산업에서 주요 업체의 공장에 불이 났으니 공급이 부족해진 것이다. 원지의 가격이 크게 오르면서 골판지 회사들은 모두 수혜를 보았고 나도 이때 아세아제지를 보유한 상태에서 큰 수익을 냈다.

이때 나는 역발상으로 악재가 터진 신대양제지에도 투자했다. 예전부터 아세아제지에 자주 탐방을 가곤 했는데, 이런 얘기를 들었다. 아세아제지와 신대양제지는 경쟁사지만, 회사끼리 관계가 좋아서 고객사에 물량을 공급하기 어려울 때는 대신 서로 물량을 맞추어주기도 하는 등 협력 관계를 맺고 있기도 하다는 것이었다. 아니나다를까 이번에도 신대양제지가 화재로 고객사에 공급을 맞추기 어려운 상황이 되자 아세아제지가 도움을 주었고, 신대양제지는 반년 만에 신규 설비로 공장을 재가동하면서 고객사 물량을 유지할 수 있었다.

골판지 회사들의 제조설비는 대부분 매우 오래된 편이어서 기계의 효율이 낮은 편인데, 신대양제지는 신규 설비를 가동하며 생산성이 향상되어 다음 해에 최고의 실적을 기록하게 되었다. 물론 고객사가 뒷받침되었기 때문에 가능한 일이었다. 신규 설비는 감가상각비가 새로 반영되기 때문에 높은 가동률이 뒷받침되지 않으면 높은 마진을 얻기가 어렵다.

그런데 2020년, 이번에는 신대양제지의 자회사인 대양제지의 안산 공장에 큰 화재가 발생하면서 공장이 전소되는 일이 발생했다. 이전 화재는 설비 라인의 화재였기 때문에 복구가 빨랐다. 하지만 이번에는 공장이 전소되는 화재였다. 하필 코로나 발생으로 여러 산업에서 설비 병목화 현상이 일어나던 시기였다. 골판지 생산 설비를 독일회사가 만들었는데, 발주해도 제작까지 긴 시간이 필요했다. 그 후로도 공장 재건을 위한 계획이 제대로 실행되지 않으면서 아직 복구가 시작되지 못한 상황이다.◆ 대양제지의 생산능력이 상실되면서 골판지 시장에서는 공급이 다시 부족해졌고, 다른 골판지 업체들은 다시 한번 수혜를 받았다.

투자 기회:
무형자산보다 유형자산의 강점이 드러날 때

골판지는 제지 산업 가운데 유일하게 수요가 성장하는 분야이고, 골판지 원지 상위 업체들의 과점화와 더불어 중국 폐기물 수입 금지 조치와 국내 기업의 화재 사고 등이 이어지면서 과거보다 높아진 수익성이 향후에도 이어질 것으로 보인다.

◆ 2023년 12월 말 기준으로 대양제지는 상장폐지 수순을 밟고 있다.

골판지는 국내 고지 회수율이 85%나 되고 순환자원적 측면에서 원재료 가격이 저렴하기 때문에 지속적인 성장이 가능하다. 제조업에서, 그것도 전통 산업에서 영업이익률 10% 내외를 기록한다는 것은 수익성이 상당히 높은 편에 속한다. 주식시장에서 ROE가 높은 기업들의 주가는 항상 좋은 결과를 낳았다는 것을 잊지 말자.

기본적으로 경기도 중요하기 때문에 산업 전반적인 경기 상황도 고려해야 할 것이다. 또한 골판지 원지는 상위 업체들의 과점화가 이루어져있지만, 골판지 원단/상자 분야는 군소업체들이 상당히 많기 때문에 이 분야에서도 장기적으로 상위 업체 과점화가 이루어지는지 살펴볼 일이다. 그리고 잉여현금흐름이 과거보다 높아졌기 때문에 주주환원에 신경 쓰는 기업에는 더 큰 기회가 있을 것이다.

시멘트 산업과 제지 산업의 특성과 함께 개별 산업의 수요와 공급을 살펴보았다. 인플레이션 시대에 가격 전가가 가능한 기업들은 기본적으로 투자 관심 대상으로 봐도 좋을 듯하다. 그게 전통 산업인지 신규 산업인지는 중요하지 않다. 높은 인플레이션으로 과거보다 모든 투자와 비용이 더 크게 수반되기 때문에, 신규로 더 비싸게 투자를 하는 기업보다는 과거에 모든 투자를 끝내고 감가상각비 부담도 없는 기업이 오히려 유리한 구간이라는 생각이 든다.

금융위기 이후로 십수 년 만에 금리가 높아졌다. 업종에 무관하게 산업 내 경쟁우위의 기업들이 유형자산의 가치가 높아진 이점을 누릴 시기가 도래한 것일지도 모르겠다.

9장

유형6: 가치주에서 성장주로
진화하는 기업

가치주에서 성장주로 진화하는 기업은
가치투자의 최종병기다

　　다른 여러 투자자처럼 나 또한 투자하기에 좋은 기업을 찾아내고자 오랜 기간 부단히 노력해왔다. 이 과정에서 느낀 것은 '세상에는 정말 다양한 산업과 기업이 있고, 그들의 성장 스토리는 저마다 다르다'는 점이다. 거기에 투자자 또한 기질과 특성이 다르고 투자 기간이나 기대 수익률도 다르기 때문에 '이 기업이 절대적인 투자처다'라고 말할 수는 없는 노릇이다.

　　다만 투자자 개인들은 시간이 흐를수록 지식과 경험이 누적되면서 가장 선호하는 타입의 투자 대상이라는 것이 생긴다. 누군가 "가장 선호하는 투자 대상은 무엇인가요?"라고 묻는다면, 나는 단연코 "가치주에서 성장주로 진화하는 기업입니다"라고 답변할 것이다. 이러한 기업을 찾는 것이 내가 주식투자를 하면서 이루고 싶은 가장 큰 목표이자 가장 큰 즐거움이다. 개인적으로는 가치투자의 최고 경지가 이것이라고 생각한다.

나의 투자 가치관에서는 '반복 가능한 수익과 이로 인해 수반되는 복리 효과에 의한 5년, 10년 단위의 부의 창출'을 가장 중요시한다. 복리 효과를 보려면 잃지 않으며 꾸준한 수익을 내야 하고, 따라서 안전마진을 가장 중요하게 고려한다. 글로벌 경제 쇼크 현상이나 전쟁 같은 이슈를 예측하고 맞출 수 있는 사람은 없다. 결국 무슨 일이 일어나더라도 기업이 흔들리지 않고 주가가 회복될 수 있는 강력한 보호 장치가 있어야 했다. 나에게 그 장치는 기업이 가지고 있는 수익가치와 자산가치였다.

PER, PBR과 같은 전통적인 기업 가치 평가 지표들은 가치주뿐만 아니라 모든 기업에 여전히 적용 가능하다. 물론 저PER, 저PBR 기업들은 대체로 성장성이 부족하여 시장에서 저평가를 받는 경우가 많다. 그러나 이 기업들에 성장성이 더해지는 시기에는 주가에도 큰 변화가 생긴다.

여기서 말하는 성장성이 단순히 몇 분기 혹은 몇 년 정도에 그치는 것이라면 주가 상승에도 한계는 있다. 그리고 다시 성장성이 낮아지거나 정체되는 국면에서는 저평가를 받는 시기가 찾아온다. 그런데 만약 장기 성장성이 더해진다면? 시장에서의 평가는 그야말로 극적으로 뒤바뀐다.

가치주와 성장주를 나누는 이분법을 나는 정말 싫어한다. 같은 기업이라도 시기에 따라 성장주로 불릴 때도 있고 가치주로 분류될 때도 있다. 예를 들어 "삼성전자는 가치주인가, 성장주인가?"라는 질문에 나는 "삼성전자와 같은 복합기업도 이익의 핵심은 반도체가 결정하기 때문에 반도체 업사이클에서는 성장주지만, 반도체 사이클 하락 국면에서는 경기민감 산업주의 특성을 보인다"고 답한다. 동일한 기업을 놓고도 무엇이라 딱 정하기가 어렵다는 것이다.

홈쇼핑 기업은 과거 10년 전만 해도 소비자 플랫폼 가운데 가장 높은 평가를 받는 성장주였다. 그러나 현재는 성숙산업에 속하여 순현금성 자산과 수익가치 대비 큰 저평가를 받는다. 실제로 과거에는 상장된 홈쇼핑 기업이 여러 개였으나, 2018년에 CJ 오쇼핑은 CJ E&M에 흡수되었고 2021년에는 GS홈쇼핑이 GS리테일에, NS홈쇼핑은 하림지주에 각각 합병되었다. 이제 상장회사는 현대홈쇼핑 하나가 남았을 뿐이다. 이마저도 현대백화점 그룹의 지배구조 개편 과정에서 어찌 될지 모를 일이다.

기업의 본질 가치는 중요하다. 그러나 요즘 시대에는 기업에 대한 편견과 이분법이 더욱 강해지면서 가치주와 성장주의 밸류에이션 갭이 어느 때보다도 극단적으로 벌어져있다. 그러나 나는 오히려 이런 시기에 가치주에서 성장주로 진화하는 기업이 더 돋보일 수 있다고 생각한다.

사례1

전통 소재에서
신성장 소재로 탈바꿈한 기업

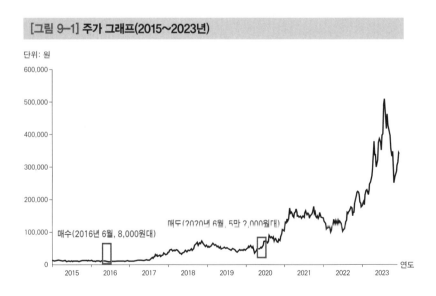

[그림 9-1] 주가 그래프(2015~2023년)

단위: 원

매수(2016년 6월, 8,000원대)

매두(2020년 6월, 5만 2,000원대)

연도

2015 2016 2017 2018 2019 2020 2021 2022 2023

첫 번째 사례는 철강 산업에서 사용하는 소재를 제조하는 회사로 오랜 기간 저평가를 받아온 기업이다. 그러나 신소재를 10년간 준비한 끝에 이제는 전혀 다른 분야에서 해당 산업을 대표하는 기업 중 하나로 투자자들에게 큰 성장가치를 인정받고 있다. 자회사인 이 기업이 받은 밸류에이션은 모회사를 훨씬 뛰어넘었다. 이 회사는 대체 어떤 변화의 과정을 거친 것일까?

기업 개요:
철강 소재 기업의 환골탈태

이 기업의 이름은 포스코퓨처엠이다. 포스코퓨처엠은 1971년에 포스코켐텍이라는 이름으로 포스코의 자회사로서 설립됐다. 이 회사는 모회사의 비즈니스 구조 속에서 고로 등 철강 생산에 있어서 필수재인 내화물* 생산과, 생석회 제조 등의 화성 사업을 주력으로 하는 사업을 운영했다.

수십 년간 내화물 전문회사로 지내왔지만, 2020년 이후로는 이 회사를 철강 내 필수소재 회사로 인식하는 투자자들은 거의 없을 것이다. 포스코퓨처엠은 기존 사업의 풍부한 현금흐름과 그동안 쌓아온 자산을 기반으로 10년 전부터 신규 투자를 활발하게 진행했다.

◆ 1,000도 이상의 고온에 견딜 수 있는 비금속 재료.

이제는 전통 산업에서 벗어나 신성장동력으로 음극재와 양극재 등 2차전지 내 대표적인 소재 회사로서 높은 가치평가를 받고 있다. 사명도 기존의 포스코켐텍에서 포스코케미칼을 거쳐 포스코퓨처엠으로 바꾸면서 이제는 2차전지 소재 회사로 투자자들의 머릿속에 완벽히 자리잡았다. 포스코퓨처엠POSCO Future M 의 M은 Materials의 약자로, 미래의 소재 회사가 되겠다는 회사의 의지가 투영된 것이다.

탐방 회상:
신사업의 기반은 기존 사업의 현금흐름

포스코퓨처엠은 예전부터 꾸준하게 기관투자자들에게 NDRNon-deal Roadshow 미팅을 와주었기 때문에 편하게 회사에서 볼 수 있었다. 2014년부터 매번 만날 때마다 기업의 펀더멘털은 매우 굳건한 편이고, 음극재와 JVJoint venture, 합작법인 자회사 피엠씨텍의 신규 사업 전망이 좋아 보였다. 하지만 주식시장에서는 저평가 기업으로 고정시키곤 했다. 이는 모회사인 포스코 중심의 비즈니스에 속한 기업이라는 인식이 있었기 때문이었다. 오랜 기간 저평가를 받았던 내력이 한편으로 이해되기도 했지만, 저평가의 수준이 과도하다는 생각이 들었다. 당시 순현금의 우량한 재무구조에 영업이익도 1,000억 원 내외일 정도로 수익가치도 괜찮았기 때문이나.

포스코퓨처엠은 시장의 저평가에 상관하지 않고 음극재와 같은 신소재를 개발하는 한편 확장을 준비하며 경험치를 쌓아나갔다. 당시 LG화학 내에서 중국기업 BTR이 가장 높은 점유율을 갖고 있었으나, 포스코퓨처엠이 침투하고서 몇 년 후에는 고객사 내 퍼스트 벤더로 가장 높은 점유율을 가져갔다. 이후 삼성SDI 쪽으로도 공급을 시작하며 글로벌 경쟁자들과의 경쟁에서 후발주자로 안착하는 모습을 보여줬다. 결국 음극재에 대한 오랜 레퍼런스를 기반으로 양극재까지 확장하면서 2차전지 소재 회사로서 현재에는 글로벌 포지션을 인정받고 있다.

오늘날의 2차전지 소재 대표주로 인정받는 포스코퓨처엠의 현재 모습은 단순히 2차전지가 성장산업으로 각광받기 시작할 때 남들과 같이 뛰어들어서 얻어낸 것이 아니다. 이 회사는 이미 10년 전부터 국내에서 유일하게 음극재 사업을 개척하면서 레퍼런스를 쌓아왔고, 이 분야에서 과거부터 미쓰비시, 히타치 같은 일본 기업이나 BTR 등 중국 기업과 함께 글로벌 선두업체와 나란히 경쟁하면서 기술을 개발하고 시장을 개척해왔다.

신사업 초기에는 R&D를 위한 개발비용과 상업화를 위한 투자가 수반된다. 여기서 주목할 점은, 포스코퓨처엠의 이러한 투자는 기존 산업인 내화물의 현금흐름에서 나왔다는 것이다. 내화물의 안정적인 캐시카우가 없었다면 초기에 적자를 볼 수밖에 없는 신사업에 지속적으로 투자하기 어려웠을 것이다. 시장에서 열광했던 부분은 2차전지 소재였으나, 2차전지 신사업을 준비하기 위한 돈은 기존 사업에서 나온 것이었다. 회사의 안정적인 수익원은 또 다른 성장의 마중물이 된다.

2차전지 소재 가운데 국산화가 가장 더딘 부분이 음극재였으나, 포스코퓨처엠의 활약으로 음극재의 국산화가 가능해졌다. 그 과정에서 포스코퓨처엠은 미래에 2차전지 배터리 산업을 주도하게 될 한국 기업들 내 시장점유율을 차분히 늘려나갔고, 나중에는 양극재 시장까지 진출하면서 글로벌 2차전지 소재 회사로서 자리매김했다.

퍼포먼스:
미운 오리에서 황금알을 낳는 거위가 되기까지

포스코퓨처엠은 과거 전통적인 철강 소재 회사로서, 캐시카우Cashcow는 강하지만 성장성이 부족한 가치주로 평가받다가 이제는 2차전지 산업을 대표하는 성장주로 변화했다. 이 변화는 2차전지 소재인 음극재를 기반으로 하는 신규사업으로 촉발되었다. 그러나 이 회사가 투자자들로부터 성장주로 대접받으며 저평가를 탈피한 시점은 2차전지 산업의 성장을 야기한 전기차 대중화 시점보다 앞선다.

이 회사는 금융위기 이후 2010~2017년까지는 5,000억 원대에서 8,000억 원 사이의 시가총액을 벗어나지 못하면서 대표적인 저PER 종목군에 속해있었다. 같은 기간 회사의 영업이익은 700~1,100억 원 수준으로, 본업에서 비교적 수익성을 보여주었음에도 저평가를 벗어나지 못했다. 이러한 평가를 탈피하게 된 계기는 성장 다각화의 일환으로 일본 기업 미쓰비시와 합작으로 세운 자회사 피엠씨텍의 침상코크스 제품이었다.

2017년에 중국발 전극봉 대란이 일어났다. 전극봉은 철강 전기로에서 고철을 녹이거나 강을 제련할 때 강한 열을 발생시키기 위해 사용하는 재료다. 전극봉이 없으면 쇳물 생산이 불가능하다. 중국의 유도전기로 폐쇄와 함께 전극봉 생산업체들이 생산을 중단하며 전극봉 가격이 폭등했고, 전극봉의 주요 원재료인 침상코크스 가격도 동반 급등했다. 이로 인해 침상코크스를 생산하던 자회사 피엠씨텍의 이익이 크게 증가하며 포스코퓨처엠의 주가도 상승세를 보였다.

이후 음극재 사업부의 성장성이 재차 부각되기 시작하면서 수년간 주가는 기록적인 상승세를 보였다. 이때 회사는 2차전지 소재 시장의 확실한 Q 성장을 담보해주는 전기차 시장의 확장을 상상했고, 기업의 먼 미래에서 매우 낙관적인 현금흐름을 현재가치로 끌어올 수 있었다.

포스코퓨처엠도 대표적인 글로벌 소재 회사로서 2023년에는 2차전지 버블 현상에 동참하는 모습을 보였다. 최근까지 보여주었던 주가 고점 수준은 성장성에 대한 극단적인 평가와 더불어 개인들의 투기적 현상이 겹친 결과지만, 나는 밸류에이션 논쟁보다는 이러한 회사로 변모한 회사의 장기적 노력에 초점을 맞추고 싶다.

회사가 성장주로 변신에 성공한 것은 두 가지 근본적 요인이 있었다고 본다. 첫째는 내화물이라는 본업의 강력한 캐시카우로 높은 수익가치와 순현금의 우량한 재무구조가 뒷받침되었다는 것이다. 둘째는 비록 현재에는 성장산업으로 촉망받지만, 과거에는 매출도 작고 수익성도 낮은 아이템이었음에도 불구하고 10년 이상 꾸준히 R&D 비용을 투입하면서 미래를 준비해왔다는 점이다. 다른 철강 소재 회사들이 본업에만 집중할 때 미래의 아이템 다각화를 준비했던 이 회사는 확실히 달랐다고 할 수 있다.

사실 두 번째 이유도 첫 번째 이유에서 기인한 바가 크다. 기업이 영업활동이 어려워지거나 적자를 보는 상황이라면 보통 가장 먼저 줄이는 것이 R&D 비용이기 때문이다. 미래에 대한 투자로 가치주에서 성장주로 전환하는 사례는 아주 드물지만, 성공할 경우에는 아주 큰 보답을 받을 수 있다.

투자 기회:
과열과 소외를 깨달을 때

포스코퓨처엠 같은 기업은 장기간 보유했을 때 그 빛을 볼 수 있다. 그 사이에 주가가 정체되거나 하락하더라도 흔들리지 않으려면 어떤 조건이 갖춰져야 할까?

나의 경우에는 주식을 오랜 기간 보유하기 위해서는 맹목적인 희망보다는 안전마진이 중요했다. 포스코퓨처엠의 경우 꾸준하고 풍부한 수익가치가 있었고, 낮긴 했지만 2% 수준의 배당도 있었다.

내가 투자한 시점은 10년 전 시가총액 6,000억 원 미만인 때였다. 그러나 시가총액이 지금처럼 커질 때까지는 보유하지 못했다. 2차전지 시장 규모의 장기 성장에는 공감했으나, 음극재의 매출 비중이 아직은 크지 않은 상황에서 미래의 성장가치를 그토록 빠르게 반영할 것이라고는 미처 생각지 못했다. 그래서 시총 3조 원 미만에서 매도했다.

누군가는 '시가총액이 수십조 원까지 상승했는데, 고작 3조 원 미만에서 정리한 것은 아쉽지 않느냐'고 말할지도 모르겠다. 그러나 나는 만족스러울 때 멈출 줄 아는 투자자다. 펀드 내에서 수익이 4배 이상 났기 때문에 좋은 투자 경험이었다고 생각한다. 주가 차트의 결과만 보면 주가는 수십 배 이상 올랐지만, 실제로 시총 5,000억 원대에 사서 40조 원에 매도한 사람은 거의 없을 것이다. 대박 기회를 놓쳤다고 배 아파하기보다는 좋은 기업이 저평가받고 있을 때 발견하여 투자할 수 있었던 안목이 중요하다고 생각한다. 그것이 향후 다시금 이러한 종목을 찾아낼 수 있는 가능성을 담보할 것이다.

2차전지 산업을 보면서 2차전지 주식을 보유한 사람이든 보유하지 않은 사람이든 많은 것을 보고 배웠을 것이라고 생각한다. 나 또한 그랬다. 초기에는 시장 규모의 성장성에 많은 투자자가 높은 점수를 주지만, 성장성이 높다는 것은 앞으로 경쟁이 치열해질 수 있음을 의미한다. 명확한 시장 지위를 가지고 있거나 독보적인 기술력이 있지 않다면 그 기업은 수많은 기업들의 악다구니 속에서 투자한 것을 제대로 회수하지 못할 수도 있다. 누구나 다 알고 있고 가치가 주가에도 충분히 반영된 성장 산업에서는, 막연히 시장 규모에 베팅하기보다는 치열한 경쟁 속에서도 살아남을 수 있을 기업을 선택하는 현명함이 필요하다.

신재생에너지의 순풍에 올라탄
전통 소재 기업

[그림 9-2] 주가 그래프(2015~2023년)

단위: 원

1차 매도(2017년 3월, 9만 2,000원대)

2차 매수(2020년 1월 ~ 3월,
4만 8,000원대 ~ 2만 7,000원대)

1차 매수(2015년 11월, 4만 9,000원대)

두 번째 사례는 첫 번째 사례와 같은 철강 산업에 속하는 기업이다. 시련은 사람뿐만 아니라 기업도 강하게 만드는 것일까. 이 기업은 국가 간 정치적인 규제로 인하여 오랜 기간 시련을 겪기도 했으나, 이제는 전통 산업을 벗어나 에너지 인프라 산업과 신재생에너지 산업에서 활약하고 있다. 놀라운 점은 이 기업이 영국 정부의 요청으로 2024년까지 영국에 공장을 완공하기로 한 사실이다. 이제껏 삼성전자나 현대차 같은 글로벌 기업도 영국에 제조기지를 가져본 적은 없다. 게다가 영국은 신재생에너지 가운데 해상풍력 시장을 선도하고 있다. 앞으로 이 기업은 영국 정부와 협업하는 신재생에너지 시장의 글로벌 1위 업체들에게 에너지 강관을 공급할 수 있게 됐다. 신재생에너지 시장은 이제 떠오르는 중이다. 앞으로 이 기업의 성장이 기대된다.

기업 개요:
에너지용 강관 회사가 미래의 에너지 인프라 회사로

이 기업의 이름은 세아제강지주다. 세아제강과 세아제강지주를 같이 언급할 텐데, 이유는 현재는 분할되었지만 2018년 상반기까지는 오랫동안 한 회사였고, 지금도 같은 산업을 영위하면서 방향성 또한 같기 때문이다. 겉으로 보기에는 단순히 지주회사와 사업회사를 분리해놓은 것 같지만, 사업적으로도 두 회사 모두 중요한 역할을 한다. 해외법인은 세아제강지주가 담당하고, 세아제강은 국내에서 생산하여 내수와 수출까지 담당하는 것으로 역할과 기준을 명확히 했다. 참고로 과거 같은 그룹사였던 세아베스틸의 세아홀딩스 그룹과는 지분 관계가 없고, 각 그룹 모두 3세대 경영체제로 넘어간 상황이다.

세아제강지주는 에너지용 강관을 주력하는 중소형 철강 회사다. 국내 1위 강관 회사로서 국내에서 판재류도 취급하지만 이익의 핵심은 북미 시장 중심의 에너지용 강관이다. 그만큼 에너지 산업과 밀접한 관련을 맺고 있다.

과거에는 유가가 높아지면 강관 수요가 증가하고, 유가가 낮아지면 석유 시추 활동이 감소하는 경향이 있었기에 강관 수요의 변동성이 제법 컸다. 그러나 최근에는 글로벌 에너지용 강관 사업자 수는 제한된 반면에 글로벌 강국 중심의 에너지 패권 경쟁으로 수요가 증가하다 보니 스프레드가 좋은 상황이다. 더욱이 2022년 러시아-우크라이나 전쟁 발발로 석유 등 에너지 가격이 크게 오르고 그만큼 원유 시추 수요가 늘다 보니 유례없는 이익 수준을 맞이하고 있다.

단순히 유가의 오르내림과 국제정세의 불확실성만 보자면 이 기업은 성장주로서의 요건을 충족시키기 어렵다. 그러나 에너지용 강관 산업 내에서의 공급과 수요가 과거보다 많이 줄었고, 전쟁 이후에 각국에서는 단순히 예전처럼 유가 수준에 의해서만 움직이지 않고 국가 안보 차원에서 여분의 에너지를 안정적으로 확보하고자 하므로 에너지에 대한 수급 환경이 많이 달라졌다.

게다가 결정적으로 신재생에너지 산업이 대두할 것으로 예상되면서, 비교적 초기부터 레퍼런스를 쌓아왔던 이 회사는 높은 성장성이 더해질 가능성이 매우 크다. 특히 풍력 시장은 기존의 육상풍력에 해상풍력 시장이 더해지며 향후 수십 년간 성장할 토대가 마련되었다.

탐방 회상:
기관투자자가 서운할 정도로 정직한 기업

이 기업을 탐방한 지 9년째로 접어들었다. 매년 여러 번 기업 미팅을 꾸준하게 진행하면서 느낀 것은 정직하고 역량이 높은 기업이라는 점이다. 나는 이 회사를 아주 오랜 기간 꾸준히 탐방한 극소수 중 한 명이지만, IR 담당자가 단 한 번도 미공개 정보나 실적에 관해 언급한 적이 없었다.

기억에 남는 일은 이 회사가 해상풍력용 강관을 생산한다는 것을 2020년 상반기 증권사 리포트를 통해 알게 되었던 경험이다. 오랫동안 미팅을 해왔기에 이 회사에 대해 모르는 사업은 없다고 생각했다. 그런데 이 회사가 장기 먹거리를 확보하기 위해 2017년부터 해상풍력용 강관 프로젝트에 참여하면서 레퍼런스를 쌓아왔다는 것을 증권사 리포트를 통해 알았을 때는 참 서운했다. 그러나 한편으로는 이렇기에 오히려 더 주식시장 내에서 수많은 투자자와 함께 공정하게 투자할 수 있는 기업이라는 생각이 들었다.

보통 상장기업은 주가를 부양할 의도로 신규 사업이나 아이템을 준비 단계부터 투자자에게 언급하는 경우가 많다. 그러나 이 회사는 매출이 나기 시작한 시점도 아니고 매출이 꾸준히 나고도 한참이 지나서야 투자자에게 알렸다는 점에서 참으로 진중한 기업이라는 인상을 주었다.

세아제강그룹과 세아베스틸그룹은 모두 중견 기업이지만, 대출을 담당하는 금융권 내에서 신용도가 매우 높고, 경영 능력에 대해서도 업계 내 톱이라는 평가를 듣는다. 2015년에 세아베스틸은 포스코그룹이 20년 가까이 운영하던 포스코특수강을 인수했는데, 인수 이후에 기업 구조조정을 실시하고 제품 라인업을 정비했으며 고객사를 확장했다. 결국 인수한 지 3년 만에 영업이익을 두 배로 늘렸고 이익의 변동성도 줄어들었다. 이런 기업은 역량과 신뢰성에 대해서 의심할 바가 없다.

퍼포먼스:
영국에 제조기지를 세우는 유일한 한국 기업

강관 비즈니스에서 경쟁력은 얼마나 두꺼운 강관을 만들어내는지에 달려있다. 에너지 산업에 있어서 강관의 내구성이 얼마나 중요한지는 두말할 것이 없다. 강관이 두꺼울수록 더 높은 고압과 고열을 견뎌낼 수 있으므로 부가가치가 높다. 두꺼운 강관은 새로운 에너지 분야가 개척될수록 더욱 중요해지고 있다. 셰일가스는 퇴적층에서 뽑아내기 때문에 석유를 뽑아내는 강관보다 더 높은 강도와 내열성을 가져야 한다. 최근에 풍력과 같은 신재생에너지 분야에서는 셰일가스에서보다도 더 두꺼운 강관을 요구한다. 기술력 있는 기업에게 미래 전방산업에서의 성장과 수익성은 더 높아질 가능성이 크다.

과거에는 경기에 민감하고 유가 수준에 의해 강관 수요의 변동이 크다 보니 Q 성장이 지속성을 가지지 못했다. 이러한 산업적 특성으로 외부 요인이 기업 이익을 좌지우지했다. 그러나 최근에는 에너지 인프라 시장의 구조가 우크라이나·러시아 전쟁 이후에 크게 바뀌고 있다. 또한 세아제강은 새로운 전방산업인 풍력과 LNG 양 축의 친환경 산업에 매출 비중이 증가하면서 중장기적으로 성장이 매우 기대되는 상황이다.

특히 세아제강지주의 영국 자회사인 세아윈드는 성장성의 핵심이 될 것으로 기대된다. 세아제강지주는 영국 정부의 요청으로 2020년 MOU를 맺으며 영국 내 해상풍력의 하부구조물인 모노파일 공장을 건설하기로 했다. 이는 사실 매우 특별한 일이다. 삼성전자나 현대차 같은 글로벌 기업도 영국에 공장을 가져본 적은 없다. 한국 회사로서 유일하게 영국에 제조기지를 두게 된 것이다. 이탈리아나 동유럽에도 강관을 제조하는 회사들이 있지만, 영국 정부는 저 멀리 떨어진 한국의 기업을 선택했다. 이는 그만큼 이 회사의 강관 제조 기술력을 인정받았음을 뜻한다.

영국이 해상풍력 시장에서 가지는 영향력은 남다르다. 2020년까지 전 세계 해상풍력 시설 누적 설치량의 88%를 영국이 차지하고 있다. 글로벌 1위 풍력 디벨로퍼 기업인 오스테드와 글로벌 1위 풍력 터빈 기업인 베스타스가 영국 정부와 함께 초기 풍력 시장을 개척해왔다. 세아제강지주는 영국과 MOU를 맺고 영국에 공장을 지어서 글로벌 1위 업체들에게 에너지 강관을 공급할 수 있게 됐다. 이는 일종의 캡티브 마켓을 가지게 된 것과 같다. 실제로 2022년 9월에 채무보증 공시를 살펴보면 이 회사가 오스테드향으로 약 7,000억 원의 수주를 한 것을 확인할 수 있다. 그리고 2023년 12월에도 채무보증 공시를 통해서 1.5조 원에 달하는 수주를 받았다. 회사 측 말에 따르면 본격적인 공장 가동이 1년 남은 상황에서 2027년까지 가동할 물량을 받은 것이다. 이는 매우 이례적인 사례다.

국내 투자자들은 세아제강지주가 영국 정부와 함께 해상풍력 시장에 진출한다는 사실의 의미를 아직 깨닫지 못한 것 같다. 이 회사 주가가 PER 2배대에 머물러 있는 것을 보면 말이다. 영국 법인 세아윈드는 24년 말 완공 및 가동 예정이다. 시장을 뒤흔들 날이 머지않았다.

수익성을 살펴보면 전방인 유가 등 에너지 산업의 사이클에 따라서 마진의 변동이 있는 편이다. 세아제강 기준으로 과거 강관에서만 1,000억 이상의 영업이익을 낸 바 있고, 최근에는 에너지 산업의 급변과 강관 수요 증대로 2,000억 원대의 영업이익을 내며 역대급 실적을 보이고 있다. 세아제강지주 기준으로는 5,000억 원대이다.

마진의 변동성이 있는 산업이다 보니 절대적 비교보다는 경쟁사와 마진을 비교할 필요가 있다. 한국 강관 회사들은 미국 강관 회사들보다 원가 경쟁력이 앞서있다. 미국의 강관 회사들은 제조 설비가 워낙 노후화되어있고 인건비가 더 비싸다. 오랜 기간 중국 기업들과도 경쟁하여 살아남은 한국 기업들에게 미국 회사들은 생산성 측면에서 제대로 경쟁하기 어렵다. 강관 동일업종 대비 마진율은 장기적으로 가장 높은 것을 감안할 때 강관 생산에 있어서 경쟁우위가 있는 것은 뚜렷하다.

과거에 국내 강관 산업이 미국의 규제를 받았을 때가 있었다. 2014년에 미국은 자국 내 강관 기업들을 보호하기 위해 한국 강관 기업들에게 반덤핑 관세를 부과하기 시작했다. 수년간 큰 이익을 남겨왔던 한국 강관 업체들은 이 조치로 인해 2015~2016년 영업이익에 큰 타격을 입었다. 그러나 아이러니하게도 이 사건을 통해서 한국 강관 업체들의 원가 경쟁력이 더욱 두드러졌다. 2017년에 다시 1,000억 원 이상의 영업이익을 냈던 것이다. 정부의 서투른 시장 개입은 시장 가격을 왜곡시키고 부작용을 낳는다. 이때에도 미국 시장 내에서 풍선 효과로 인하여 전체 강관 가격이 상승했다. 한국 강관 기업들은 다시 2018년에 쿼터제까지 부여받았다. 이번에는 P뿐만 아니라 Q에서도 통제를 받으며 수년간 어려움을 겪었다. 그러나 이러한 불합리한 관세는 최근에 대부분 철폐되었다. 쿼터제는 여전히 남아있으나 향후 쿼터제까지 풀린다면 Q의 성장도 가능하므로 지켜볼 필요가 있다.

투자 기회:
에너지 인프라의 지각변동이 가시화될 때

이 기업의 시가총액은 과거 기업분할 이전에 강관 이익이 가장 좋았던 시절에도 1조 원을 넘지 못했다. 하지만 최근에는 과거 강관 이익 최대치를 크게 경신하면서 세아제강과 세아제강지주의 합산 시가총액은 1조 원을 넘긴 상황이다. 향후에 영국 법인 세아윈드가 가동되면 해상풍력 내 글로벌 플레이어로서 활약에 따른 성장성이 기대된다. 그때 이 기업에 대한 시장 평가는 어떻게 될까?

이제 강관을 과거의 전통적인 산업으로 바라봐서는 성장성을 제대로 이해할 수 없다. 앞으로는 에너지 인프라 사업의 관점에서 봐야 한다. 글로벌 강국들의 에너지 패권 경쟁이 달러와 위안화 같은 기축 통화 경쟁만큼 중요해진 세상이 도래했다. 앞으로 수십 년간 에너지 시장은 원유의 의존도에서 벗어나 태양광이나 풍력 같은 신재생에너지, LNG나 LPG 같은 탄소 배출이 적은 대안적 에너지, 혹은 원자력 같은 특수 에너지 중심으로 변화할 것이다. 각국 정부가 주도하는 에너지원 확보와 수출 경쟁에 따라 인프라가 아주 새롭게 재편될 가능성이 크다. 그 변화는 현재 우리가 상상하는 수준을 뛰어넘을지도 모른다. 이러한 과정에서 신 인프라와 관련된 기업 가운데 전통적인 가치주에서 성장주로 진화하는 스타가 탄생할 것이다. 물론 국내용이 아닌 글로벌에서 인정받는 수준의 기업이 그 대상이다.

가치주에서 성장주로 전환하는 기업은 보통 두 가지 패턴을 보인다. 첫째, 포스코퓨처엠처럼 풍부한 현금흐름을 바탕으로 신규 사업에 투자하여 새로운 포지션을 확보하면서 성장성을 인정받는 경우다. 둘째, 세아제강(지주)처럼 기존 산업 내에서 전방 시장의 큰 변화에 대비한 기업이 성장의 기회를 얻는 경우다. 포스코퓨처엠의 음극재 사업 초기에 매출 비중은 아주 미미했고, 이익 비중은 더욱 작았다. 그런데도 미래의 성장성이 주가에 미리 반영되는 현상이 발생하며 주가는 실적 대비 수년을 선행했다. 이는 음극재를 기반으로 2차전지 소재 산업에서의 포지션이 글로벌 선두 업체로서 경쟁력을 인정받았기 때문이다. 마찬가지로 세아제강지주도 해상풍력이라는 장기 성장 동력을 바탕으로 성장주로 인식되기 시작한다면 그 결과가 어떨 것인지 궁금하다.

10장

유형7: 본질적 역량을 꾸준히
쇄신하는 기업

투자에서 편견은
깨지기 위해 존재한다

주식시장에서 초보 투자자가 흔히 하는 실수는 '예단'이다. 이는 철저한 기업 분석 없이 감으로 투자하는 경우 발생한다. 이를테면 해당 기업이 성숙시장에 속한다고 해서 성장성이 없다고 판단하고, 성장산업에 속한다고 해서 성장성이 클 것이라 단정하는 것이다. 그러나 기업의 지속적인 성장은 그 사업이 어느 범주에 속하느냐가 아니라 그 기업이 가진 경쟁우위 요소에 달려있다.

그러면 전문적인 투자자는 아무런 편견 없이 기업에 투자할까? 아니다. 그들 역시 산업과 기업에 대한 지식을 오랫동안 쌓는 과정에서 생겨나는 편견이 있다. 또 과거에 옳았던 판단이 다음에 발목을 잡기도 한다. 기업도 살아있는 생물처럼 변화하기 마련이어서 때마다 판단을 재고할 필요가 있다. 나에게 많은 가르침을 주었던 엄덕기 펀드매니저는 이렇게 말했다.

"잘 알고 투자했다고 생각한 기업도, 시간이 지나고 보니 30%도 알지 못했음을 깨달을 때가 있었다."

이런 관점은 내가 하는 기업 분석과 투자에 지대한 영향을 미쳤다.

십수 년 전만 하더라도 업계 내에서의 가장 큰 화두는 펀드매니저의 인사이트, 즉 통찰력이었다. 그러나 나는 투자자의 통찰력에 관해 조금 회의적인 편이다. 그저 특정 시기의 좋은 투자 결과에 사후적으로 붙인 미사여구일지도 모른다고 생각한 적도 있다. 만약 그런 것이 있다손 치더라도 오직 극소수의 사람, 즉 워런 버핏, 찰리 멍거, 피터 린치, 필립 피셔, 하워드 막스 등 역사적으로 손꼽힐 투자자만이 지닌 능력이라고 본다.

나는 스스로를 인사이트가 없는 평범한 투자자라고 여겼기 때문에, 있을지 없을지 모르는 통찰력을 발견하기보다는 공부에 집중하기로 했다. 끊임없이 배경지식을 익히고 기업 분석을 하는 것만이 결과를 보장할 수 있다고 생각했다.

자신이 투자하는 기업을 공부하고 분석하지 않는 투자자가 있을까? 당연히 없을 것이다. 다만 내가 그들과 조금이라도 다른 점이 있었다면, 해당 기업에 대한 투자를 마치고도 마치 그 기업이 포트폴리오에 있는 것처럼 업데이트를 지속했다는 점이다. 이런 '노가다' 같은 종목 관리법을 고수한 결과 나는 업계 내에서 관리 가능한 종목의 수가 가장 많은 투자자라는 평판을 얻었다.

이 방법에는 의외의 효과가 있었다. 업데이트를 지속하면서 과거에 내가 투자하기 적합하지 않다고 생각했던 기업들이 새롭게 성장성을 획득해나가는 모습을 발견했고, 이를 투자의 기회로 연결할 수 있었다. 과거에 내가 내린 판단과 편견이 실시간으로 깨져나가는 것을 목격한 것이다. 이 경험을 다음 두 사례를 통해 알아보자.

사례1

역전 만루 홈런을 날린 주류 기업

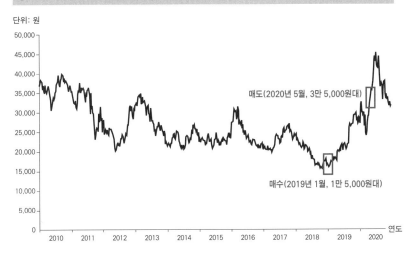

[그림 10-1] 주가 그래프(2010~2020년)

단위: 원

매도(2020년 5월, 3만 5,000원대)

매수(2019년 1월, 1만 5,000원대)

연도

첫 번째 사례는 주류 산업에 속하는 기업이다. 국내에서 브랜드 인지도는 확고했지만, 재무구조가 불안한데다 질이 좋지 않은 고배당으로 인하여 자본을 꾸준히 쌓지 못했기 때문에 진지하게 투자하기 어려운 기업이라 판단했다. 그러나 이 기업은 캐시카우 제품이라는 굳건한 반석 위에 하나둘씩 반전의 아이템을 쌓아가기 시작했다. 그러다가 역대급 신제품으로 만루 홈런을 날렸다. 나는 이 기업 주가가 10년 내 최저점을 찍고 잃을 것이 없어 보일 때 투자를 시작했고, 매수 시점 가격의 두 배를 훌쩍 넘어갔을 때 매도했다. 시즌 꼴찌 야구팀을 포스트시즌으로 보낸 듯, 투자자로서 즐거운 경험을 갖게 해준 기업이다.

기업 개요:
소주와 맥주의 아슬아슬한 결혼

이 기업의 이름은 하이트진로다. 2011년 하이트맥주와 진로가 통합되면서 국내 최대 주류 기업이 되었다. 독특한 점은 하이트맥주가 진로를 인수했는데도 진로를 존속법인으로 하고 하이트맥주를 소멸법인으로 삼았다는 점이다. 주식시장에서도 하이트맥주가 퇴출되고 진로가 하이트진로로 사명을 변경했다.

경제학의 독점규제 이론에서는 대체적인 관계에 있는 산업의 합병은 시장을 독점화시킬 우려가 크기 때문에 제한되어야 하고, 보완적인 관계에 있는 산업의 경우에는 독점화에 큰 영향을 끼치지 않는다고 판단하여 합병을 허용할 수 있다고 본다.

실제로 공정거래위원회에 두 회사의 합병 심사를 요청할 때, 하이트맥주의 맥주와 진로의 소주가 서로 대체재가 아닌 보완재임을 입증해야만 하는 상황이 만들어졌다. 소주와 맥주는 서로 다른 술이므로 대체재로 보는 것이 일반적이다. 회사는 한국만의 독특한 주류 문화를 보완재의 증거로 제시했다. 바로 소주와 맥주를 섞어 마시는 '소맥' 문화다. 그리고 정말로 소맥 덕분에 두 기업의 합병은 '독점 규제 및 공정거래에 관한 법률'의 기업 결합 제한 요건에 위배되지 않는다고 판단되어 심사를 통과했고, 합병은 즉시 이루어졌다.

산업 이야기:
설상가상의 주류 업계

하이트맥주는 맥주 시장에서 1위를 차지하던 기업이었으나, 2011년부터 OB맥주에게 1위 자리를 내어준 다음부터는 줄곧 2위에 머물러있었다. 1위와의 격차도 꽤 크게 났다. 엎친 데 덮친 격으로 소비자의 맥주 소비가 다양성을 보이기 시작하며 수입 맥주 시장이 커지기 시작했다. 수입 맥주의 국내시장 점유율을 보면 2012년에 3% 수준이었으나, 5년 뒤인 2017년에는 10%를 넘어갈 정도로 급성장했다. 결국 하이트진로는 오랜 기간 맥주에서 적자를 보게 됐다.

소주는 맥주보다 부침이 적었지만 전망이 밝지만은 않았다. 젊은 층

에서 수입 맥주, 와인, 위스키, 전통주 등을 찾으며 다양한 취향을 드러
내기 시작했고, 회식 문화가 쇠퇴하며 소주 수요가 조금씩 줄어들기 시
작했다. 2015년에는 과일소주의 열풍이 잠시 불기도 했고, 무학의 '좋
은데이' 같은 지방 소주들이 약진하면서 수도권으로 확장하기도 했다.
기존의 소주와 맥주 국내 강자들은 제한된 수요 내에서 매출은 정체되
고, 경쟁을 위한 광고 판촉비가 증가하면서 이익은 감소하는 어려운 상
황을 맞이하게 되었다.

퍼포먼스:
안전마진이 충분하다면 10년 최저점은 기회

2019년 초 하이트진로에 탐방을 다녀오고 나서 나는 고민에 빠졌
다. 이 회사에 대해서는 2013년부터 6년 동안 가끔씩 미팅을 가지며 업
데이트를 해왔지만, 정작 매수를 검토한 적은 없었다.

이 기업은 소주에서는 절대적인 1위를 차지하고 있으며 맥주에서도
2위를 차지하여 국내에서 사업하기에 그다지 걱정이 없는 포지션을 갖
고 있었다. 그런데도 처음에 투자하기를 망설였던 이유는 자본을 쌓는
구조가 부실했기 때문이다. 이 기업의 차입금은 1조 원 이상으로 재무
구조가 좋지 않았으며, 그런 상태에서도 기업의 실적과 상관없이 배당
을 높게 하는 편이었다. 대표적으로 질이 안 좋은 고배당의 형태라고
생각했다. 그래서 주요 주류 업체로서 시장 상황을 파악하기 위한 업데

이트만 해왔다. 그런데 6년 만에 하이트진로에 투자를 검토할 세 가지 이유가 생겼다.

첫째, 주가가 줄곧 하락하면서 10년래 최저점에 있었다. 아무리 소주와 맥주 시장이 변했어도, 기본적인 수요가 존재하고 기업들이 이익을 어느 정도 내고 있는데 주가 하락의 수준이 지나치다고 생각했다. 나는 투자할 때 단순히 '좋은가, 나쁜가'보다는 '그 조건이 주가에 얼마나 반영되어 있는가'를 살핀다. 시총이 1조 원 초반까지 빠진 상황이라면 더 반영될 악조건이 없다고 생각했다.

둘째, 치열한 경쟁에도 불구하고 소주가 시장점유율 50% 초반대를 굳건히 지키며 캐시카우 역할을 하고 있었다. 게다가 지방 소주 업체들이 기존 소주 강자들과의 경쟁에서 조금씩 밀리는 모습을 보여주었다. 전체적인 수요는 제한되어있었지만 지방 점유율을 빼앗아 올 여지가 보였다. 또한 맥주 시장에서도 이 회사의 '필라이트'라는 발포주가 시장에서 어느 정도 반응을 끌어내면서 맥주 부문에 반전을 가져오고 있었다. 경쟁 제품은 아직 출시되지 않은 상황이었다.

셋째, 신제품 출시가 예정되어있었다. 2019년 1월의 탐방 때 사측은 맥주 신제품의 이름은 알려주지 않았다. 그러나 오랜만에 출시되는 신제품을 정말 공들여 준비했으며, 자신 있다는 말을 반복했다. 그 말을 곧이곧대로 믿을 수는 없었지만, 설령 신제품이 실패한다 해도 소주가 굳건했고 발포주가 잘 팔리고 있었으며, 마산 맥주 공장을 소주 공장으로 전환하는 작업을 하고 있었기에 수익성이 개선될 수 있는 상황이었다. 한번 위험을 감수해볼 만했다. 결국 나는 10년 내 최저점인 1만

5,000원대부터 주식을 사기 시작했다.

2019년 3월, 맥주 신제품이 출시되었다. 이름은 '테라'였다. 테라는 출시 후 40일 만에 100만 상자를 판매하며 히트를 예고했다. 나는 추가 매수를 진행했는데, 계기는 역시 소맥이었다. 시장에 테라와 참이슬의 합성어인 '테슬라'라는 유행어가 돌기 시작했다는 점에 주목했다. 테라 맥주는 이 회사의 소주인 참이슬과 시너지 효과를 내고 있었다. 이때부터 B2C뿐 아니라 그동안 부진했던 B2B 주류 시장까지 점유율이 확대되기 시작했다. 테라는 예상을 뛰어넘는 대히트를 치며 국내 대표 맥주 브랜드 중 하나로 자리잡았다.

신제품 출시 초기에는 마케팅 비용으로 인해 실적이 바로 좋아지지 않았으나, 한 분기 이후부터는 영업이익이 큰 폭으로 늘어나기 시작했다. 그해 초 저점에서 1만 5,200원이었던 주가는 그해 말 3만 원을 넘어갔다. 그리고 다음 해에는 4만 원 중반까지 가면서 최저점 대비 3배 정도의 주가 상승을 이뤄냈다. 2020년에는 영업이익도 전년과 비교하여 2.3배 증가했다.

예전에 나는 자본의 질이 좋지 못한 기업은 투자 대상으로 적합하지 않다고 여겼다. 그러나 투자는 공식대로 하는 것이 아니었다. 하이트진로는 당시 시장에서 아무도 보지 않는 소외주였다. 그러나 부정적인 요소가 주가에 이미 충분히 반영돼 보였고, 강력한 캐시카우가 존재했으며, 이익 개선의 여지가 있었다. 이런 기업에게 반전의 상황이 생긴다면 얻을 수 있는 수익은 기대 이상일 수 있다. 기업에 부족한 부분이 있더라도 안전마진을 챙길 수 있는 요소가 충분히 갖춰진다면 투자 기회는 있다. 투자에 모든 조건이 완벽할 필요는 없다.

투자 기회:
소비 트렌드와 기존 제품 만족도의 간격이 벌어질 때

성숙기에 접어든 필수소비재 시장에서는 히트 상품이 자주 나오지는 않는다. 소비자는 이미 주요 브랜드를 소비하면서 불편함이 별로 없기 때문이다. 하지만 소비자의 소비 패턴은 늘 변화하기 마련이다. 기성 제품과 소비자의 만족감은 언제든 불일치할 수 있고, 기업이 그 수요를 연구하고 대응하여 신제품을 출시하다 보면 때때로 의외의 결과가 생기기도 한다. 기업이 늘 안주하지 말고 편견을 깨야 하는 이유다. 같은 맥락에서 투자자 역시 기업에 대한 기존의 판단에 안주하지 말고 작은 변화에도 주의를 기울여야 한다.

최근에 소주와 맥주 시장은 수요가 정체된 상황에서 판촉 경쟁이 벌어지며 기업들이 좋은 실적을 내기 어려운 구간에 진입해있다. 경기에 대한 전망도 밝지 않고 인플레이션과 고금리의 영향으로 소비 전망도 낙관적이지 않다. 그러나 시간을 두고 지켜보면서 수요의 변화와 가격 인상 가능성을 타진해볼 필요가 있다. 또한 신제품이 나오는 시기에는 주의를 기울여서 과거와 같은 투자 기회가 있을지 관심 있게 지켜보아야 한다. 기업이 기존에 생산하던 주류가 아닌 다른 주류로 확장하여 추가적인 성장을 얻지 말라는 법은 없다. 게다가 해외 시장이라는 또 다른 가능성도 존재한다.

덧붙여 2019년 초의 하이트진로처럼 주식시장에서의 과매도 상태에 대해 한번 생각해보자. 주가가 바닥을 치는 것으로 보이더라도 해당 기업의 아이템이 경쟁우위를 가지고 있다면 기회로 판단할 수 있어야 한다. 보통 주가의 장기 하락 또는 급락시에는 매수론자나 긍정적 의견을 내는 전문가들도 입을 닫게 된다. 그러나 이러한 시기야말로 하이에나 같은 투자자들에게는 진정으로 기회의 시간이다. 워런 버핏이 남긴 말이 있다.

"다른 사람들이 탐욕스러울 때 두려워하고, 다른 사람들이 두려워할 때 탐욕스러워져라."

사례2

엔터테인먼트 업계에
시스템을 도입한 선도 기업

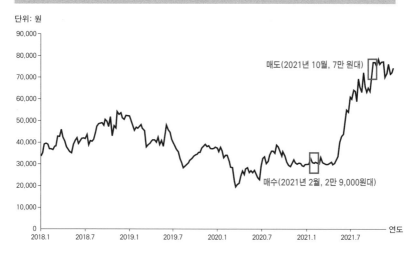

[그림 10-2] 주가 그래프(2018~2021년)

단위: 원

매도(2021년 10월, 7만 원대)

매수(2021년 2월, 2만 9,000원대)

연도

두 번째 사례는 연예 기획사다. 나는 엔터테인먼트 산업에 대해서는 해박한 지식을 가지고 있지도 않고, 아티스트들을 세세히 꿰차고 있지도 않다. 따라서 여기서는 엔터테인먼트 산업에서의 Q·P·C에 대한 세세한 분석보다는, 엔터테인먼트 산업 문외한인 나 같은 투자자가 어떻게 수익을 낼 수 있었으며 이 산업에 대한 편견을 어떻게 이겨냈는지 이야기해보려 한다.

산업 이야기:
해석이 난해한 엔터테인먼트 산업

기업에 투자할 때 나는 숫자를 매우 중요하게 여기는 편이다. 실적이 보이지 않는 바이오 기업은 나에게는 여전히 난해하다. 그렇지만 포기하지 않고 꾸준히 배경지식을 익히고 기업 미팅을 하면서 분석해왔다. 마찬가지로 엔터테인먼트 산업도 일찍부터 미팅을 하면서 지켜봐왔다. 그렇지만 엔터테인먼트 기업을 이해하기란 역시 쉽지 않았다. 엔터테인먼트사에 투자한다는 것은 소속 아티스트를 보고 투자하는 것과 마찬가지인데, 아티스트의 활동 자체가 변동성이 있었기 때문이다. 아티스트의 사생활 문제나 범죄 연루, 아이돌 그룹의 불화나 해체설 등은 주식을 보유하고 있는 투자자 입장에서는 매우 두려운 일이다. 아티스트의 인기 또한 영원하지 않기에 지속성을 판단하기가 쉽지 않았다.

탐방 회상:
투자하기 꺼려지는 산업에서 투자가 가능한 산업으로

10년 전에 에스엠, JYP, YG엔터테인먼트에 기업 탐방을 다녀왔는데, 사실 미팅 이후로 이 업계는 난해하다는 편견이 더 쌓였다. IR 담당자들이 자료를 통해 체계적으로 설명하지 않는 경우가 많았고, 해외 공연 등 여러 가지 비용도 명쾌히 해명되지 않았다. 탐방에서 얻은 것은 별로 없었고, 당시에는 그저 IR 미팅 장소에 갔다가 뜻하지 않게 연예인 구경을 할 수 있다는 점이 신기했을 뿐이었다.

비용 이슈 말고도 투자하기가 꺼려지는 요인은 더 있었다. 앞서 말한 아티스트 활동의 변동성도 한 가지 이유였고, 가장 큰 이유는 엔터 기업이 주주를 대하는 태도였다. 과거 엔터테인먼트 회사들은 주주의 가치에 대해 신경을 쓰지 않았다. 경영진의 기준에 주주는 고려 대상이 전혀 아닌 것처럼 느껴졌다. 결국 탐방 이후로 엔터테인먼트 산업에 투자할 내 의지는 사그라들었다.

그러나 2018~2019년을 지나면서 K-pop의 위상이 글로벌로 확장되는 모습은 다시 내 관심을 자극했다. 이전보다 적극적으로 엔터테인먼트 회사들의 정보를 업데이트하면서, 지난날의 단점 중 많은 부분이 개선되고 있다는 점을 알게 됐다. 예를 들어 불투명했던 비용이 대부분 투명하게 바뀌었고, 대형 기획사들이 아티스트 양성과 관리를 시스템화하면서 변동성이 줄어드는 동시에 활동 주기까지 길어지는 모습을 보이고 있었다. 또 문화콘텐츠로서 K-pop이 지닌 파급력과 경제적 효과는 숫자로만 판단하기 어렵다는 점도 수긍이 갔다.

그렇지만 투자 결정을 내리기에는 충분하지 않았다. 어쨌거나 엔터 회사도 기업이기에 가치평가가 필요하고, 이를 위해서는 기업의 이윤 창출력에 대해 냉철한 판단이 필요했다. 엔터테인먼트 회사들에게 과거와 같은 거부감은 없어졌지만, 지금으로서는 비싼 밸류에이션을 받고 있다는 생각이 들었다.

그러던 어느 날, 드디어 기회가 왔다고 느꼈다. 2020년 초에 코로나가 터진 이후 초기에는 일체의 공연이 중단되다시피 했기 때문에 엔터테인먼트 회사들에 투자할 생각을 전혀 하지 못했다. 그러나 해가 바뀌고 2021년이 되자 고민하게 됐다. '코로나가 언제 끝날지 예측할 수는 없지만, 2년 이내에는 코로나가 종식되거나 사람들이 적응해서 콘서트도 다시 가능해지지 않을까? 그렇다면 코로나로 엔터테인먼트 회사들의 주가가 하락한 지금 매수해두어야 하지 않을까?' 그때부터 나는 투자할 엔터테인먼트 회사를 물색하기 시작했다.

퍼포먼스:
위기에 두각을 드러낸 아티스트 육성과 관리 능력

가장 눈에 들어온 엔터테인먼트 회사는 에스엠이었다. 에스엠은 사실 2018~2019년에도 매수를 검토한 적이 있었지만 투자하지는 않았다. 경영진을 신뢰할 수 없었기 때문이다. 앞서 언급한 것처럼 라이크기획에 대한 지나친 수익 배분 문제로 몇몇 운용사가 시정을 요구하는 주주 제안을 경영진에 전달했으나, 주주들의 정당한 제안은 묵살당했다. 주주총회는 표 대결도 제대로 이루어지지 못한 채 끝났다. 이후 에스엠의 주가는 하락세를 탔고 곧이어 코로나까지 터졌다.

다시 2021년으로 돌아와서, 에스엠을 투자 대상으로 재검토한 이유는 엔터 회사의 본질인 아티스트의 육성과 관리 능력 때문이었다. 주주를 대하는 대표의 태도는 불만스러웠지만, 아티스트를 키우는 역량은 무시 못 할 것이었다. 당시 '에스파'라는 걸그룹을 데뷔시켰는데 멤버와 매칭되는 아바타를 확장시켜 메타버스 세계관과 연결하려는 시도가 매우 신선해 보였다. 코로나 시국에 활동이 대부분 막혀버린 다른 기획사와는 확실히 다른 노력이었다.

·덕분에 투자를 결심했고, 2만 원 후반의 가격은 제법 매력이 있어 보였다. 그리고 그해 콘서트 재개에 대한 기대감이 주가에 먼저 반영되기 시작했다. 하반기에 메타버스 테마까지 영향을 받으면서 주가는 파죽지세로 상승했다. 에스엠 주가는 불과 몇 달 만에 6만 원대를 넘어가면서 단기간에 2배 이상의 수익이 났다. 그 해에 주가는 8만 원까지 상승하기도 했다.

투자 기회:
외부의 요인으로 기업이 시장에서 소외될 때

에스엠에 대한 투자도 하이트진로처럼 다른 투자자에게 완벽히 소외된 구간에서 이루어졌다. 에스엠의 주가가 2만 원대에 머무를 때는 엔터주를 좋아했던 주변의 투자자들도 쉽사리 매수 의견을 내지 못했다. 하지만 나는 소외 구간을 잘 견디고 남들이 투자하지 않거나 공포 구간에 있을 때 사는 것을 좋아한다. 투자자로서 나의 기질이 그렇다. 같은 종목에 투자하더라도 투자자의 기질에 따라 수익을 내는 구간은 달라진다. 2023년에 에스엠은 주주행동주의의 바람과 지배주주가 변경되는 이벤트로 주가가 훨씬 높게 뛰었다. 그러나 이는 아무도 예측하지 못했던 이벤트였기에 아쉬움은 없다.

우리가 산업과 기업을 조사하고 탐구할수록 배경지식과 함께 편견도 쌓인다. 편견을 지울 수 있는 단 하나의 방법은 원점으로 돌아가서 다시 살피는 것이다. 기업을 분석하는 것은 선악을 가르는 것이 아니다. 기존에 편견을 가졌던 기업일지라도 다시 점검하고, 시장 소외구간을 활용하여 투자하는 것은 큰 의미를 지닌다. 단순히 수익을 내기 위해서가 아니라 자신의 투자 범위를 넓힐 수 있는 매우 좋은 방법이 되기 때문이다.

11장

유형8: IT 산업의 반도체
소·부·장 기업

IT 산업은 늘 투자 기회가 있는 노다지 밭이다

한국 주식시장에서 IT 산업의 전방은 매우 넓고 다양하다. 삼성전자, SK하이닉스 같은 글로벌 기업이 존재하기 때문에 시가총액의 비중도 가장 클 뿐만 아니라 모든 섹터 가운데 기업 수도 가장 많다. IT 산업의 시가총액 비중은 코스피와 코스닥을 합쳐서 40% 수준에 육박하고 종목 수도 전체 종목 수의 30%에 가깝다.

IT 산업은 기술의 발전 속도가 다른 산업보다 매우 빨라서 기업을 공부하고 분석하기가 쉽지 않다. 투자 관점에서도 누군가는 IT 산업이 가치투자가 불가능하다고 말하고, 다른 누군가는 모멘텀 투자하기에 좋은 시장이지만 변동성이 커서 매수와 매도 기준을 잡기가 어렵다고 말한다. 이렇듯 IT는 분야가 넓고 난해하여 투자자의 호불호가 극명하게 나뉘는 산업이고, 저마다 접근 방법도 매우 다양하다.

지금껏 나는 다양한 산업과 기업을 탐방하면서 산업의 지도를 편견 없이 그려왔다. 그 가운데 가장 많은 신경을 쓰고 시간을 할애한 산업은 단연코 IT다. IT 산업은 적당히 하는 것이 아무 의미가 없다. 그만큼 산업의 발전 속도가 너무 빠르고, 그로 인한 기업의 변화가 매우 크다. 개인적으로 IT 산업을 볼 때 유심히 살필 부분은 융·복합이라고 본다. IT 산업은 다른 산업과 쉽게 결합하는 특성이 있다. 그래서 IT 산업을 꾸준히 공부하고 분석하는 행위는 다른 산업에서의 변화를 발견한다는 측면에서도 의의가 크다.

최근 IT 산업에서 새로이 성장하는 시장으로는 자동차 산업에 IT가 접목된 전장◆ 산업이 있으며, 최근에는 로봇과 AI 산업이 대두되기 시작하면서 미래 산업으로 각광받고 있다. 그러나 10년쯤 전만 해도 IT의 전방 산업은 휴대폰, 디스플레이, 반도체였다. 이제 휴대폰은 성숙시장 단계에 와 있고, 디스플레이의 경우는 중국이 주도하는 산업이 되어버렸다. 반도체만이 유일하게 성장성을 여전히 유지하면서 산업의 사이클을 반복하고 있다.

국내 반도체 산업을 살펴보면 삼성전자, SK하이닉스처럼 반도체 칩셋을 만드는 기업들이 있고, 이 기업들에게 소재, 부품, 장비를 공급하는 회사가 있다. 이번에는 반도체 관련 중소형 IT 부문에서 핵심이라고

◆ 차량에 사용되는 전기·전자 장비.

할 수 있는 '소·부·장', 즉 소재, 부품, 장비 회사에 어떻게 접근하고 수익을 거둘 수 있는지 이야기해보려 한다.

내가 이제껏 IT 산업에서 투자해본 회사는 적어도 150곳 이상이다. 반도체 관련 기업만 해도 70여 개에 달한다. 전문투자자 중에서도 다양한 IT 기업에 투자하면서 경험치를 쌓아왔다. 그러나 모든 IT 기업에 대해 언급하는 것은 불가능하고, IT 기업이 보유한 원천기술을 쉽게 풀어낼 정도로 산업에 관한 전문지식이 풍부하지도 않다. 다만 최대한 많은 IT 기업으로 관리 종목을 확장하려고 애썼고, 그 과정에서 다른 투자자와는 조금 다른 관점과 조금 다르게 접근하는 노하우를 쌓아왔다고 생각한다.

이제부터 이야기할 기업들은 지난 10년간 내가 투자했던 반도체 관련 중소형 IT 회사들이다. 단 한 번 투자한 기업도 있으나 대부분 여러 번 투자했다. 들어도 이해하기 힘든 기술적인 부분보다는 기업의 특성과 경쟁우위, 투자 접근 방법에 대해 소개하고자 한다.

사례1

반도체 소재 기업들

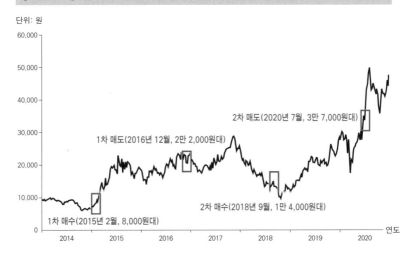

[그림 11-1] 이엔에프테크놀로지 주가 그래프(2014~2020년)

단위: 원

1차 매도(2016년 12월, 2만 2,000원대)

2차 매도(2020년 7월, 3만 7,000원대)

2차 매수(2018년 9월, 1만 4,000원대)

1차 매수(2015년 2월, 8,000원대)

내가 투자한 반도체 소재 기업들로는 한솔케미칼, 솔브레인(구 테크노세미켐), 원익머트리얼즈, 동진쎄미켐, 이엔에프테크놀로지, 후성, 이녹스첨단소재, 디엔에프, 덕산하이메탈, 덕산테코피아, 나노신소재, 메카로, 오션브릿지 등이 있다.

반도체 소재 기업은 말하자면 IT 내 화학 기업이다. 이 화학 기업들은 통상적으로 습식Wet 케미컬과 건식Dry 케미컬로 구분된다. 반도체 공정 중에는 웨이퍼 위의 필요한 패턴만 남기고 깎아내는 '식각' 과정이 있는데, 이때 화학약품을 사용하는 방법이 습식이고 가스나 플라즈마를 사용하는 방법이 건식이다. 습식 케미컬 기업으로는 한솔케미칼, 솔브레인이 대표적이고, 건식 케미컬 기업은 원익머트리얼즈가 있다.

기업 분석:
반도체 소재 산업의 Q·P·C

반도체 소재 기업을 대상으로 기업 분석을 해보자. 기업 분석에서는 예외 없이 Q·P·C를 살펴본다.

Q에서 가장 중요한 것은 반도체 칩 메이커인 고객사의 가동률 현황과 향후 투자 계획이다. 삼성전자와 SK하이닉스 같은 메모리 반도체 회사의 공장 가동 현황을 늘 주목해야 하고, 이들이 매년 발표하는 투자 계획을 살펴 향후 성장을 가늠해봐야 한다. 과거에는 국내 반도체 공장 사이트부터 시작해서 중국에서는 삼성의 시안 공장, SK하이닉스

의 우시 공장에 대한 투자가 주류를 이뤘고, 최근에는 다시 국내에서 삼성 평택 공장, SK하이닉스 이천 공장 그리고 미국에서의 신공장 투자도 진행되고 있다. 이러한 투자 계획은 반도체 산업의 수요와 공급에 따라서 시시각각 바뀌기 때문에 꾸준한 업데이트가 필요하다. 다음으로는 고객사 내 점유율이 경쟁사와 비교하여 변화가 생기는지 확인해야 한다. 마지막으로 신규 고객사의 확보와 신규 아이템의 개발 현황에도 관심을 가져야 한다. 같은 국내 회사가 아닌 마이크론이나 인텔 또는 TSMC 같은 해외 반도체 회사에 공급하는 것은 주식시장에서 큰 호재로 인식된다.

P도 Q의 흐름과 크게 다르지 않다. 일단 P에 변화를 주는 요인에는 경쟁 현황과 캡티브 고객의 여부다. 캡티브 고객이라는 것은 한국에서는 보통 '같은 그룹의 계열사'를 말한다. 한솔케미칼이 예가 될 수 있겠다. 한솔그룹은 범汎 삼성 계열이기 때문에 삼성전자나 삼성디스플레이가 생산하는 반도체와 디스플레이에 사용되는 소재를 공급하고 있다. 따라서 가격 면에서 타 소재 회사보다 안정적인 모습을 보여줬다. 물론 계열사가 아닌 소재 회사라고 해서 가격이 무조건 불안정하다는 것은 아니다.

P에서 중요한 것은 해당 아이템의 경쟁우위와 경쟁 현황이다. 아무리 고객사 입장에서 단가를 인하하고 싶어도 대체할 수 없는 소재를 만들고 있는 회사에게 무턱대고 가격 인하를 요구할 수는 없다. 따라서 경쟁 현황을 통해서 그 아이템의 경쟁우위와 시장 장악력을 파악하는 것이 중요하다.

C는 회사별로 민감도에 있어서 차이가 난다. 한솔케미칼의 경우 과산화수소, 프리커서, 라텍스 제품군 등은 유가와 밀접한 연관을 갖는다. 매출 비중이 가장 큰 과산화수소의 경우 가격의 절반이 나프타와 연동되기 때문에 C의 변동성을 고려해야 한다.

솔브레인과 이엔에프테크놀로지의 경우에는 주요 제품인 식각액의 원재료가 HF불화수소인 불산 계열이기 때문에 과거에 가격 변동 시 기업의 이익 변동에 영향을 주었다. 다만 식각액 업체들은 국내에 두 업체이고, 해외에서도 이 정도 규모가 되는 회사는 드물어서 고객사 입장에서도 대체할 수가 없다. 따라서 원재료 가격 변동 시 판매가에 대한 보존을 일정 시간 간격을 두고 해주는 편이다.

CRcost reduction◆의 경우에 소재 업체나 부품 업체 모두에게 매년 발생하는 것이 일반적인데, 과거 대비 대기업들의 상생경영 이슈가 불거지고 난 이후 압박이 조금 줄어든 것은 사실이다. 역시나 해당 아이템별로 제각각이니 투자하고자 하는 회사와 경쟁 회사를 통해서 경쟁 강도와 고객사 상황을 크로스 체크하는 것이 중요하다.

◆ 고객사가 비용 절감을 위해 협력사에 요구하는 가격 인하.

투자 사례:
박힌 돌을 빼는 구르는 돌

IT 산업에서의 Q·P·C에 대해 간단히 설명했으니 이제는 투자 사례를 하나 들어보겠다. 나는 과거에 솔브레인과 이엔에프테크놀로지(이하 이엔에프)의 경쟁 상황을 분석함으로써 투자 의사결정을 내렸다. 두회사는 반도체와 디스플레이를 전방으로 다양한 소재를 만드는 기업이다. 그 가운데 핵심적인 아이템 하나가 겹치는데, 바로 습식 식각 공정에 사용되는 소재인 식각액이다.

2014년으로 돌아가보자. 이엔에프는 본래 디스플레이용 식각액을 공급했다. LG디스플레이 내에서는 이 기업이 과반을 점유하고 있었고, 나머지는 솔브레인과 동우화인켐이 담당했다. 그러다가 이엔에프는 신규 사업으로 반도체용 식각액 공급을 준비했다. 반도체용 식각액은 솔브레인이 워낙 잘해왔던 아이템이기 때문에 당시 시장에서는 솔브레인의 독주 가능성을 더 크게 점쳤다. 그러나 기업들은 원재료나 부품을 조달할 시 기본적으로 일원화를 기피한다. 공급 리스크를 분산시켜야 하기 때문이다. 국내 IT 대기업들 또한 이원화 혹은 삼원화를 기본으로 한다. 덕분에 이엔에프는 2014년 즈음 SK하이닉스 쪽으로 시장 점유율 10% 미만 정도에서 반도체용 식각액 공급을 시작할 수 있었다. 그리고 놀랍게도 2015년 말에는 점유율이 40%까지 늘어났고, 이후에는 과점 사업자로까지 성장했다.

당시 나는 솔브레인에 투자하면서도 이엔에프를 눈여겨보고 있었다. 디스플레이용 식각액을 오랜 기간 공급해온 이력과 신규 아이템인 반도체용 식각액의 SK하이닉스 침투를 보며 이엔에프가 향후 삼성전자 쪽으로도 공급을 시작하는 것은 시간문제라고 보았다. 물론 이엔에프가 이렇게 침투할 수 있다면 다른 기업도 마찬가지라고 생각할 수 있지만, 과거 오랜 준비 기간과 해당 아이템의 기술적 장벽을 고려했을 때 신생 업체의 진입은 어렵다고 판단했다.

과연 기대대로 이엔에프는 SK하이닉스보다 더 큰 고객사인 삼성전자 쪽에도 침투했다. 2015년 말 이엔에프의 점유율은 10%가 되지 않았으나, 삼성 평택공장에서부터 본격적으로 공급을 확대하며 30% 수준까지 키워나갔다.

그렇다면 솔브레인은 어떻게 됐을까? 두 고객사 내 시장점유율을 빼앗겼다고 해서 솔브레인이 성장하지 못한 것은 아니었다. 삼성전자와 SK하이닉스의 반도체 투자가 워낙 큰 단위였기 때문에 시장은 크고 빠르게 성장했고, 솔브레인 또한 식각액 부문에서 큰 성장을 했다.

그렇지만 역시 두 기업의 성장 차이는 확연했다. 신규 진입자가 의미 있는 수준으로 시장점유율을 확대한 효과는 주가로 나타났다. 2015년 초부터 2016년 말까지 주가 추이를 보았을 때 솔브레인은 대략 1만 5,500원에서 2만 9,000원 수준으로 80%대 수익률을 기록했다. 반면에 이엔에프의 주가는 6,700원에서 2만 3,700원으로 무려 350%의 더 큰 수익률을 기록했디([그림 11-1] 참조). 다른 펀드들은 대부분 시가총액도 더 크고 더 잘 알려진 솔브레인에 투자했다. 그러나 내 펀드에서는 앞서 언급한 것처럼 이엔에프의 성장성을 눈여겨보았기에 이쪽의 투자 비중이 더 높았다.

이엔에프와 솔브레인의 투자 비교 사례는 IT 기업으로서 부가가치가 높은 신규 아이템은 기업 전체의 매출과 이익을 결정할 정도로 효과가 크다는 것과, 'Unknown' 기업이 'Well-known' 기업보다 주가의 성장성 면에서 우월하다는 것을 증명했다. 나는 특히 후자의 경험을 수도 없이 많이 했다.

기관투자자는 보통 시총이 큰 기업을 선호하는 경향이 있다. 1조 원이상의 매우 큰 자금을 운용하는 펀드들이라면 거래의 용이함을 생각했을 때 이해할 수 있는 부분이다. 하지만 그 이하 규모의 펀드에서는 거래량이 적고 시총이 다소 작더라도 'Unknown' 기업에 투자했을 때 얻을 수 있는 효용을 노려보라고 말하고 싶다. 어찌 보면 소형 IT 기업의 경우 큰 자금을 운용하는 전문투자자보다는 개인투자자가 더 유리한지도 모른다.

사례2

반도체 부품 기업들

[그림 11-2] 티씨케이 주가 그래프(2014~2020년)

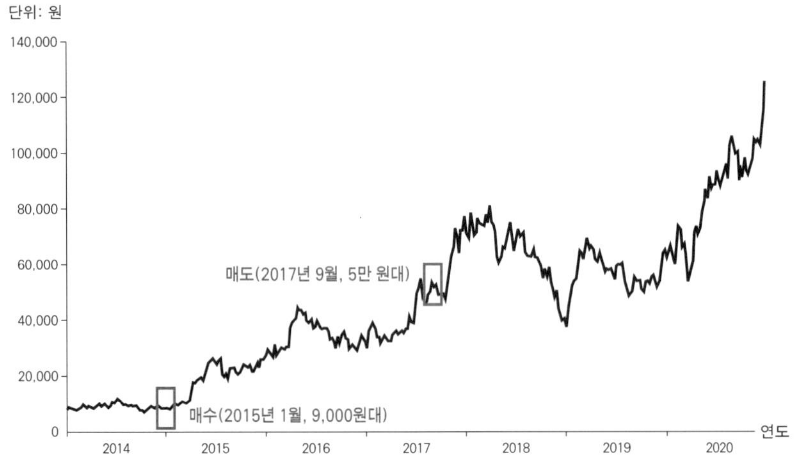
단위: 원
140,000
120,000
100,000
80,000
60,000
40,000
20,000
0
매도(2017년 9월, 5만 원대)
매수(2015년 1월, 9,000원대)
연도
2014
2015
2016
2017
2018
2019
2020

내가 투자한 반도체 부품 기업들로는 리노공업, ISC, 티에스이, 마이크로컨텍솔, 피엠티(구 마이크로프랜드), PI첨단소재, 티씨케이, 하나머티리얼즈, 케이엔제이, 원익QnC, 코미코, 월텍스, 레이크머티리얼즈, 코미코, 한솔아이원스(구 아이원스), 뉴파워프라즈마, 에스앤에스텍, 테이팩스, 해성디에스, 한국단자 등이 있다.

반도체 부품 기업들 또한 소재 기업들과 Q·P·C 관점에서 비슷하므로 이에 대한 설명은 생략하겠다. 대신 반도체 공정에 사용되는 부품을 만드는 기업들을 간략하게 분류하면서 이해도를 높이고자 한다.

부품 기업 분류:
다양한 반도체 공정 관련 부품들

먼저 리노공업, ISC, 티에스이, 마이크로컨텍솔은 반도체 검사 과정에서 사용되는 소켓이나 핀을 만든다. 만드는 방식은 보통 러버 타입과 핀 타입으로 나뉘는데, 리노공업이 글로벌을 대표하는 핀 타입 업체이고 나머지는 러버 타입이다.

다음으로 쿼츠, 세정, 세라믹 등의 부품류를 '반도체 파츠'라고 칭하는데, 이와 관련된 기업들로 원익QnC, 하나머티리얼즈, 월텍스, SK엔펄스(구 SKC솔믹스), 코미코 등이 있다. 쿼츠에서는 원익QnC가 글로벌 1위이고, 일본의 토소가 2위이며, 국내에는 SK엔펄스와 비상장사들이 있다.

실리콘 파츠는 식각 공정에서 사용된다. 하나머티리얼즈, 월텍스, SK엔펄스 등의 기업이 있다. 실리콘 파츠는 OEM과 세컨드 소스로 나뉘는데, OEM은 반도체 회사들의 라인 초기 때부터 같이 사용되어 비포 마켓before market이라고 부른다. 세컨드 소스는 일종의 애프터 마켓after market이다. 반도체 라인 가동 초기에는 OEM 부품이 사용되고, 그 이후로 교체할 때부터는 세컨드 소스 부품들도 사용된다. 과거에는 OEM 부품이 우선시되는 경향이 있었으나 칩 메이커 입장에서 효율성을 중요시하면서 세컨드 소스 제품에 대한 선호도가 과거 대비 증가한 상황이다. OEM 부품 회사로는 하나머티리얼즈가 있다. TEL도쿄일렉트론에 공급하는데, 삼성전자가 TEL의 장비를 주로 사용하기 때문에 규모가 크다. SK엔펄스는 세컨드 소스 중심으로 SK하이닉스가 주요 고객사이고, 월텍스는 세컨드 소스만 하는 회사로 고객사가 국내외에 매우 다변화되어 있다는 점이 특징이다.

세정 부품에서는 코미코, 아이원스, 원익QnC, 싸이노스가 있다. 코미코는 세정에서 업력이 오래된 회사로 해외 거점 공장들도 구축을 해놓았고, 특히 코팅 분야에서 경쟁력이 탁월하다. 아이원스는 코미코 다음으로 세정 사업을 오래 해왔지만 글로벌 기업인 어플라이드 쪽으로 부품 사업에 집중하는 선택을 했다. 원익QnC는 후발주자로서 자회사 나노원과 함께 세정 사업을 하고 있다.

SiC실리콘 카바이드 Ring◆ 부품은 디씨케이가 선두주자로서 오랜 시간 동

◆ 반도체 제조 공정 중 웨이퍼가 장비 안에서 움직이지 않도록 고정시키는 부품.

안 입지를 굳혀왔고 후발주자로서 하나머티리얼즈와 케이엔제이가 영역을 넓혀가고 있다. 이 외에도 플라즈마 장비를 제조하는 뉴파워프라즈마나 국내 유일의 블랭크마스크를 제조하는 에스앤에스텍 등 다양한 반도체 공정 관련 부품 기업들이 있다.

투자 사례:
경쟁자 리스크를 압도한 아이템 진입장벽

다음으로 실제 투자 사례를 간단히 살펴보자.

티씨케이는 일본 도카이카본이 설립하고 한국 케이씨텍과 합작한 반도체 중심의 IT 소재 회사다. 10년 전에는 고순도 그라파이트 소재를 활용하여 반도체, 태양광, LED용 부품을 제조하고 있었다. 당시 이 회사가 2006년부터 적지 않은 R&D 비용을 들여가며 오랫동안 개발해온 SiC Ring이라는 아이템이 있었다. 2013년 말에 주요 고객사로 양산 공급을 시작했는데, 보수적인 IR의 성향으로 시장에 크게 알려지지는 않았다. 저 아이템을 인지한 소수의 투자자조차도 큰 성장 가능성을 가진 것으로 생각지 않았기에 주가도 정체되어있었다.

그러나 2015년에 들어오면서 SiC Ring 매출이 본격적으로 증가했다. 그해 봄에 나도 탐방을 가서 SiC Ring이라는 제품에 대해서 알게 되었다. 기존에는 Si실리콘 Ring 제품을 사용하다가 SiC로 바뀐 것인데, 부품의 수명주기가 2주에서 4주로 늘어나 고객사의 부품 재료비 절감이 상당했으며, 식각 공정에서의 효율을 높여주는 효과가 있었다.

탐방을 다녀온 즉시 투자를 해야겠다고 마음먹었다. 신규 IT 부품이 탄생했기 때문에 모멘텀은 확실하다고 생각했다. 다만 당시 티씨케이의 시가총액이 1,000억 원대 후반이었고, 영업이익의 수준이 10년간 100억 원 내외로 크지 않았기 때문에 초기 성장 속도에 대해서는 보수적으로 생각하여 투자 비중이 높지는 않았다([그림 11-2] 참조).

그러나 해당 부품에 대한 고객사들의 니즈가 매우 커지면서 매우 빠른 속도로 매출과 이익이 성장하기 시작했다. 영업이익이 2014년 70억 원에서 2015년 160억 원, 2016년 274억 원, 2017년 477억 원을 기록했다. 이 과정에서 나는 비중을 적절하게 늘려나갔다. 시가총액은 2017년 말 기준으로 9,000억 원 가까이 늘어났다.

2017년에는 나의 의사결정에 큰 영향을 미치는 일이 발생했다. 바로 경쟁자의 출현 가능성이었다. IT 산업에서 경쟁자의 출현은 매우 위협적이다. 여기서 나는 오판을 하고 말았다. 여느 IT 기업의 아이템처럼 경쟁자가 어렵지 않게 자리를 잡을 것이라 믿어버렸다. 그도 그럴 것이 글로벌 굴지의 IT 기업 정도가 되면 한 아이템에 대한 벤더를 분산시키기 마련이다. 고객사는 공급의 이원화 혹은 삼원화를 위해 알게 모르게 세컨드 벤더들에게 기회를 주려 한다. 바로 여기서 나는 SiC 제품의 진입장벽을 간과했다. SiC 제품은 모회사 도카이카본의 그라파이트를 사용한 티씨케이조차 R&D에 7년이 걸린 제품이었다.

나는 2년 만에 투자를 종료해버렸다. 그러나 경쟁사의 진입은 티씨케이의 사업에 단기적으로 큰 영향을 주지 못했다. 후발주자인 하나머티리얼즈가 2020년부터 시장에 진입했지만 반도체 내 다른 공정에서 사용되었고, 케이엔제이는 최근에서야 애프터 마켓에서 공급을 늘리고 있다.

티씨케이의 영업이익은 2018년 590억 원, 2020년 802억 원, 2022년 1,270억 원으로 반도체 업사이클의 순풍을 온몸으로 맞으며 성장해갔다. 이러한 큰 성장은 경쟁자들의 진입이 있었음에도 이루어낸 것이었다. 2021년 이 회사의 시가총액은 2조 원 중반까지 올라갔다. 내가 초기에 투자했던 2,000억 원 내외보다도 10배 이상이 올라간 것이다.

나는 비교적 초기에 기업을 발굴하여 수혜를 누렸지만, 장기적인 주가의 추가 상승에는 소외되었다. 이 투자는 단순히 경쟁자가 진입했다는 사실보다는 해당 아이템에 대한 진입장벽과 장기 성장성이 더 중요하다는 교훈을 남겼다.

사례3

반도체 장비 기업들

내가 투자한 반도체 장비 기업들로는 원익IPS, 테라세미콘◆, 테스, 유진테크, 주성엔지니어링, 싸이맥스, 에이피티씨, 케이씨텍, 피에스케이, 제우스, 이오테크닉스, 필옵틱스, 프로텍, 테크윙, 유니테스트, 엑시콘, 한양이엔지, 성도이엔지, 에스티아이, 씨앤지하이테크, 엘오티베큠, GST, 유니셈, 디바이스이엔지, 에프에스티 등이 있다.

◆ 현재는 원익IPS와 합병되었음.

기업 분석:
반도체 장비 산업의 Q·P·C

반도체 장비는 Q·P·C 면에서 소재나 부품과는 다른 특성을 보인다. 각각 살펴보자.

Q에서는 반도체 칩 메이커의 가동률보다는 신규 투자가 중요하다. 장비 기업은 새로운 반도체 라인을 만들 때 사용되는 장비를 공급하기 때문에 가동률이나 메모리 가격과 연동되지 않는다. 다만 가동률이 높고 메모리 가격이 상승할 때 향후 고객사가 추가 투자를 할 가능성이 높기 때문에 방향성은 공유한다고 볼 수 있다.

P에서는 소재나 부품 회사가 매년 CR 압박을 받는 것보다는 부담감이 훨씬 적다. 또한 장비 기업은 장비의 스펙 업을 통해서 가격을 유지하거나 높이기도 한다. 기술 난이도가 낮을수록 경제적 부가가치가 낮은 편이고 경쟁이 강해지기 때문에 가격에서 위협받을 수 있다. 장비는 1대당 가격이나 평균 마진을 통해서 해당 장비의 경제적 부가가치를 평가할 수도 있다.

C에서도 민감도가 작은 편이다. 원재료의 변동으로 장비 회사의 마진이 크게 변동하는 경우는 거의 없다.

위의 설명만 보면 장비 회사가 소재나 부품 회사보다 사업 운영이 더 수월한 듯 느껴질 수 있다. 하지만 고객사의 투자가 감소하면 매출이 급격하게 줄어들어 소재나 부품보다 실적의 변동성이 크다. 따라서 밸류에이션은 소재 회사보다 조금 낮게 받는 편이다.

그러나 장비 기업은 신규 장비를 개발해서 상용화했을 때 기업 가치가 점프하는 경우가 많다. 반도체 소·부·장 각 영역에서 외산을 여전히 사용하지만 장비 분야가 가장 외산 비중이 높기 때문에 앞으로 이를 대체하는 신규 장비 개발은 매우 좋은 투자 포인트다.

투자 패턴:
공포에 사고 탐욕에 판다

IT 산업에 투자하는 많은 이들이 모멘텀을 이용한 투자를 하기 때문에 반도체 사이클의 경우에도 업사이클에 투자하는 경우가 대부분이다. 그러나 나는 반도체 장비 기업들에 투자할 때는 반도체 업사이클이 한창일 때보다는 다운사이클이 한창 진행되었을 때 들어간다. 나는 투자자들이 외면하는 소외 구간이나, 기업 내부 이슈든 거시경제 이슈든 공포를 느끼는 구간에서 투자하는 것을 선호한다. 반도체 산업은 사이클에 따라서 기업들의 이익 변동성이 다른 산업보다 큰 편이기 때문에 주가의 움직임도 거칠다. 이것을 역이용하는 것이다. 물론 이러한 투자 방법을 구사하려면 해당 기업의 기술력과 아이템의 경쟁우위, 그리고 불황일 때에도 방어할 수 있는 최소한의 이익 체력을 파악하는 것이 중요하다.

이런 접근은 반도체가 아닌 다른 IT 산업에 투자할 때도 비슷하다. IT 산업에서의 투자는 성공과 실패를 반복하기 쉬운데, 나는 IT에서 투자하면서 손해를 본 적이 손에 꼽을 정도로 적다. 물론 오버슈팅◆하는 IT 기업의 주가 상승분을 끝까지 다 먹는 엄청난 수익을 내는 경우는 드물었지만, 다른 산업보다 더 높은 수익을 내는 데 불편함은 없었다.

다만 IT 기업들에 투자할 때는 각별히 주의가 필요한 부분이 있다. 일반 제조업은 기술의 변화가 단기적으로 크지 않고 수요와 공급의 변동도 대략적으로는 예측 가능한 범위 안에 있는 경우가 많다. 따라서 주가 바닥에 대한 접근도 분할 매수를 통해서 용이하게 할 수 있는 편이다.

그러나 IT 산업은 기술의 발전과 트렌드 전환으로 인하여 해당 IT 기업의 아이템이 아예 소멸할 가능성이 있다. 따라서 기술의 발전 트렌드와 경쟁 회사들의 행보에 예민하게 귀를 기울여야 한다. 유독 경쟁자의 출현에 따라서 주가의 변동성이 커지는 IT 기업들의 특성은 이런 점에서 비롯된다.

IT 기업 투자에는 왕도가 없다. 기술 트렌드 변화에 촉각을 곤두세우고 꾸준한 기업 미팅을 통해 경쟁기업뿐 아니라 전방기업과 후방기업까지도 크로스 업데이트를 해야 한다. IT 기업 한 곳에 투자하기 위해 20~30개 기업을 업데이트하는 것은 내게는 일상적인 일이다.

개인적으로 IT 산업 투자를 잘하기 위해 기술을 완벽하게 이해할 필요가 있다고 보지는 않는다. 오히려 기술 트렌드를 간략히 이해하고 나서 최대한 많은 기업을 분석하는 것이 성공 투자의 근간이라고 본다. 결국 기술적으로 어려운 IT 기업들도 나에게는 '금융 노가다'의 대상이었을 뿐이다.

◆ 시장 가격이 일시적으로 폭등·폭락하는 현상.

3부

실패하지 않는 주식투자

12장

매매: 기질을 따르되
원칙을 지켜라

매매의 판단 기준은 무엇인가?

　보수적인 투자자라고 해서 투자한 기업을 PER 5배에 사서 PER 10배에 매도하는 것이 능사는 아니다. 투자하고 싶은 기업을 발굴하는 것은 자주 있는 일이 아니므로, 투자한 기업을 너무 일찍 매도하는 우를 범할 필요는 없다.

　여기서는 나처럼 보수적인 투자자를 위해서 안전마진을 확보하면서도 수익률을 의미 있는 수준으로 높이고자 쓰는 방법을 소개한다. 요점부터 말하면 다음 세 가지 요소를 모두 고려하여 보유한 주식을 최대한 비싸게 매도하는 것이다. 각 요소를 살펴보면, 밸류에이션은 숫자로 판별하는 객관적 영역에 가깝고, 모멘텀과 과열 수준은 심리적이고 주관적인 영역이다. 이때 매매 방식은 '분할'이다. 분할 매수뿐 아니라 분할 매도도 투자의 안정성을 끌어올려준다.

1. 밸류에이션

밸류에이션, 즉 가치평가는 기업의 펀더멘털과 관련된 부분으로 자산가치, 수익가치, 성장가치 세 가지를 적절히 감안해야 한다. 지난 10년 이상 이어진 초저금리 시대는 성장주에 큰 점수를 주는 시기여서 자산가치는 그다지 반영되지 못했다. 그러나 자산가치는 금리의 수준에 따라서 평가가 달라질 수 있다. 지금은 초저금리 시대가 막을 내렸기 때문에 자산가치의 재평가가 예상된다.

자산가치를 나타내는 지표인 PBR은 동시에 청산가치를 나타내는 지표로서 주가의 바닥을 얘기할 때 주로 사용되는 경향이 있다. 요즘처럼 금리와 인플레이션이 높은 구간에서는 단순히 'PBR이 몇 배다'라고 하는 것보다는 순유동자산의 가치가 더 중요하다고 본다. 높아진 금리와 연동될 수 있기 때문이다. 또한 해당 자산가치를 분석하여 숨겨진 가치가 있는지 알아보는 것도 좋은 방법이다. 예를 들면 기업의 장부가가 1,000억 원이지만 실제로는 3,000억 원 이상에 매매되는 토지나 건물을 보유 중인 경우 적극적인 신사업 진출 또는 주주환원의 재원으로 사용되면 그 가치를 바로 인정받을 수도 있다.

수익가치의 대표적인 지표는 PER이다. 해당 기업의 매매 시점을 잡고자 한다면 해당 기업의 과거 PER 밴드나 그 업종 평균 PER을 감안하여 저평가 매력을 따져본다. 저평가 요인이 더 이상 존재하지 않는다면 매매 시점을 가늠한다. 이 방법은 보수적인 투자자에게 마음 편한 방법일 수 있다. 다만 수학공식처럼 '과거 PER 10배가 상단 평균이었으니, 그 부근에서 무조건 매도한다'가 답이 아닐 수 있다. 그만큼 기업의 현재 모습을 질적으로 평가하는 것이 더 중요하다. 만약 과거보다 더 나은 점을 발견하기 어렵다면 과거 밴드 상단에서 매도하는 것도 나쁘지 않다.

성장가치는 매우 주관적인 영역이다. 기업의 성장성을 가늠하기 위해서는 경쟁우위 요소와 환경적인 요인들을 잘 분석하고 합리적인 논리를 구축할 수 있어야 한다. 만약 주가가 수익가치와 자산가치를 모두 고려하고도 그 이상의 고평가 영역에 있다고 판단되면 투자에 신중해져야 한다. 종종 과열된 밸류에이션을 가진 기업에 대해 시장의 오버슈팅이 나오는 경우 다수의 투자자들은 취하는 경향이 있다. 하지만 사실은 이때야말로 가장 긴장하면서도 냉철해져야 할 때다.

결국 기업의 가치평가는 나침반과 같다. 대략적인 방향 제시는 가능하지만 더 나아갈지 후퇴할지는 투자자 본인이 결정해야 한다.

2. 모멘텀

기업에 대한 투자자들의 심리적 인식이 강하게 작용하는 부분이다. 단기간에 투자자들이 몰리면서 시세를 내는 경우엔 대부분 모멘텀이 작용한다. 기업의 펀더멘털이 하루아침에 바뀌는 경우는 거의 없다. 대부분 오랜 기간 동안 투자자들의 관심이 적어서 그 기업의 강점을 인지하지 못한 상태가 유지되다가 특정 시점에 시장에서 호재로 인식되는 계기로 단기간에 투자자들의 심리가 변하는 것이다.

만약 이 모멘텀이 단기간에 전부 혹은 대부분 발현된다면 시장의 평균적인 기대를 가늠하면서 그 모멘텀이 대부분 반영되는 시점보다 조금 앞서 매도 시점을 잡는 것이 바람직하다. 파티가 끝나면 더 이상 먹을 것이 나오지 않는 법이다.

물론 해당 모멘텀이 장기적으로 회사의 펀더멘털에 아주 큰 영향을 준다면 단기적인 주가 등락에 좌지우지되지 말고 장기 성장성을 감안하여 보유 여부를 판단하면 된다. 주식을 매도하고서 주가가 세 배, 네 배로 뛰어도 투자자 본인의 논리가 바뀌지 않았다면 아쉬워할 필요가 없다.

천재 물리학자 아이작 뉴턴조차 튤립 버블의 광풍에 뛰어들어 큰 손실을 입고 나서 "천체의 움직임은 센티미터까지 계산할 수 있어도 사람의 광기는 한치 앞을 알 수가 없다"라는 말을 남겼다. 주가의 고점은 아무도 알 수 없다. 실전 투자에서는 투자 대상에 대한 자신의 기대수익률 대비 초과 수익률에 만족하는 마음가짐을 갖는 것이 현명하다.

3. 과열 수준

주식을 매수하고 매도하는 수급과 관련되는 부분이다. 초기의 과열은 주가 상승에 큰 도움을 주지만, 후기의 과열은 단기적으로 큰 변동성과 파티의 끝을 암시하곤 한다. 과열 수준을 점검하는 지표는 여러 가지가 있다. 몇 가지만 살펴보자.

1) **각종 보조지표:** 이격도, VR volume ratio, RSI 상대적강도지수 등이 있다. 시장 전체를 볼 때 유용한 ADR Advance Decline Ratio, 주가 등락 비율도 있다. 이들은 과열과 소외의 수준을 나타내는데, 참고할 수는 있지만 직접적인 매수와 매도 신호로 해석할 것은 아니다. 다만 과열과 소외에 대한 보조지표로 사용하기에는 적절하다.

2) **신용잔고율:** 전체 발행주식 중에서 신용을 사용한 레버리지 투자가 얼마만큼의 비율로 거래되었는지를 확인하는 수치다. 개인적으로 개별 기업의 주가 과열을 판단할 때 가장 중요하게 보는 지표다. 일별 거래량 대비 신용거래량인 신용공여율도 같이 보면 더 유용하다. 중소형주 기준으로 신용잔고율은 5% 이상이면 조금 높은 수준이며, 7~8% 수준 이상이라면 과열되었다고 볼 수 있고, 10%가 넘는다면 완전히 과열된 수준이라고 볼 수 있다. 신용잔고율이 10%가 넘는 수준이라면 국내 상장된 종목 2,300~2,400개 이상 중에서 톱10에 들 정도로 높은 수준이다. 이러한 극도의 과열이 기업의 펀더멘털에서 기인한 경우는 아주 보기 드물다. 거품일 수 있다는 의미다.

물론 신용잔고율이 높아졌다고 해서 무조건 매도해야 하는 것은 아니다. 다만 향후 주가의 변동성이 커질 수 있고 앞서 두 가지 조건인 밸류에이션과 모멘텀이 충분히 발휘되었다면 높아진 신용잔고율 앞에 좀 더 겸손해질 필요가 있다. 더욱이 과열 구간에서는 단기간에 수익이 더 크게 오를 수도, 내릴 수도 있기 때문에 분할 매도로서 대응하는 것이 안전하고 마음 편하다.

반대로 신용잔고가 매우 낮을 때 종목을 발굴할 수 있다면 매우 좋은 신호다. 물론 시장에서 알아주기까지 시간이 오래 걸릴 수도 있다. 하지만 내 경우는 따라가는 투자보다는 종목 발굴자로서 투자하기 때문에 신용잔고가 1% 미만 정도로 낮은 종목을 선호한다. 이는 시장의 관심에서 크게 소외되어있지만 기업 내용이 좋고 성장성이 있다면 향후에 신용잔고율이 커지면서 주가 상승의 기울기가 가팔라질 수 있기 때문이다.

나는 펀드를 운용하며 위에서 언급한 밸류에이션, 모멘텀, 과열 수준 세 가지 조건 가운데 두 가지에 적신호가 들어오면 해당 종목을 떠나보낼 준비에 들어간다. 만약 밸류에이션이 비싸졌고, 모멘텀이 발현되었고, 과열 수준도 매우 높아졌다면 즉시 과감하게 작별한다.

덧붙여 차트 매매에 대해서도 짧게 한 가지만 언급하고자 한다. 차트, 즉 기술적 매매는 투자 자체의 근거가 될 수 없다. 단기 매매자의 입장에서 인위적 근거로 사용되기는 하지만 투자의 여부를 결정하는 근거가 될 수 없음을 다시 한번 강조한다. 다만 투자의 근거를 찾은 기업에 대해 매매 시기를 가늠하는 보조 수단으로는 활용할 수 있다. 투자에서 중요한 것은 배경 지식에 대한 탐구와 기업을 판단하는 안목이다. 이것들이 쌓여서 반복 가능한 수익을 올리는 것이 투자의 묘미가 아니겠는가.

투자자의 기질이 왜 중요할까?

많은 투자자가 주식 책을 찾아 읽으면서 궁극적인 하나의 답을 얻고자 한다. 바로 '어떻게 투자해야 돈을 벌 수 있을까?'라는 질문의 답이다. 조금 더 간략하게 줄이면 "지금 사요?" 또는 "지금 팔아요?"라고 할 수 있겠다.

그러나 이러한 질문에 줄 수 있는 답은 "투자에는 법칙이 없다"는 것이다. 주식시장에는 수많은 이해관계자가 존재한다. 늘 변화하고 진화하며, 투자자들의 생각과 심리도 끊임없이 달라진다. 지금 옳은 답도 내일은 틀릴 수 있다. 주식투자로 수익률이 꾸준히 우상향하는 방법은 다양한 투자 경험과 끊임없는 지식 탐구밖에 없다.

그렇다면 다양한 투자 경험을 오랜 기간 이어가기 위해서는 무엇이 중요할까? 바로 자기 자신의 기질을 잘 파악하는 것이다. 자신의 투자 기질은 초기에는 알 수 없다. 여러 번 투자를 겪어보며 자신을 알아가는 과정을 거쳐야 한다. 만약 충동적이고 인내심이 얕은 투자자라면 장기투자가 고문이 될 것이다. 반대로 단기적 변동성을 감당할 수 없는 투자자에게 모멘텀 투자를 권유하는 것도 잘못된 일이다.

개인적인 경험으로 한국 주식시장에서 단기투자자 가운데 수익을 꾸준히 잘 올리는 사람은 찾아보기 어려웠다. 그렇다면 장기투자가 답일까? 그러나 맹목적인 장기투자도 능사는 아니다. 다음 두 가지 이유에서다.

첫째, 한국의 경제 구조와 한국 주식시장의 미성숙함으로 인한 코리아 디스카운트다. 코리아 디스카운트가 성실한 장기투자자를 어떻게 피눈물 흘리게 만드는지는 이 책의 1부에서 확인할 수 있다.

둘째, 목표한 수익을 창출할 기회가 찾아왔다면 단기투자도 마다할 이유가 없다. 장기투자에 적합한 종목을 늘 발견할 수 있는 것도 아니고, 단기투자 종목도 균형 잡힌 포트폴리오에는 필요할 때가 있다. 다만, 투자 비중의 원칙은 필요하다. 단기투자 비중은 중·장기투자 비중보다 작게 유지하는 것을 추천한다. 혹시 단기투자에서 손실이 나더라도 장기투자에서 만회할 수 있는 여유가 있어야 균형이 흐트러지지 않기 때문이다.

일반적으로 개인투자자의 단기투자 비중은 점점 더 커지는 경향이 있다. 짧은 기간 안에 수익이 들어오는 단기투자가 확실하게 보이고,

수익 실현까지 오래 걸리는 장기투자는 불확실하게 보이기 쉽다. 그러나 본능과 반대로 움직여야 한다. 단기투자에서 성공하면 오히려 중·장기투자 비중을 늘려가고, 현금 비중을 확보해야 한다.

주식은 얼마나 오래
보유하는 것이 좋을까?

주식 보유 기간 면에서 한국 투자자들은 미국 등 금융 선진국보다 그 기간이 짧은 편이다. 비교를 위해 한국과 미국 주식시장의 거래량회전율을 살펴보자. 거래량회전율은 일정 기간 동안 누적된 거래량을 평균상장주식수로 나눈 뒤 100을 곱하여 산출한다. 예를 들어 회전율이 100%라면 상장주식 전부가 해당 기간 동안 1회전을 한 것으로 본다.

코로나 이전인 2019년 연간 회전율을 보면 한국은 코스피 215%, 코스닥 516% 수준이다. 같은 해에 글로벌 투자자들이 모두 적극적으로 참여하는 미국의 경우 S&P는 292%, 나스닥 249% 수준이었다. 한국의 주식시장은 회전율이 매우 높다고 해석할 수 있다. 특히 코스닥은 개인 투자자 비중이 2019년 기준 85% 수준으로 미국 나스닥보다 약 2배 높은 회전율을 보였다. 이는 개인투자자의 단기투자 경향이 뚜렷함을 의미한다. 이를 분석한 자료도 있다. 다음은 한국자본시장연구원이 발행한 보고서 「코로나19 국면의 개인투자자: 투자행태와 투자성과」(2021.6.14)에서 발췌한 내용이다.

"본고는 코로나 19 국면에서 나타난 한국 주식시장 개인 투자자의 거래 형태와 투자 성과를 분석했다. 4개 대형 증권사가 제공한 개인투자자 204,004명의 2020년 3월부터 10월까지 주식 거래 내역을 토대로 분석한 결과를 요약하면 다음과 같다.

첫째, 개인투자자의 주식 포트폴리오는 중소형주, 예로 IT와 바이오 섹터의 비중이 높은 동시에 분산투자 수준이 낮은 것으로 나타난다. 개인투자자는 주가 변동성이 높은 유형의 주식에 집중적으로 투자하여 높은 투자위험을 감수했던 것으로 분석된다.

둘째, 개인투자자는 거래회전율, 일중거래 비중, 종목교체율이 매우 높아 단기적으로 투기적인 형태를 띠는 것으로 확인된다. 이러한 형태는 신규투자자, 30대 이하, 남성, 소액투자자에서 현저하게 나타난다.

셋째, 개인투자자의 투자 성과는 거래비용을 고려할 경우 시장수익률을 하회하며 신규 투자자의 경우 60%의 투자자가 손실을 실현한 것으로 분석된다. 세부 유형별로는 소액투자자의 수익률이 현저히 낮은데 이들은 분산투자 수준이 낮고 거래회전율이 높은데다 고변동성 주식에 주로 투자하는 특성을 보여준다."

한국에서 개인투자자의 투자 기간은 대략적으로 구분하여 3개월 미만인 경우 단기, 3개월에서 12개월 사이인 경우 중기, 1년 이상인 경우 장기, 3년 이상이면 초장기 투자로 지칭할 수 있다. 그리고 한국자본시장연구원의 분석 내용처럼 개인투자자는 단기투자와 투기성 짙은 투자를 지향하며 거래회전율이 높은 특징을 보여준다.

한번 보유한 주식을 얼마나 오래 들고 있어야 하는지 정해진 규칙은 없다. 투자자의 투자 성향뿐 아니라 투자 자금의 성격에 따라서도 적정 투자기간을 고려하여 투자 전략을 달리해야 한다. 그러나 분명한 것은 분석과 고민 없이 짧은 시간에 자주 이루어지는 거래는 거래 비용을 증가시켜 수익률을 떨어지게 만든다는 점이다. 월가의 대표적인 가치투자자이자 헤지펀드의 전설로 꼽히는 빌 밀러Bill Miller는 이런 말을 남겼다.

"주식시장에서 돈을 벌게 해주는 것은 결국 타이밍이 아니라 타임이다."

주도업종과 소외업종의 접근은
어떻게 다를까?

많은 투자자가 주도 업종에 몰리고 주도주만 보유하려고 한다. 그러나 주도 업종이면 모두 긍정적으로 보고 소외 업종이면 모두 부정적으로 보아서는 안 된다. 각자 일장일단이 있기 때문이다.

주도 업종은 타 산업 대비 성장성이 좋은 상태이므로 시장에서 관심도 많고 성장할 가능성이 높은 기업이 많이 속해있다. 하지만 이미 가격이 충분히 오른 상태에서는 방심하고 투자하다가는 낭패를 보기 쉽다. 향후에 시장 성장성이 조금이라도 하락하거나 기업 간 경쟁 강도가 심해지면 투자자들은 까다롭게 변한다. 이러한 시장의 기대치를 충족시키는 기업은 극소수다. 이때부터는 경쟁우위를 가진 기업을 선택하는 옥석 가리기가 필요한데, 난이도가 몇 배로 올라간다. 주도주를 찾는 행위는 일견 좋은 전략일 수 있지만, 남들이 다 찾아놓은 주도주를 편하게 취했다가는 리스크 관리 측면에서 취약해지기 쉽다.

소외 업종은 타 산업 대비 어려움을 겪고 있을 가능성이 높다. 그러나 어려운 산업 속에서도 성장하는 기업은 나오게 마련이다. 그리고 업황에 따라 소외되었던 산업 전체가 회복하거나 성장하는 국면이 다시 찾아오면 기초 체력이 좋은 기업이 더 많은 점유율을 가져가면서 승자독식 현상이 나올 수 있기 때문에 주목할 필요가 있다.

어찌 보면 소외 업종에 투자를 한다는 것은 주식시장 하락기에 진입해서 상승기에서 수익을 내는 구조와 비슷하다. 다만 소외 업종에서는 우량주에 투자해야 승산이 높아지기 때문에 우량주에 대한 종목 분석과 우량주를 선별할 수 있는 역량이 필요하다.

13장

전략: 늘 비교우위를 질문하라

투자하는 주식 종목 수는
몇 개가 적당할까?

이 질문의 답은 이렇다. "정해진 것은 없다."

어떤 이는 워런 버핏도 포트폴리오에서 '애플' 한 종목이 차지하는 비중이 크다는 사실을 들어, 투자 종목은 여러 개로 늘일 필요가 없으며 유력한 종목에 집중투자하는 것이 높은 수익을 낼 수 있다고 주장한다. 과연 이 말을 그대로 받아들여도 될까?

워런 버핏은 1956년 스승의 투자회사를 나와 고향 오마하로 돌아온 뒤 가족과 친구들로 구성된 투자조합 '버핏 어소시에이츠Buffett Associates Limited'를 구성했다. 1965년 무렵 10년간 다우지수가 122% 상승할 때 투자조합의 누적 수익은 1,156%에 달했다. 저 시기를 워런 버핏의 제

1 전성기로 본다면, 제2 전성기는 그가 버크셔 해서웨이를 운영한 기간 가운데 1970년대 후반부터 1990년대 초반에 이르는 13년간으로 볼 수 있다. 이 기간에 워런 버핏은 S&P500지수 대비 매년 평균 23%를 상회하는 엄청난 수익을 냈다.

워런 버핏은 제2 전성기 시기를 회상하며 "매우 높은 비중으로 투자한 종목 수는 10개가 채 되지 않았다"고 말했다. 즉 워런 버핏조차 높은 비중으로 투자할 기업을 1년에 하나도 찾기 어려웠다는 말이다. 그는 최근 몇 년 동안에도 애플을 제외하고는 하나의 종목을 높은 비중으로 투자하는 경우가 거의 없었다.

워런 버핏이 보유 주식 가운데 애플의 비중을 높인 것은 '주식시장에서 오랜 기간 분석한 기업들 가운데 보기 드물 정도의 탁월한 기업', '합리적인 가격대에서 높은 비중으로 장기간에 걸쳐 투자할 수 있는 기업'이라는 조건을 애플이 충족시켰다는 것을 뜻한다. 단순히 그가 가진 종목 비중만 보고서 개인투자자가 큰돈을 벌려면 워런 버핏처럼 소수 종목에 집중투자하면 된다는 의미로 해석해서는 안 된다.

지금 당신이 높은 비중으로 투자한 종목에 대해 당신은 얼마나 연구하고 분석했는가? 그 기업에 대한 신뢰성은 어떻게 확보했는가? 높은 비중의 투자에는 그만큼 신중함이 깃들어있어야 한다.

종목은 가능한 선에서 늘려두는 편이 좋다

개인적으로는 투자자가 스스로 관리할 수 있는 수준에서는 최대한 종목 수를 늘려가는 것이 좋다고 생각한다. 구체적으로 펀드는 50종목

이상, 개인은 5~10종목 이상이 바람직하다. 이는 초보 투자자들에게 더욱 필요한 지침이다. 이유는 수익률을 늘리기 위해서가 아니라 경험치를 많이 쌓기 위해서다. 초보 투자자는 투자 초기부터 수익률을 신경 쓰곤 한다. 그러나 수익률은 초반이 아닌 중반과 후반의 몫이 훨씬 더 중요하다. 초반에는 수익률보다는 자신만의 투자 분석 방법과 적절한 리스크 관리를 경험하는 것이 우선이다. 다양한 산업과, 주식시장의 호황과 불황의 건전한 경험을 쌓은 성숙한 투자자가 되고 나서는 종목의 수를 조금 더 압축하거나 특정 기업에 대한 비중을 크게 높여도 좋을 것이다.

내 경우에는 최대한 많은 종목을 관리 가능한 수준으로 늘려가려고 노력했다. 펀드매니저로서 끊임없이 종목을 직접 발굴할 수 있었기 때문에 타인의 말을 듣고 주식을 사는 행위를 할 필요는 전혀 없었다. 게다가 많은 기업을 알면 알수록 내가 실제로 투자하고자 하는 소수 기업의 경쟁우위를 더 정확하게 파악할 수 있었다.

궁극적으로 나는 다양한 산업과 최대한 많은 기업을 동시다발적으로 파악함으로써 준 매크로 수준의 바텀업 투자 전략을 실행하고 싶었다. 이를 위해서 매년 최소 200회 이상의 기업 미팅을 수행하면서 종목 수를 우직하게 늘려갔다. 처음 300개까지는 2~3년 만에 금방 도달했다. 문제는 그 후부터였다. 300개 이상의 기업을 관리하는 작업을 병행해야 했던 것이다. 단순히 기업을 한 번 미팅하고 끝내는 것이 아니라, 사업보고서를 분석하고 공시를 매일 확인하고 의미 있는 공시는 관리 파일에 기록했다. 또 일정 기간이 지나면 기존 300개 종목 중 다수의 기업을 다시 찾아가 만났다. 그러다 보니 이때부터는 신규로 확장하는 기업 수가 현저히 줄었다. 그렇지만 멈추지는 말자는 생각으로 작업을 지속했다. 그렇게 10년을 꾸준히 하니 이제는 관리 가능한 종목 수가 700여 개까지 확장되었다. 이제는 물리적으로 더 늘리기가 어려운 지경이다.

그렇다면 이렇게 관리하는 종목을 늘려서 과연 준 매크로 수준의 바텀업 투자 전략을 달성했을까? 다행히도 8~9년 차부터 경제와 산업의 흐름이 준 매크로 수준으로 보이기 시작했다. 펀더멘털하게 움직이는 증시에서 적용하기에는 무리가 없었다. 이 전략으로 펀드 운용은 안정감을 가질 수 있었고, 지속적인 수익률을 쌓는 데 큰 도움이 되었다.

내 말의 요점은 관리 종목 수를 무지막지하게 늘려가라는 것이 아니다. 투자자마다 스스로 분석하고 관리 가능한 기업 수가 어느 정도 정해져있을 것이고, 그 안에서라면 투자 종목 수를 늘려나가는 것이 리스크를 분산하고 더 나은 대안을 찾는 데 도움이 된다는 뜻이다. 관리하지도 못할 종목을 늘려만 놓는 것은 최악의 포트폴리오다. 이는 개인투자자나 펀드매니저나 동일하게 적용되는 원칙이다.

투자 대상은 좁히는 편이 좋을까?

투자의 대상은 제한적일 필요가 없다. 아무리 한 산업에 대해 잘 알고 있어도 맹신하는 한 리스크는 반드시 찾아오기 때문이다. 장기적으로 성공적인 투자자가 되기 위해서는 서로 다른 유형의 자산에 대한 지속적인 관심과 노력이 필요하다.

가끔 금융시장에서 지인을 만나면 자신의 투자 방식이 완전히 달라졌다고 말하는 경우가 있다. 한순간에 완전히 다른 사람이 되었다기보다는 그만큼 최근의 투자 방식에 심취해있다는 뜻일 것이다. 그러나 현명한 투자자가 되고 싶다면, 달라지지 말고 넓어지라고 말하고 싶다.

투자자 가운데 일부는 가치주와 성장주를 나누어서 각각 다른 세계의 투자라고 여기곤 한다. 그러나 이는 단기적 관점에서 비롯된 오해다. 장기적 관점에서 나는 가치주에서 성장주로 전환되는 종목을 보았고, 반대로 산업이 성숙기로 가면서 고평가를 받던 성장주가 저평가로 전환되는 경우도 수없이 목격했다.

가치주와 성장주를 굳이 구분할 필요는 없다. 다만 관심 갖는 분야를 끝없이 개척한다는 생각으로 지속성 있게 투자 대상을 넓힐 것을 권한다. 자산 배분의 개념으로 주식시장 안에서의 종목뿐만 아니라 채권, 부동산, 원자재, 대체투자 등 자산 범위를 넓히는 것도 마찬가지다.

투자 대상은 넓으면 넓을수록 좋다. 주식도 국내 주식뿐만 아니라 해외 주식까지도 경험치를 늘리는 것이 바람직하다. 다만 국내 주식은 안되는 것이고, 미국 주식은 만사형통이라는 믿음은 편견이다. 이러한 편견이야말로 또 다른 투자 수익의 기회를 놓치는 원인이 된다. 결국 끊임없는 지식탐구만이 미래의 불확실성에서 나를 지키는 투자가 된다.

레버리지로 투자하는 것은 독일까?

　'레버리지 투자'란 좁게는 증권사를 통한 미수금 투자와 신용매매를 이르고, 넓게는 대출과 마이너스통장, 주변 지인에게 빌린 자금 등을 투자금으로 사용하는 행위까지 모두 포함한다. 한마디로 하면 내 돈이 아닌 남의 돈으로 투자하는 행위다. 신용매매의 경우에는 직접적 레버리지 자금이기 때문에 자칫 잘못 사용했다가는 원금은 물론이고 그 이상의 피해를 입을 수도 있다.

　워린 버핏이나 찰리 밍거 같은 투자의 현인들은 레버리지 투자의 위험성을 오랫동안 경고해왔다. 그들은 거의 한 세기를 살아오며 무리하게 투자를 하다가 실패한 사람들을 무수히 보았을 터다. 투자의 역사를 다룬 책에서도 한때 대단한 투자 수익을 거두었지만 무리하게 투자를 하다가 역사 속으로 사라진 사람들을 소개하곤 한다. 하물며 우리 같은 평범한 투자자들은 말해 무엇 하겠는가.

레버리지 투자는 초보 투자자가 빠지기 쉬운 함정이다. 그들이 레버리지를 일으키는 경우는 크게 두 가지다.

하나는 '초심자의 행운'이 너무 강하게 온 나머지, 실력과 경험에 맞지 않게 투자금을 크게 키운 경우다. 다른 하나는 투자 경험을 충분히 쌓지 못한 상태에서 손실 상태를 빠르게 만회하고자 무리하는 경우다. 두 가지 모두 투자의 기본 원칙과 멀리 떨어져있다. 전자는 다양한 투자 대안을 분석하고 밸류에이션도 고려하여 신중하게 투자하는 태도가 필요하고, 후자는 손실 구간의 고통을 견뎌내지 못하는 성급함을 통제해야 한다.

그렇다면 레버리지는 절대 사용하면 안 되는 것인가? 나는 그렇게 생각하지는 않는다. 기업 역시 사업을 더 활성화하기 위해, 업황 속에서 찾아온 기회를 놓치지 않기 위해 자기자본 외에 타인자본을 사용한다. 같은 논리로 투자자도 필요할 때는 적정 수준으로 부채를 활용할 수 있다.

그러나 부채를 갖는 것과 레버리지를 활용하는 것은 동일한 개념이 아니라는 점을 명심해야 한다. 부채는 이자비용을 낼 수만 있다면 비교적 오랜 기간 활용할 수 있지만, 레버리지는 잘못 사용하다가는 단숨에 원금까지 다 날아갈 수 있다. 그래서 선택에 매우 신중해야 하고, 평소에는 사용하지 않는 것이 상책이다.

그렇다면 레버리지는 언제 활용해야 할까? 주식시장은 기본적으로 변동성을 갖고 있고, 1~2년에 한 번씩은 시장이 크게 흔들리는 경우가 있다. 주식시장에 비관적인 전망이 가득하고 투자자들의 곡소리가 날 때, 바로 이럴 때 레버리지를 사용할 수 있다. 냉정하게 들릴지 모르지만 다른 투자자들의 절망을 활용하는 주식시장의 하이에나가 되는 것이다. 이것은 부를 크게 늘릴 수 있는 기회를 제공한다. 그러나 이 경우에도 레버리지를 한계까지 사용하지 말고 약간의 여유를 남겨놓아야 한다. 한계까지 사용하면 투자자로서 이성을 잃어버릴 가능성이 높기 때문이다.

주식시장의 변곡점에서는
어떤 종목을 선택해야 하는가?

호황기 중에서도 역사점 신고가를 넘어 버블 징후가 농후할 때의 투자는 주의해야 한다. 이 시기에는 비우량♦ 중소형주보다는 우량주에 집중할 필요가 있다. 안전마진을 내재한 종목군의 비중이 높아야 예상하지 못한 시장의 급락 앞에서도 일정 시기 후에 본전을 쉽게 회복하거나 적정한 수익을 담보할 수 있기 때문이다.

주식시장 고점 혹은 해당 종목 고점에서 투자했을 때 비우량주를 매

♦ 여기서 '비우량'이란 부실한 기업이라는 뜻이 아니라 아직 우량주의 반열에 들지 못한 일반 기업들을 총칭하는 말이다.

수했다면, 주식시장이 조정 및 하락기로 전환되는 경우 몇 년간 본전 가격에 도달하기 어렵게 된다. 테마주로 급등한 경우 다시는 그 가격대에 오르지 못하는 모습도 흔하게 볼 수 있다. 반면에 우량주는 하락기 때 빠지더라도 주식시장이 다시 회복하는 시점에는 과거 고점을 회복하는 것이 크게 어렵지 않다. 기업의 펀더멘털이 굳건하기 때문이다.

그런데 불황기의 끝자락에서는 비우량 중소형주 가운데 낙폭과대가 심하여 저평가 매력이 매우 높은 종목에 투자하는 것도 좋은 방법이다. 그러한 종목은 시장에서 선호하는 턴어라운드주로 성장할 가능성이 있다. 이때 물론 최소한의 경쟁력을 지니지 못했거나 펀더멘털이 받쳐주지 않는 기업은 해당되지 않는다.

초보 투자자는 어느 시점에 투자하는 것이 바람직할까?

초보 투자자들은 대부분 주식시장의 상승장이 충분히 진행되고 나서 들어온다. 주변에서 주식으로 돈을 벌었다는 이야기를 듣고 무턱대고 들어와 모방적 투자를 시작할 가능성이 높다. 그런데 이 시점은 불확실성이 큰 시기다. 투자를 시작하고서 잠깐은 수익을 얻을 수도 있지만, 곧 하락 추세로 접어들며 손해를 보기 쉽다. 또는 돈을 벌었어도 평가이익이 가장 높았을 때와 비교하면서 탐욕스러운 자세를 취하다가 결국 낮은 이익으로 투자를 마감하면서 아쉬워하는 경우가 많다.

현명한 투자자가 되려면 인간의 본능과 반대로 움직여야 한다. 즉 증시 상승기가 아닌 하락기에 투자를 시작하라는 말이다. 증시 활황기에 투자해서 하락기를 맞이하면 대부분 손실을 면치 못한다. 반면에 증시 하락기에 투자하면 좋은 주식을 싼값에 사들였다가 활황기가 도래했을 때 매도하여 수익을 얻을 수 있다. 인간의 본능을 따르는 대신 수익의 본능을 따라야 돈을 번다.

역사적으로 대부분의 주식시장 하락장은 상승장에 비해 기간이 짧았다. 그러나 아주 가끔 침체가 길어지는 시기가 올 수도 있다. 나는 초보 투자자라면 이 시기도 경험해보는 것을 추천한다. 단, 적은 금액으로 경험해보기를 바란다. 작은 돈으로 실패하면 경험이 되지만, 큰돈으로 실패하면 치명상이 되기 때문이다. 증시 활황기에 들어온 초보 투자자는 잠깐의 수익과 손실을 보겠지만, 증시 조정기에 투자한 이들은 수익뿐 아니라 리스크 관리라는 귀하고 값진 경험까지 얻을 수 있다. 양자는 경험치의 깊이가 다르다.

다시 한번 강조하지만 하락장에 들어와서 상승장에 나가는 습관을 들이자. 특히 직장을 다니거나 따로 본업이 있는 개인투자자라면 불황시기에 분할 매수하는 습관을 들여야 한다. 그래야 주변에서 흥분하기 시작하고 호황이라는 소리가 들릴 때 차분하게 수익을 실현할 수 있다. 또한 그것이 본업과 재테크 모두 균형을 잃지 않고 지속하는 비결이다.

14장

분석: 기업 이익의 질을 평가하라

고금리 시대에는
어떤 기업에 투자해야 할까?

금리가 높은 시기에는 자기자본 중심인 기업에 주목해야 한다. 특히 순유동자산이 큰 기업들은 ROE가 높아지고 R&D와 신규 투자가 용이하기 때문이다. 또한 한국 기업들의 주주환원은 오랜 기간 인색했기 때문에 저평가의 고질적인 원인으로 작용했는데, 만약 이런 점이 자본의 재배치나 주주환원으로 연결된다면 저평가를 크게 벗어날 수 있다.

기업의 성향을 볼 때 자기자본 중심의 기업과 타인자본 중심의 기업은 경영진의 성향이 다르게 나타나는 경우가 많다. 어느 쪽이 좋다고 말하기 어렵고, 양쪽 모두 장단점이 있다.

자기자본 중심의 기업은 외부에서 자금을 조달할 필요가 없을 정도로 우량한 재무구조를 가지고 있다. 이런 기업은 성장을 위해서 현금흐름 혹은 자본을 안정적으로 사용하기 때문에 기업 경영진의 성향도 보수적이거나 신중한 편이다. 투자자 입장에서도 리스크가 적은 투자라고 볼 수 있다. 다만, 부채 사용에 소극적이기 때문에 추가적인 큰 성장의 기회를 놓치는 경우도 많다.

타인자본 중심의 기업은 재무구조가 열악한 경우가 많다. 부채에 어느 정도 의존해야 하고 그로 인하여 사업이 잘될 때와 잘 안 될 때 부침이 심할 수밖에 없다. 그만큼 주가 변동성도 큰 편이다. 물론 역량 있는 경영진이 레버리지를 적절히 사용한다면 기업의 성장성을 크게 높일 수는 있다. 다만 금리가 낮은 시기에는 기업 현금흐름의 부담이 적지만 금리가 높은 시기에는 사업 리스크가 커질 수밖에 없다.

2008년 글로벌 금융위기 이후 초저금리가 자리 잡는 동안, 특히 한국 주식시장에서는 기업이 보유한 순현금 혹은 순유동자산의 가치는 무시되었다고 할 만큼 주가에 영향을 주지 못했다. 초저금리 기간 중에는 성장성에 비중을 두고 타인자본 중심 기업이 큰 가치로 인정받는 사례가 많았다. 그러나 저금리 시대가 지난 지금, 앞으로는 자기자본 중심으로 이익을 성장시키며 사업을 잘 이끄는 기업이 큰 가치를 인정받을 것으로 전망한다. 경영진이 자기자본을 기반으로 타인자본의 레버리지를 적절하게 사용해서 기업 성장을 높일 수 있는 기업이라면 더욱 좋을 것은 두말할 나위가 없다.

고PER과 저PER 중
어디에 투자해야 할까?

주식시장의 과열기를 제외하면, 장기적으로 보아 저PER 종목이 고PER 종목보다 안정적으로 수익을 내기 쉽다고 본다. 다만 이런 이분법적인 접근은 한계가 뚜렷하다. 시장 전체에 대한 전망으로는 의미가 있겠지만 개별 종목으로 접근하면 통계치나 확률이 무의미해지기 때문이다.

본질은 '저PER이냐 고PER이냐'가 아니다. 저PER 종목은 성장 여지가 더 있느냐 하는 점, 그리고 고PER 종목은 현재 시장에서 기대하는 성장성이 얼마나 지속될 수 있느냐가 관건이다.

저PER 종목의 문제는 성장성이 낮거나 정체되어있다는 것이다. 따라서 저성장을 탈피할 수 있는 동력을 찾아냈는지가 관건이다. 새로운 아이템을 장착하거나, 타깃시장을 넓혀가거나, 자본배분을 통한 M&A 등 확대 전략, 주주환원을 통한 ROE의 개선 등의 여지가 있느냐가 중요하다. 저PER이라서 투자 대상으로 부적합한 것이 아니라 위에 언급한 요소들이 없어서 저평가를 받는다고 이해해야 한다.

저PBR 종목은 ROE를 개선하려는 노력이 필요하다. 자본배분의 효율성이 중요하다는 의미다. ROE는 영업이익에 대한 자기자본의 비율이므로, 효율을 높이기 위해서는 매출을 늘리는 방법도 있지만 잉여자본을 해소하는 방법도 있다. 신규 투자, M&A, 주주환원 등이 있다.

회사로서는 경쟁우위가 있는 분야에서 신규 투자를 진행하거나 기존 본업과 시너지가 나는 회사를 인수합병하는 것이 매우 좋은 전략이다. 신규 사업기회를 찾아내지 못해서 잉여자본이 해소되지 않는다면 주주환원을 강화하는 것도 매우 좋은 대안이다. 배당을 증가시키면서 과잉자본을 해소하거나 자사주 매입과 소각을 반복하는 것이다. 이 경우 주주의 주당 가치를 올리는 효과도 있다.

결국 단순히 지표상의 수치로 판단하기보다는 해당 기업이 속해있는 산업에서의 비즈니스 모델과, '그 기업의 경쟁우위가 어떻게 이익의 질을 높여줄 것인가'라는 기업의 본질적인 가치에 대한 고민이 무엇보다 중요하다.

기업의 가치는 무엇으로 평가하는가?

기업의 가치를 평가하는 데 절대적인 기준은 없다. 그러나 최소한의 기준을 잡기 위해 PER, PBR 등 전통적 가치평가가 여전히 중심이 될 수 있다고 본다.

최근의 신新산업에 대한 가치를 제대로 반영시키기 어렵다는 이유에서 전통적 가치평가가 틀린 것이라고 해석하는 부류도 있다. 하지만 이는 옳지 않은 평가다. 그저 변화를 주도하는 신산업에 대해 전통적 가치평가가 한계를 지닌 것뿐이다. 주식시장 전체 이익 창출의 과반을 차지하는 구舊산업에 대해 전통적 가치평가는 여전히 유효하다.

PER, PBR 외에도 DCF현금할인모형, RIM잔여이익모델 등과 같은 기업 가치평가 방법이 있지만 적용할 수 있는 기업이나 산업이 아주 소수에 불과하기 때문에 일반적인 투자자가 실용적으로 사용하기에는 쉽지 않다.

가치평가를 할 때는 긴 시계열을 기준으로 봐야 한다. 해당 기업에 대해 최소 5년에서 10년 정도 재무제표를 보면서 양적 분석은 기본이고 질적 분석까지 나아가야 한다. 가치평가에 질적인 분석이 수반되어야 하는 이유는, 양적인 요소는 기업 행위의 결과물로서 후행적으로 확인하는 수치일 뿐이지 지속성을 보장하는 근본적인 요인은 아니기 때문이다. 질적인 요소야말로 기업의 지속성과 연관된다. 결국 기업의 가치평가에서도 그 지속성에 따라 프리미엄과 디스카운트로 구분될 수밖에 없다.

종목을 고르는
기준은 무엇인가?

종목을 고르는 기준에 관한 질문 역시 참 많이 받아왔다. 답하자면 한 가지가 아닌 여러 가지 복합적인 기준이 있다.

가장 우선적인 기준은 '경쟁우위가 뚜렷한 기업'이다. 달리 말하면 '이익의 질이 좋은 기업'이다. 이러한 기업들은 이익률이 같은 업종 내에서 높고, 다른 업종과 비교해도 높은 편이다.

다음으로는 '마진의 변동성이 적은 기업'이다. 기업 제품과 서비스의 진정한 경쟁력은 마진의 변동성이 적다는 사실로 드러난다. 그것은 그 기업이 해당 산업의 호황기부터 불황기까지 주기를 여러 번 거치면서 경쟁을 지속했고 해당 기업이 적정 마진을 지켜냈다는 것이다. 이는 결국 워런 버핏이 말하는 "미래의 수익이 예측 가능한 기업에 투자한다" 라는 기준에 부합한다. 반대로 마진의 변동성이 크면 예측이 불가해진 다. 예측이 불가한 기업에게 프리미엄을 주기는 어렵다.

또한 마진의 변동성이 적다는 것은 원자재 구매에서의 비용 절감을 비롯해 제품 제조에서의 기술력 혹은 생산성이 탁월하다는 것을 의미하 기도 한다. 어려운 환경에서도 외부와 경쟁하면서 판매 혹은 서비스하 는 가격을 지켜냈다는 것이고, 이는 소비자로부터 그만큼 제품이나 서 비스의 가치를 인정받았다는 뜻이다. 이러한 기업은 이익의 지속성이 높기 때문에 이익의 질이 좋다고 표현한다. 이를테면 삼성과 애플은 둘 다 휴대폰을 만들어 판매하지만, 애플의 밸류에이션은 삼성보다 훨씬 높다. 물론 다른 사업적인 요인들도 고려할 요소겠지만, 무엇보다도 애 플은 마진의 변동성이 적기 때문에 더 큰 기업가치를 인정받는 것이다.

이익의 질은 기업 성장 측면에서도 큰 의미를 가진다. 이익의 질이 좋은 기업은 제품을 확장하거나 고객사 다변화가 용이하기 때문에 성 장성을 측정하는 데 최고의 기준이 된다. 같은 의류 OEM 기업으로서 글로벌에서 선두권에 있지만 이익의 질에서 차이를 보였던 영원무역 과 한세실업의 사례를 되짚어보자.

주식투자에서 목표는
어떻게 설정해야 하는가?

투자에서 기대수익률이란 어느 정도의 위험을 감수하고 취할 수 있는 수익률이란 뜻이다. 수학적 확률의 기댓값이란 개념으로 보면 결국 기대수익률이란 '가능 수익률×해당 확률 값'이다.

어떤 투자자가 A라는 종목에 50%의 수익을 예상하고 투자했다고 하자. 그런데 실현 가능성이 10%에 불과하다면 기대수익률은 50%× 0.1=5%에 불과하다. 반면에 B라는 종목은 10%의 수익이 예상되지만 실현 가능성이 80%다. 그러면 기대수익률은 10%×0.8-8%다. 결국 A 보다 B가 더 나은 투자 대상이 된다.

숫자상으로 A의 기대수익률과 B의 기대수익률은 크게 차이가 없다.

그러나 A에 투자했다면 B에 투자했을 때보다 실현 가능성이 현저히 낮다. 이 경우 실제 주식시장에서는 매수 시점의 가격보다 낮아진 손실 구간에 오랫동안 머무르게 될 수 있다. 이 기간 동안 투자자는 숫자로는 드러나지 않는 가혹한 시간을 견뎌야만 한다.

우리는 주식시장에서 '리스크 대비 수익률'이란 개념에 익숙해져야 한다. 주식시장에는 체계적 위험◆과 비체계적 위험이 있다. 체계적 위험을 '베타'라고 지칭하는데, 이는 시장 전체의 위험으로 아무도 통제할 수 없고 예측도 불가능하다. 예를 들어 우크라이나-러시아 전쟁처럼 예측할 수 없는 사태 또는 인플레이션과 금리처럼 총체적인 경제 환경으로부터 발생하는 위험이다. 이는 분산투자로도 피할 수 없다. 비체계적 위험은 '알파'라고 지칭하는데, 단순히 가격의 하락 가능성이 아닌 변동성으로 보는 위험이다. 비체계적 위험은 개별투자에서의 위험으로 분산을 통해서 줄일 수 있다. 베타는 누구도 매번 맞출 수 없기에 투자자라면 내재적으로 가져가야 할 위험이고, 알파는 투자자가 직접 선택한 종목들이 합쳐진 포트폴리오의 위험이기에 선택이 가능하다.

그렇기에 종목을 선택할 때 좋은 점만 보아서는 안 된다. 해당 기업이 기대한 대로 되지 않았을 때는 앞서 말한 기대수익률에서 가능수익률이 가지는 수치의 의미가 없어진다. 결국 투자 시 다운사이드 리스크, 즉 하락할 수 있는 위험까지도 감안해야 한다. 결국 기대수익률은

◆ 본래 리스크란 단순히 '위험'이 아니라 '불확실성'을 뜻하는 단어로도 받아들여야 바람직하지만, 여기서는 익숙하게 사용되는 위험으로 설명한다.

조금 낮추되 실현 가능성이 높은 투자 대상을 고르는 것이 장기적으로 수익을 쌓아가는 것에 훨씬 더 현명한 투자다.

주가를 맞출 수 있는 사람은 없다. 그럼에도 많은 투자자가 주가를 맞추기 위해 여러 기술적 분석을 사용한다. 그러나 주가를 너무 맞추려고 하다 보면 점점 단기투자에 집중하게 되고 원래 투자의 취지를 잃어버리기 쉽다. 우리는 주가를 맞추기보다는 기업의 펀더멘털을 맞추려고 노력해야 한다.

우리의 목표는 다른 사람보다 높은 수익을 내는 사람이 되는 것이 아니라, 자산을 계속해서 키워나갈 수 있는 실력을 갖추는 것이다. 꾸준하고 반복되는 수익을 창출할 수 있는 투자자가 되기 위해서는 건전한 경험치와 노하우를 쌓고 있느냐가 중요할 뿐이다.

사업보고서는
꼭 봐야 할까?

사업보고서는 1년 동안 분기마다 총 4번 발표된다. 1분기와 3분기는 분기보고서, 2분기는 반기보고서, 4분기는 사업보고서로 불린다. 그러나 이름이 다를 뿐 사실 모두 같은 형태다.

사업보고서는 기업의 모든 경영활동과 관련된 내용이 모두 망라되어 있는 보물창고와 같다. 그러나 많은 경우 투자자들은 투자에 앞서 사업보고서를 자세히 들여다보지 않는다. 내용이 방대하여 시간이 많이 걸리고, 후행적으로 분석했을 때 효용이 크지 않다고 생각하기 때문이다. 그러나 이것은 완전한 오해다.

사업보고서가 우리에게 주는 혜택은 세 가지다.

첫째, 사업보고서에 실린 사업 현황에는 경쟁력을 파악하기 위한 단서가 생각보다 많이 담겨있다. 사업보고서 내용을 확인하면 비즈니스 모델에 대한 이해와 더불어, 가장 중요한 Q·P·C에 대한 자세한 관점을 갖게 되어 정밀한 분석이 가능해진다. 기업 분석에 있어 최고의 훈련장인 셈이다. 다만 다른 사람들이 분석해놓은 자료에는 타인의 편견과 당시의 비이성적 선호도가 녹아있는 경우가 많다. 원본 데이터인 사업보고서를 통해서 기업을 분석하면 투자의 주체성을 갖게 되면서 불필요한 편견을 제거할 수 있다.

둘째, 장기 시계열로 사업보고서를 숙지하고 분석하면 해당 기업에 높은 이해력을 갖게 된다. 이 경우 기업의 미래를 예측하고 리스크까지 파악하기가 쉬워진다. 여기서 핵심은 한 시점만 보면 해당 기업의 모든 것을 파악할 수 없다는 것이다. 나는 보통 기업 탐방을 가기 전에 과거 10년 정도의 재무제표를 분석하고 간다. 그래서 첫 미팅 때 기업 IR 담당자들이 첫 미팅이 아닌 것 같다며 놀라는 경우가 많았다. 사업보고서가 나올 때마다 반복해서 보면 해당 기업에 대한 이해도가 높아진다. 나아가 해당 기업을 경쟁사들과 비교한다면 경쟁 기업 간 우위까지도 파악할 수 있기에 투자의 신뢰성을 더 높일 수 있다.

셋째, 증권사 리포트나 공식 IR 자료가 없는 기업의 정보를 얻을 기회는 사업보고서가 유일하다. 기업을 공부하고 이해할 수 있는 유일한 자료인데 보지 않는 것이 더 이상하지 않을까? 물론 증권사 리포트가 꾸준히 나오는 기업은 상장사 전체를 통틀어 30%도 되지 않는다. 탐방이 용이하고 구체적인 자료를 제공하는 회사도 제한적이다. 그러나 상장된 기업이라면 반드시 사업보고서를 발행한다. 사업보고서를 활용하면 남들이 찾지 못하는 투자 기회를 찾을 수 있다. 앞서 여러 번 강조했듯이, 'Unknown' 기업이 우량주의 속성을 지녔다면 장기적으로 주가 상승 잠재력이 매우 크다. 사업보고서라는 보물창고를 뒤지지 않는 투자자는 보물의 주인이 될 수 없다.

사업보고서의 효용 가치는 두말할 나위가 없다. 투자하고자 하는 기업에 대해서 사업보고서를 공부하고 이해하는 것은 선택사항이 아니라 필수다.

요즘에는 사업보고서의 수주 잔고 같은 핵심 지표나 수출입 데이터를 SNS에서도 다룰 정도로 대중화되었다. 퀀트 기반 독립 리서치 회사들은 사업보고서에 있는 핵심 재무제표 항목과 지표를 차트화하여 보여주기도 한다. 이는 최근의 영업 상황이나 여러 추이를 보기에 유용하다. 다만 한계는 있다. 투자 분석에 있어서 주체성이 떨어지고, 단순히 양적 분석만으로는 해당 기업의 비즈니스 모델과 경쟁우위를 파악하기 어렵다. 질적 분석을 할 때는 충분히 시간을 들여 반복해서 기업을 분석해야 한다. 주체적으로 사업보고서를 뜯어먹는 하이에나가 되는 것이 가장 좋은 방법이다.

증권사 리포트를 믿고
투자해도 될까?

증권사 리포트를 작성하는 애널리스트는 증권시장 내 분석가로서 누구보다도 광범위한 지식을 지속적으로 습득한 사람이다. 일류 애널리스트는 해당 산업 분야에서 웬만한 전문가보다도 해박하고 이해 수준이 높다. 그러나 애널리스트가 작성한 증권사 리포트를 검토할 때도 주의할 점이 있다.

첫째, 목표주가는 참고로 삼는 것이 바람직하다. 기업은 외부와 내부 변수에 의하여 살아있는 생물처럼 그 가치가 변하고 가격 또한 고유의 변동성을 지닌다. 따라서 한 시점에 기업에 가격을 책정한다는 것은 여간 어려운 일이 아니고 매번 정교해지기도 어렵다. 또한 증권사는 목표주가와 현재 주가의 괴리가 크게 벌어지는 것을 허용하지 않기 때문에 목표주가는 항상 현재 주가 근처에서 맴돌면서 기계적으로 조정된다. 다시 말해 실제로는 현재 가격보다 훨씬 높은 가치를 지니거나, 더 낮은 가치를 지닐 수도 있다.

둘째, 커버리지 종목에 대한 투자의견 유연성에 한계가 있다. 국내 증권사 리포트에는 투자의견을 'Sell매도'로 제시하는 사례가 없다. 'Hold보류'가 사실상 'Sell' 의견이다. 게다가 대부분의 리포트는 'Buy매수'로 투자의견을 낸다. 여기에는 애널리스트가 해당 회사를 지속적으로 분석하기 위하여 긍정적인 관계를 맺고 자료를 받아야 하는 사정이 있다.

또한 일반 투자자는 매수와 매도에 제한이 없다. 기업이 적정 가치에 이를 때까지 수년간 묵묵히 투자하기도 하고 때로는 지난주에 한 의사결정을 오늘 바꾸기도 한다. 그러나 애널리스트는 한번 제시한 목표주가를 올리거나 내리는 등의 탄력적인 의견을 내기 어렵다. 버스 기사에게 길이 막힌다고 택시처럼 다른 길로 가 달라고 지시할 수 없는 것과 마찬가지다. 게다가 애널리스트는 해당 산업 내에서만 종목을 선택해야 하기 때문에 그 산업이 전반적으로 분위기가 안 좋을 때는 외통수에 걸릴 수도 있다. 하지만 일반 투자자에게는 얼마든지 다른 선택지가 있다. 다른 산업을 선택해도 되고, 심지어 해외 기업을 선택해도 된다.

우리가 증권사 리포트에서 얻어야 할 것은 애널리스트들이 정성들여 익힌 방대한 배경지식과 최신 정보다. 또한 투자 시점에만 리포트를 읽기보다는 최대한 관심 종목군을 늘려서 꾸준히 읽으며 리포트 속에 나타나는 변화 지점을 포착하는 것이 효과적이다.

'당신은 애널리스트면서도 주가를 잘 맞히지 못하느냐'고 따지는 사람은 자본시장의 구조를 모르는 사람이다. 애널리스트 본연의 역할은 해당 기업을 분석하는 것이지 주가를 맞추는 데 있지 않다는 것을 이해해야 한다.

다트 공시만 봐도
투자가 가능할까?

　다트DART◆에는 기업이 제출하는 모든 종류의 공시가 모여 있다. 다트는 금융감독원이 운영하는 전자공시시스템으로, 상장법인이 공시서류를 인터넷으로 제출하면 투자자 등 이용자가 인터넷을 통해 그 자료를 조회할 수 있는 플랫폼이다. 다트에는 분기마다 발표되는 사업보고서뿐만 아니라 신규투자, 자사주 매입과 소각, 신규수주, 무상증자, 유상증자, 인수합병, 지배주주나 임직원의 지분 변동, 자금 차입, CB나 BW와 같은 희석증권을 통한 자금조달 등 기업의 영업활동과 관련된

◆　https://dart.fss.or.kr/

모든 행위가 다 적혀있다.

공시 하나만 보고 투자에 임하는 것은 바람직하지 않다. 그러나 해당 산업과 기업을 잘 알고 있는 상태에서는 공시 하나로도 투자할 기회를 잡을 수 있는 것이 사실이다. 예를 들어 신규 투자나 신규 수주와 같이 기업의 Q에 영향을 주는 요소는 직접적인 투자 기회를 제공하는 경우가 많다. 다만 해당 아이템에 대한 부가가치와 경쟁 현황을 잘 알고 있어야 투자에 대한 신뢰를 높일 수 있다. 그리고 해당 공시에 대한 기대감이 이미 주가에 반영돼있는지도 확인해야 한다.

사업보고서의 항목을 조목조목 뜯어 분석하는 방법이나 여러 종류의 공시를 읽고 해석하는 방법을 자세히 소개하고 싶지만 이는 따로 책 한 권을 써야 할 정도로 내용이 방대하기 때문에 여기서는 단편적인 유형 한 가지를 소개하겠다.

공시 유형 중 '자사주 매입'을 한번 살펴보자.[*] 기업이 자사주를 취득하는 목적은 크게 세 가지다.

첫째, 기업의 주가를 부양하기 위함이다. 주가가 기업의 내재가치 대비 저평가되어 있다고 판단하여 적극적인 자세를 취하는 경우다. 매입 형태를 보면 매입하는 자사주의 비중이 시가총액 대비 크거나 매입 기간이 비교적 짧은 경우가 많다.

둘째, 기업의 주가를 방어하기 위함이다. 기업의 단기적인 실적 부진에 대한 완충작용을 목표로 하는 경우가 많은데, 이는 주로 실적 발

◆ 다트 사이트 검색창에서 '자기주식취득'으로 검색하면 볼 수 있다.

표 전후로 공시한다. 지배주주의 주식담보대출 비중이 높아서 일정 수준의 주가 수준을 유지하고자 실시하는 경우도 있다.

셋째, 기타 목적이다. 임직원에게 스톡옵션을 지급하기 위해서이거나, 중장기적으로 다른 기업의 M&A 수단으로 활용하기 위해서일 수도 있다. 이런 경우는 주가에 당장 큰 영향을 미치지는 않는 편이다.

넷째, 지배주주가 경영권을 방어하기 위한 목적에서다. 이는 단발적인 자사주 매입 공시로는 판별하기가 어렵다.

자사주 매입의 목적을 구분하는 것도 중요하지만 자사주 매입의 기간도 살펴봐야 한다. 보통 자사주 매입 기간은 6개월이나 1년 동안으로 공시하는 경우가 많다. 물론 그 이상도 가능하나 기간이 너무 길면 사실상 매입 의지가 떨어지는 것으로 보일 수밖에 없다. 반면에 3개월 정도로 단기간인 경우에는 좀 더 적극적인 매수 의지로 해석해도 좋다.

적극적인 자사주 매입 사례로 2022년 1월과 2월에 자사주 매입을 연달아 발표한 철근 업체 대한제강의 경우가 있다. 한 달 간격으로 자사주 매입을 추가 발표한 것도 공격적이지만, 더 놀라운 것은 규모였다. 당시 시가총액이 3,000억 원 초반 수준이었는데, 발표한 자사주 매입 규모가 각각 300억 원과 350억 원이었다. 지분율로 치면 20% 수준이었고 한국 주식시장 사상 가장 큰 규모의 자사주 매입이었다. 실제로 이 역사적인 자사주 매입이 완료되기까지는 두 달이 걸리지 않았고, 그 기간 동안 주가는 60% 이상 상승했다. 대한제강의 주식이 저평가되었디고 판단히서 보유하고 있던 내 펀드에서는 이 기회를 맞아 단기간에 고수익을 낼 수 있었다.

단순히 자사주 매입 공시가 났다고 해서 그 기업의 주가가 꼭 오르는 것은 아니다. 자사주의 시가총액 대비 비중이나 일평균 거래량 대비 비중이 높을 때 아무래도 상승효과가 더 좋다. 또한 기업의 영업 상황이 호조인데 주가가 낮은 상황이었다면 더 힘을 받는다.

하지만 한국 주식시장에서 기업 자사주 매입으로 큰 이득을 봤다고 기억하는 투자자는 매우 적을 것이다. 기업 스스로가 자사의 주식을 매수하는 행위는 분명 호재인데도 효과가 적었던 것은 이유가 있다. 한국에서는 자사주 매입과 더불어 소각이 전제되지 않았기 때문이다. 앞서 설명한 것처럼 소각이 실시되지 않는 자사주 매입은 지배주주의 이익을 도모하기 위함인 경우가 많다.

하지만 최근에는 한국에서도 기업의 주주환원 정책이 변화하기 시작하면서 소각을 전제로 하는 자사주 매입도 증가하고 있다. 이 경향성은 앞서 설명한 주주환원 강화의 질적 변화로 인하여 더 강해질 것으로 보인다.

15장

마인드: 투자는 자기와의
싸움이다

주식 투자에 성공하려면
어떤 마인드를 갖추어야 할까?

주식 투자에서 성공하고 싶다면 성공을 저해하는 요인을 먼저 알아야 한다. 오히려 그것이 주식 투자에서 성공하는 길로 이어질 수 있다. 이제부터 소개하는 내용은 투자자가 올바른 투자를 하려고 할 때 부정적인 영향을 주는 심리 요인이다. 어떤 투자자도 다음의 심리 요인에서 자유롭기 어렵다. 늘 자신을 점검하고 벗어나기 위해 노력해야 한다.

1. 탐욕

사람에게 돈을 벌고자 하는 욕구는 자연스러운 것이다. 더 나은 삶을 살고자 하는 투자자에게는 당연한 마음가짐이다. 그러나 탐욕은 적절히 관리하고 억제할 수 있어야 한다. 처음 마음가짐과 다르게 무리해서 욕심을 부리면 손실로 이어지기 쉽다.

주변을 둘러보면 고점에서 매수하여 손실 구간에서 괴로워하는 투자자들을 종종 볼 수 있다. 과연 그들의 투자 원칙과 목표가 고점에서 매수하는 것이었을까? 아닐 것이다. 그러나 투자를 지속하다 보면 손실 구간에서는 본전 심리가, 이익 구간에서는 더 큰 수익에 대한 과욕이 생기기 쉽다. 결국 적절한 타이밍에 탐욕을 뿌리치지 못한 탓이다.

주변에서 큰 투자 수익을 거두는 것을 보면서 상대적으로 자신이 덜 벌고 있다는 생각에 심리적으로 압박감을 느끼면서 매수하는 경우도 많다. FOMO 증후군이 바로 이것이다. 공포라는 이름을 달고 있지만, 내부 동인은 역시나 탐욕이다.

투자에서 가장 중요한 요소는 '목표로 하는 기대수익률'과 그것을 달성하는 과정에서 생기는 '손실 허용 범위', 그리고 '리스크 관리'다. 거기에 다른 사람의 수익률을 비교하는 것은 포함되어있지 않다.

개인투자자에게 남들과의 비교는 정말 불필요하고 무의미하다. 기관이나 외국인 등의 전문투자자들은 투자하는 분야에서의 BM Benchmark ◆이 있어서 BM 대비 수익률로 매일 비교당하고 평가받으며, 수익이 나빠지는 경우 자금을 회수당하기 때문에 신경을 쓸 수밖에 없다. 하지만 개인투자자라면 외부에서는 아무도 그 사람의 수익률을 알 수 없으며,

---

◆ 투자성과를 평가하기 위한 비교 기준. 예를 들어 국내 주식에 투자하는 일반형 펀드를 운용하는 펀드매니저는 코스피와 같은 지수가 BM이기 때문에 코스피를 고려해야 한다.

당연히 궁금해하지도 않는다.

투자자가 해야 할 유일한 비교는 자신이 들인 노력과 자신이 얻은 결과를 견주어보는 것이다. 초보 투자자는 대개 성공한 결과에만 취하는 경우가 많다. 그러나 투자 결과를 놓고 잘 되었든 못 되었든 늘 복기하는 습관을 가져야 탐욕에 휘둘리지 않을 수 있다.

탐욕을 억제하는 또 다른 방법은 리스크 관리다. 탐욕은 양날의 검이다. 돈을 벌고자 하는 욕구는 우리가 무언가를 더 배우고 방법을 터득하고자 노력하는 원동력이 되지만, 탐욕이 지나치면 손실의 규모를 키우게 될 수 있다. 리스크를 적절하게 관리하기 위해서는 탐욕을 떨쳐낼 줄 알아야 한다. 물론 주식시장에서는 지독하게 유혹적인 순간들이 찾아오기 마련이므로 이겨내기가 쉽지만은 않다. 그렇지만 한두 번 마음을 통제하는 경험이 쌓이기 시작하고 어느 순간부터 타인의 수익률을 신경 쓰지 않게 되면 자신의 노력으로 거둔 수익률에 만족하게 된다. 이러한 마음가짐을 가지게 된다면 투자 규모를 늘릴 준비가 된 것이다.

2. 확증편향

확증편향이란 '자신의 가치관, 신념, 판단 등과 부합하는 정보에만 주목하고 그 외의 정보는 무시하는 사고방식'이다. 쉽게 말하면 '듣고 싶은 대로 듣고 믿고 싶은 대로 믿는 경향'이다. 투자의 세계에서 확증편향은 미신만큼이나 무섭다. 사람을 홀리고 잘못된 믿음에 빠지게 만든다.

투자에서 확증편향은 투자자가 자신의 전략을 과신하거나 투자 결정에 반대되는 정보를 무시하는 식으로 나타난다. 이런 경향은 올바른 의사결정을 저해하고 대부분 큰 손실로 이어지기 쉽다.

투자에서 스스로 대상을 분석하고 검증해서 의사결정을 내리고 이것을 믿게 되는 것은 자연스러운 일이다. 다만, 의사결정 이후에도 다양한 정보가 생겨나고 산업의 생태계와 기업의 경쟁력도 시간이 지남에 따라 변하기 마련이다. 이러한 변화의 흐름을 객관적으로 파악하는 관점이 없다면 문제가 생기게 된다.

확증편향은 투자자가 스스로 쌓아온 합리적인 의사결정 프로세스를 망가뜨리는 행위이기 때문에 위험하다. 어떤 기업을 분석한 결과 투자 대상으로 적합하다고 판단해서 매수했어도, 기존 의견을 바꿀 만한 부정적인 요인이 생겼다면 눈과 귀를 가리지 말고 신중히 검토해서 냉철하게 의사결정을 해야 한다. 반대로, 투자하고 있지 않은 기업이거나 과거에 투자하기에 적합하지 않다고 생각했던 기업도 지속적으로 관찰하면서 언제든지 투자 대상이 될 수 있다는 가능성을 열어두어야 한다. 이것이 바로 유연성이다.

주식시장에서는 어제의 적이 오늘 친구가 되는 것이 너무나도 자연스럽다. 특정 종목과 사랑에 빠질 필요도 없고, 증오할 필요도 없다. 감정을 지워야 하는 투자의 세계에 익숙해져야 한다.

3. 모방적 투자
투자의 주체는 자기 자신이다. 주식시장에 대한 기초 공부와 기업 분석을 스스로 해내지 않은 채 남이 하는 말만 듣고 투자하거나 남이 추천한 종목만 따라다니는 것은 올바른 투자가 아니라 자신의 소중한 자본을 기만하는 행위다.

많은 개인 투자자가 스스로의 분석과 판단보다는 타인에게서 투자 근거를 가져오는 경우가 많다. 주식시장에 대한 통찰과 주체적인 관점이 부족한 초보 개인 투자자는 안타깝게도 모방적 투자를 많이 하게 되는 것이 현실이다. 그러나 다른 사람의 판단에 기대어 투자할 경우, 시장이 좋을 때는 수익을 내기도 하지만 손실이 나기 시작하면 쉽사리 통제력을 잃어버리고 대처하지 못하게 된다.

랜덤워크 이론Random walk theory이라는 것이 있다. 무작위 걸음으로 이동하는 모습을 수학적으로 표현한 이론이다. 이는 주식시장에서 주가의 움직임을 표현하는 개념으로 자주 활용된다. 이 이론에서는 주가에는 이미 반영될 수 있는 정보가 모두 반영되어있고, 미래 주가는 임의로 움직이기 때문에 예측하기가 불가능하다고 본다. 주식시장에서 투자 수익률이 확률에 근거한다고 보았을 때 랜덤워크 이론대로라면 과거와 현재의 증권 정보를 잘 분석하더라도 초과 수익을 거두기 어렵게 된다. 아무리 기업이나 주가를 분석해봐야 소용없다는 의미다.

그러나 주가에 이미 반영될 수 있는 정보가 모두 반영되었다는 것은 주식시장이 효율적 시장임을 전제로 한다. 효율적 시장에서는 증권에 대한 정보가 신속, 정확하게 기격에 반영되고 이를 방해하는 요인은 거의 존재하지 않기 때문에 고평가 또는 저평가라는 왜곡은 발생하지 않는다. 그러나 우리가 잘 알고 있다시피 주식시장은 효율적 시장이 아니다. 사람들의 오해와 기대 등 비합리적인 요인에 의해 평가의 왜곡이 곧잘 발생한다. 랜덤워크 이론에서 기업 분석은 설 자리를 잃지만, 현실에서는 매우 유의미하다.

따라서 투자자가 랜덤워크 이론을 극복하려면 모방적 투자가 아니라 스스로 기업 분석을 통해 의사결정을 하는 건전한 투자 경험을 쌓아야 한다. 과거보다 미래에 수익을 낼 확률을 점점 높여가기 위함이다. 성공 투자의 근거는 결단코 유튜브, 카페, 증권방송, 리딩방 등 외부에 있지 않다.

투자 세계에서 '쉽게 돈을 번다'는 말은 '쉽게 돈을 잃을 수 있다'는 말과 같다. 쉽게 돈을 벌면 실력과 경험을 쌓기보다는 당장의 수익에만 매달리기 마련이다. 단기에 고수익을 달성한다고 해도 이러한 운이 연속적으로 발생할 가능성은 극히 낮다. 역설적으로 쉬운 수익을 바라지 말고 어렵게 수익을 내면서 시작하는 것이 장기적으로는 꾸준히 수익을 내는 데 더 도움이 된다. 실력과 경험이 꾸준히 쌓인다면 투자 결과도 좋아지는 선순환이 일어날 것이다.

투자의 근거는 자기 스스로 찾아야 한다는 점을 다시 강조한다. 남의 말만 듣고 시작한 투자는 결국 아픔으로 끝날 뿐이다.

투자 초기에 성과가 났다면
투자금을 늘려도 될까?

주식투자에서 이른 성공은 독이 되는 경우가 많다. 단순히 성공을 '일찍' 해서 독이 된다는 의미가 아니라, 노력과 과정에 비해 결과물이 너무 크게 나왔을 때 해가 될 수도 있다는 것이다. 물론 주식투자로 수익을 볼 수도 있고 손실을 볼 수도 있다. 그러나 초보 투자자에게는 두 가지 경우 모두 위험한 상황이 될 수 있다. 수익이 났는데 위험하다니 무슨 말일까?

초보 투자자가 경험하는 시나리오는 대부분 다음 두 가지 중 하나에 해당한다.

[시나리오 1] 투자 초기에 수익을 낸 경우

초보 투자자인 직장인 A씨는 회사 동료가 주식투자로 세 배를 벌었다는 말에 투자를 결심했다. A씨는 1,000만 원을 투자해서 +50%의 수익을 냈다. 500만 원 이익이 났으므로 계좌에는 1,500만 원이 찍혔다. 불어난 잔고를 보니 자신감이 붙었다. 다음번에는 1,000만 원이 아니라 2,000만 원을 투자하기로 했다. 이전처럼 +50% 수익이 난다면 1,000만 원 이익을 보게 되어 3,000만 원이 될 것이다.

[시나리오 2] 투자 초기에 손실을 본 경우

자영업자 B씨는 친구의 권유로 주식투자를 시작했다. 1,000만 원을 투자했는데 -50%로 반토막이 났다. 손실 본 500만 원이 너무 아까워서 계산기를 두드려봤다. 500만 원에서 1,000만 원으로 회복하려면 +50% 수익이 아니라 +100% 수익을 내야 본전이었다. B씨는 막막하고 마음이 급해서 500만 원을 추가로 투입했다. 잔액 500만 원에 추가로 500만 원을 더해 1,000만 원을 다시 만들었다. 이제 손실액 500만 원을 회복하려면 +50%만 수익을 내면 된다. 만약 여기서 추가 투자금으로 500만 원이 아니라 1,000만 원을 투입하면 1,500만 원이 되니, 손실액 500만 원을 복구하려면 약 +33%만 수익을 내면 원금을 회복한다.

[시나리오 1]에서 A씨는 1,000만 원을 투자해서 이익금 500만 원을 얻었다. 하지만 만족하지 못하고 더 큰 이익금을 원하게 되었다. '2,000만 원을 투자했다면 1,000만 원을 벌었을 텐데'라며 투자 초기에는 생각지

도 않았던 상상의 나래를 펼치는 것이다. 결국 다음 투자의 규모는 자연스레 커지게 된다. A씨는 다음번 투자에 2,000만 원을 투입하거나 심하면 더 큰 무리를 할 가능성도 있다. 하지만 다음 투자에서 이전처럼 운 좋게 수익이 날 가능성은 크지 않다. 오히려 조금만 손실을 봐도 초기에 벌었던 이익금보다 더 크게 잃기 쉽다.

[시나리오 2]에서 B씨는 손실을 빠르게 복구하려는 본전 심리 때문에 투자원금을 늘렸다. 초보 투자자가 손실을 봤을 때 본전 심리를 떨쳐내기는 정말로 어렵다. 하지만 추가 투자 후에도 하락한다면 어떻게 될까? 하락만이 아니라 투자원금을 날릴 가능성도 크다. 이때부터는 복구하기가 정말 어려워진다. 그러면 B씨는 주식시장 혐오론자로 변하기 쉽다.

이제 이 두 사람을 잘 살펴보자. A씨와 B씨는 주식시장을 이해하고 투자 기업을 분석하기 위해 어떤 노력을 했는가? 스스로 실력을 갖추기 위해 공부하기보다는 남의 말만 듣고 투자를 시작하지 않았는가?

두 사람 모두 결과적으로 투자원금을 초기보다 늘리겠다고 결심했다. 초보 투자자라면 처음 투자한 이후의 투자원금은 투자 실력과 무관하게 늘어날 수밖에 없다. 수익이 나도 위험해지고 손실이 나도 위험해질 수 있는 것이다. 결국 어느 쪽이든 문제가 된다.

그렇다면 투자원금은 언제 늘려야 할까? 다음의 세 가지 조건이 충족되어야 한다.

① 산업과 기업에 대해 배경지식이 쌓여야 한다.

② 건강한 투자 경험치가 쌓여야 한다.

③ 리스크 관리에 있어 자기만의 노하우가 만들어져야 한다.

세 가지 조건이 충족되었다는 확신이 든다면 투자원금을 늘릴 수 있다. 하나라도 부족하다고 느낀다면 투자원금을 크게 늘려서는 안 된다.

투자 초기 단계에서는 수익률보다는 방향성이 더 중요하다. 투자에 대한 개념과 감각, 간단한 기업 분석 방법 그리고 각 산업 및 기업의 배경지식을 경험하면서 건강한 투자의 발걸음을 떼는 것이 가장 중요하다. 당신이 초보 투자자라면 주식투자에서 초기 수익률에 연연할 필요가 없다. 진정으로 부가 증가되고 그 증가된 부를 지켜려면, 개인의 투자 사이클에서도 전반전보다는 후반전의 수익률이 훨씬 중요하다.

투자를 처음 시작할 때의 마음으로 돌아가보라. 투자자 대부분은 처음에 은행 이자나 국채 수익률보다 조금 더 나은 수익을 원하거나 매년 누적되는 수익에 의해 발생하는 복리 효과를 기대하고 투자를 시작한다.

주변에서 큰 수익을 거둔 사람을 보고 조급할 필요가 없다. 가치투자로 유명한 모 운용사의 대표가 늘 하는 이야기는 "주식은 마라톤과 같다"는 말이다. 초반에 다른 사람이 앞으로 치고 나간다고 해서 흔들릴 이유는 없다. 정해진 길로 완주하는 것이 목표지 빨리 뛰어가는 것이 목표가 아니다. 또한 투자 고수를 보고 본인도 똑같이 할 수 있다는 근거 없는 자신감도 위험하다. 뱁새가 황새를 따라가면 다리가 찢어지는 법이다.

초기에 성과가 났더라도 노력이 없다면 다음 단계를 버텨낼 수 없다. 이를 인지하지 못하고 과거의 성과를 근거로 투자를 계속한다면 미래의 승률에 도움이 되지 않는다. 특히 올바른 경험 없이 투자금액만 늘린다면 문제는 더욱 심각해질 것이다.

주식투자에서 리스크를 줄일
방법은 무엇일까?

　주식투자는 높은 수익을 기대할 수 있지만, 높은 손실을 가져올 수도 있다. 그래서 주식에는 리스크가 동반된다고 표현한다. 우리는 흔히 '리스크'를 '위험'이라고 해석하는데, 사실 투자에서 리스크의 더 정확한 의미는 '불확실성'이다. '리스크를 관리한다'는 말 역시 '위험을 회피한다'기보다는 '불확실성에 대비한다'는 의미에 가깝다. 리스크 관리는 결국 손실을 최소화하고 안정적인 수익을 창출하기 위해 미리 여러 가지 전략을 사용하는 행위다. 대표적인 것이 분산투자 전략이다. 단일 종목에 대한 의존도를 낮추고 여러 종목으로 분산한다거나, 주식뿐 아니라 채권이나 금에 자산을 배분하거나, 때에 따라서는 주식투자를 잠시 멈추고 현금이나 예금 비중을 높이는 것이 여기에 속한다.

　냉혹한 투자 세계에서는 선행적 리스크 관리만이 의미가 있다. 처음에 자산을 배분할 때 위험자산과 안전자산의 비중을 설정하거나, 중간중간 투자 대상에 대한 기대수익률의 변화를 체크하여 대비하는 것이다. 후행적 리스크 관리는 위험자산의 가격이 하락하고 나서야 안전자산으로 배분하거나, 투자한 자산의 가격이 충분히 하락한 이후에 비중을 줄이는 것이다. 말 그대로 소 잃고 외양간 고치는 격이다. 사후에는 사실상 의미가 없으며 정말 잘해야 시장 평균에 근접할 뿐이다. 이것은 개인투자자와 전문투자자 모두에게 해당한다. 펀드매니저 세계에서도 펀드의 BM을 따라가기 위해서 뒤늦게 포트폴리오를 변환하는 경우를 종종 볼 수 있다. 이러한 경우엔 결코 시장 평균 수익률보다 좋은 결과를 만들어내기 어렵다.

　선행적 리스크 관리에 필요한 것은 냉철함과 용기다. 어떠한 투자자산이든 가격 상승기에는 취해있기 쉽다. 이미 가격에 가치가 충분히 반영되었음에도 관성적으로 즐기는 경우가 많다. 그러나 수익이 나는 구간에서는 투자한 기업을 다시 평가하며 업사이드가 얼마나 있을지 냉철하게 판단하고 의사결정을 내려야 한다. 투자 초기와 현재의 차이를 고민해보고 추가로 가치가 높아질 요인이 없다면 과감하게 떠날 준비를 하는 것이 좋다. 추천하는 방법은 역시 분할 매매다. 앞서 말했듯 분할 매매는 투자에서 가장 힘든 영역인 탐욕을 제어할 때도 매우 효과적인 방법이다.

　업계의 선배 한 분이 남긴 말이 있다.

"바꿀 수 없는 것을 바꾸려고 하는 것은 '어리석음'이고, 바꿀 수 있는 것을 바꾸지 않는 것은 '나태함'이다. 또한 바꿀 수 없는 것을 받아들이는 것이 '평온함'이라면 바꿀 수 있는 것을 바꾸려는 것은 '용기'이다. 그리고 바꿀 수 있는 것과 없는 것을 구별하는 것을 '지혜'라고 한다."

투자자에게는 용기와 지혜가 필요하다. 이 둘은 막대한 전문지식보다도 더 소중하다.

주특기 분야에만 의존해도 될까?

투자의 세계에서 주특기는 중요하다. 그러나 나는 '바이오로 흥한 자는 바이오로 망하기 쉽고, IT로 흥한 자는 IT로 망하기 쉽다'라고 생각한다. 잘 안다고 과신하면 큰 리스크에 직면하기 쉽다. 투자의 본질은 끊임없는 비교우위로써 존재가치를 지닌다. 주특기는 잘 활용하되 너무 의지해서는 또 안 된다는 말이다.

나는 모든 섹터를 최대한 커버하면서도 특정 섹터에 치우치지 않으려고 애쓴다. 물론 가장 많은 시간을 쏟은 산업은 있다. 바로 IT 분야다. IT 분야는 산업 내 영역이 넓기도 하고 종목 수가 가장 많기도 하기 때문인데, 그만큼 남다른 관심을 가지고 학습해왔다. 증권사 IT 섹터

애널리스트들과 꾸준히 교류한 결과 그들만큼 배경지식이 넓지는 않지만 종목 커버리지 수에 대해서는 나의 영역도 존중을 받는 수준까지 오게 되었다. 그렇지만 나는 IT에 의존하지 않는다. 단지 중립을 잃지 않고 투자하는 섹터 중 하나로 간주할 뿐이다. 이유는 다음과 같다.

소위 대박 수익률을 낸 투자 사례는 물론 투자자 본인의 분석과 배경지식도 작용했겠지만 운이 큰 몫을 차지하는 경우도 많다. 그런데 큰 수익을 내고 나면 겸허한 마음을 지니기보다는 자기 실력으로만 이루어냈다고 착각하기 쉽다. 그러다 보면 그 분야에 다시 쉽게 재투자할 가능성이 높아지고, 자신감이 매우 충만하기 때문에 투자금 규모도 이전보다 더 커질 확률이 높다. 심지어 레버리지를 활용할 가능성도 크다. 이렇듯 과거의 성공한 경험은 미래에 근거 없는 자신감이 되어 무리한 투자로 이어지기 쉽다. 이 경우 대박이 재현될 확률은 객관적으로 매우 낮고, 손실인 날 경우에 그 규모는 아주 커질 수 있다.

내 경험에 비추어보면, 큰 수익을 본 뒤에는 운이 따랐음을 겸허하게 인정하고, 다음번 투자에서는 손실을 보지 않겠다거나 작은 수익에도 만족하겠다고 마음먹는 편이 꾸준한 수익으로 이어지는 경우가 많았다.

떨어지는 칼날은
반드시 피해야 할까?

———

　주식시장의 격언 가운데 '떨어지는 칼날을 잡지 마라'라는 말이 있다. 어떤 기업의 시세가 급락하면 그 모습이 마치 떨어지는 칼날과 같고, 그러한 종목은 피하고 보는 것이 상책이라는 뜻이다. 이는 단기간에 주가가 큰 하락세를 보일 때 투자자들이 느끼는 두려움이 응집된 표현이다.

　단순히 떨어지는 칼날이라면 무조건 피하라는 식의 조언은 적절치 않다. 그것이 추가로 피해를 입힐 수 있는 칼날인지, 아니면 새로운 투자 기회가 될 동아줄인지 알아볼 필요가 있다. 해당 기업의 하락 요인이 펀더멘털적으로 어떤 영향을 끼칠지를 파악해야 한다는 의미다. 단,

최근 투자자들이 해당 요인에 대해서 어떻게 바라보는지도 심리적인 부분에서 함께 살펴볼 필요가 있다.

내가 관심을 두고 있던 어느 기업의 시세가 급락했다고 하자. 그동안 해당 기업을 오랫동안 분석해왔고 경영진의 성향까지 알 정도로 익숙한 기업이다. 이때 기업의 근본적인 경쟁력이 훼손되지 않았다고 판단한다면 떨어지는 칼날이어도 잡을 수 있다. 단기 실적 하락도 감수할 만하다. 단, 방식은 분할 매수다. 변동성을 완벽히 예측하고 제어할 수 있는 투자자는 없기 때문이다.

사람들이 공포를 느낄 때가 바로 큰 투자 기회가 되는 경우는 생각보다 드물지 않다. 오히려 주식시장에서는 그런 일이 매일 벌어지고 있다. 떨어지는 칼날을 피한다고 해서 돈을 벌 수 있는 것은 아니다. 떨어지고 있는 것이 칼날인지 동아줄인지 파악하는 것이 더 중요하다.

가치투자와 장기투자는
같은 의미일까?

가치투자에 관한 질문 가운데 가장 많이 들어본 질문 중 하나다. 그리고 사람들이 가치투자에 관해 갖는 가장 많은 오해이기도 하다.

가치투자와 장기투자는 같은 말이 아니다. 가치투자란 '기업의 내재가치와 주식 가격의 괴리가 커졌을 때 투자하는 방법'이다. 다만 변화무쌍한 모멘텀 투자와 비교할 때 가치투자는 기다림의 시간이 필요한 경우가 많으므로 장기투자가 동반되고는 한다. 가치투자의 요점은 '기간을 얼마나 길게 가져가느냐'가 아니라 '투자할 대상의 향후 성장성이 얼마나 큰가', '현재 형성된 주가가 실제 기업의 가치보다 얼마나 저평가되어 있는가'를 판단하는 것이다. 투자 이후 회수하는 데 걸리는 시간을 얼마나 단축시킬 수 있는가는 판단할 수도 없을뿐더러 가치투자의 투자 기준이 아니다.

투자자들이 하는 말 가운데 '비자발적 장기투자'라는 말이 있다. 단기 시세차익을 노리고 매수했다가 주가가 하락하는 바람에 다시 주가가 회복되는 시점까지 오랜 기간 들고 있어야 하는 처지를 자조적으로 표현하는 말이다. 그러나 '장기투자'란 해당 자산의 가치를 알고 있을 때만 붙이는 용어다. 자산의 가치도 알지 못한 채 손실 구간에 머무르는 것은 '그냥 물린 것'이다.

물론 주식투자에서 물리는 경우는 일상다반사다. 매수하고 나서 매도하기까지 실제 투자 기간은 변수가 있기 마련이다. 게다가 투자자는 상승의 기쁨보다는 하락의 고통을 훨씬 크게 느낀다. 그래서 투자자는 손실 구간에 평정심을 유지하는 것이 매우 중요하다. 그래야만 상승 시기가 왔을 때 너무 이른 타이밍에 매도하지 않고 원래의 목표대로 수익을 실현할 수 있다.

손실 구간에서 평온한 마음을 가지려면 투자 대상을 분석하여 내재가치를 알고 있어야 하며, 지금이 가치 대비 가격이 싸다는 것을 논리적으로 검증해내야 한다. 우리는 기업을 분석하여 투자해야 하고, 물리더라도 충분히 기다려줄 수 있는 기업에 투자해야 한다. 심지어 투자 대상의 가격이 하락하면 오히려 더 싸게 살 수 있다는 기쁨마저도 느낄 수 있어야 한다. 이에 관해 워런 버핏이 남긴 유명한 말이 있다.

"10년을 가지고 갈 주식이 아니라면 10분도 보유하지 마라."

물론 모든 기업에 대해서 10년씩 투자하는 것은 현실적으로 무리일 수 있다. 이는 마음가짐에 대한 표현이다. 진정한 장기투자의 기준은 '투자 대상의 성장성'과 '투자 시점의 가격'이다. 이로부터 장기투자의 지침을 정리하면 다음과 같다.

"올바른 장기투자는 해당 기업의 핵심인 내재가치와 경쟁우위를 파악하고, 재무적 안정성과 경영진의 역량까지 확인하여, 예측하지 못한 리스크 요인이 발생했을 때조차도 투자에 흔들림이 없을 만큼 신뢰성을 확보해야 한다. 투자 대상의 가치에 대한 깊은 이해와 신뢰가 뒷받침되지 않는다면 자발적인 장기투자라고 할 수 없다. 그리고 이를 인지한 상태에서 향후 성장성을 감안하여 적절한 미래 가치로 가격이 수렴할 때까지 다른 요소에 휘둘리지 않고 기다린다. 진정한 장기투자는 남이 아닌 자신의 주체성에서 나오는 전략이다."

한국 주식시장에
봄은 올 것인가?

최근에 〈서울의 봄〉이라는 영화를 보았다.

우리 국민들은 1960~1970년대에 이르는 군사정권 시절을 지나오며 민주주의의 봄이 찾아오길 고대했다. 그러나 또다시 반복되는 군사정권 쿠데타로 인하여 민주주의의 씨앗은 싹을 틔우지 못한 채 오랫동안 겨울을 보내야 했다. 그렇지만 군인들의 총칼조차 바람직한 사회로 나아가려는 시대의 흐름과 민주주의에 대한 국민의 열망을 잠재울 수는 없었다. 대한민국에 민주주의는 기필코 찾아왔다.

영화를 보면서 나는 문득 기시감을 느꼈다. 지금 한국의 자본시장 상황이 영화 속 그것과 무척 닮아있었다. 1997년 IMF 시절부터 쓰인 '코리아 디스카운트'라는 용어가 지금까지도 한국 주식시장을 가리키는 말로 남아있는 이유는 분명하다. 한국의 기업 지배구조가 불투명하여 기업의 의사결정을 신뢰할 수 없는데다, 글로벌 최하위권 수준을 기록할 만큼 기업이 이익을 지배주주가 독점하며 주주들에게 환원하지 않기 때문이다.

30년이면 겨울잠은 충분하다. 우리 국민들이 독재정권에 맞서 민주주의를 이룩하며 시대적 불합리를 극복해낸 것과 같이, 자본시장에서도 우리는 자본주의의 진정한 민주화를 이룩할 때가 되었다. 국가의 권력을 국민들의 몫으로 가져온 것처럼 기업의 이익을 주주들의 몫으로 가져올 시점이 됐다.

그 변화는 이미 시작되었다. 이 책에서 언급한 자본시장의 질적 변화를 위한 세 가지의 축이 굴러가기 시작했다. 투자자와 여론이 주도하는 사회적 변화, 정부의 제도적 변화, 그리고 가장 중요한 의사결정의 주체인 기업의 내부적 변화가 그것이다.

이제는 기업의 불투명한 지배구조가 개선되어야 한다. 이사회의 독립성을 갖추고 주주들의 건전한 제안이 반영되는 주식시장이 되어야 한다. 이로 인해 주주의 정당한 권리이자 수익배분인 주주환원이 제대로 자리 잡아야 한다. 일반주주 또한 변해야 한다. 기업의 주식을 단기적인 매매의 수단이 아니라 기업의 소유권을 획득하고 기업의 소유권과 이익을 공유하는 수단으로 여겨야 한다. 이렇듯 지배주주와 일반주주 양자가 이해관계를 일치시킨다면 한국 주식시장에 진정한 변화가 찾아올 수 있다. 한국 주식시장도 규모가 꾸준히 성장하며 장기투자가 가능해질 것이다. 모두가 돈을 벌 수 있게 될 것이다.

한국 주식시장의 봄은 올 것인가?

이 글을 읽는 당신이 당장 시작한다면 한국의 자본시장은 지금부터 변화할 것이다. 진정한 주주자본주의를 달성하기 위하여 자본시장의 주체들이 힘을 하나로 합친다면, 코리아 디스카운트를 극복하고 나아가 코리아 프리미엄까지 달성할 수도 있을 것이다. 우리는 스스로 민주주의 혁명을 이뤄낸 저력과 DNA를 가지고 있다. 자본시장에서도 우리는 '주주환원 대변혁'을 이뤄낼 수 있다.

부록

김기백이 제안하는 주주환원 시대 투자자의 실천적 대안

ACE 주주환원가치주 액티브ETF

ACE주주환원가치주 액티브ETF는 주주환원이라는 시대적 흐름을 담아내는, 지금까지 한국시장에 없었던 금융상품이다. 이 ETF는 2022년 11월 15일에 금융시장에 상장되었고, 2023년 3월 30일에 이름이 변경되었다.[*] 여기에는 ACE 주주환원가치주 액티브ETF를 만든 취지와 만들어지기까지의 과정, 특징, 그리고 투자 방법을 소개한다. 주주환원의 흐름이 본격화되고 있는 이 시점에 주주환원에 관련된 간접 투자 수단을 찾고 있는 투자자들에게 매우 유익한 정보가 될 것이다.

ACE 주주환원가치주 액티브ETF는 무엇인가?

ACE 주주환원가치주 액티브ETF는 수익가치와 자산가치가 풍부한 기업들 중에서 지배구조가 변화하거나 자본정책 변화로 인하여 주주환원이 상향되는 기업에 투자하는 상품이다. 이 ETF에 포함되는 기업은 배당 상향, 자사주 매입 및 소각, 자산효율화 그리고 신규 성장을 위한 자본배분에 적극적인 기업들이다. 또한 가치주에서 성장주로 진화하는 기업까지 발굴하고 선점함으로써 투자자들의 장기 수익률을 크게 높이고자 한다.

액티브ETF란 무엇일까? 기초지수의 성과를 추종하는 패시브ETF와 달리 액티브ETF는 펀드매니저가 역량을 기반으로 투자 종목과 비중을

◆ 처음에는 'ACE 차세대가치주 액티브ETF'라는 이름으로 상장됐다.

변경하여 기초지수의 성과를 초과하는 수익을 내는 것을 목표로 삼는다. ACE 주주환원가치주 액티브ETF의 기초지수는 FnGuide 올라운드 가치주지수다. 이 지수는 코스피와 코스닥 전체 종목 중에서 기초요건을 통과한 종목들을 대상으로 가치 스코어 상위 500종목을 동일가중으로 투자한다. 이때 가치 스코어는 순자산, 당기순이익, 현금흐름, 배당금 등을 기초로 산출한다.

ACE 주주환원가치주 액티브ETF의 경쟁우위는 무엇인가?

액티브ETF는 패시브ETF와 액티브 펀드의 장점을 합친 것이라 할 수 있다. 펀드매니저의 역량을 발휘하여 높은 수익을 노릴 수 있다는 점은 액티브 펀드의 장점이고, 장내에서 실시간 거래가 가능하고 환매가 빠르며 거래비용이 적다는 점은 패시브ETF의 장점을 가져온 것이다.

주주환원은 본질적으로 자본시장의 질적 변화다. 테마적 흐름이나 신성장 산업과는 속성이 다르다. 따라서 2차전지나 AI처럼 단순하게 또는 테마적으로 ETF를 구성할 수 없다. 종목의 선정과 비중의 변화에 있어 특정 섹터에 국한되지 않고 검증된 펀드매니저가 적극적으로 선택하는 액티브ETF 형태가 적합하다.

액티브ETF의 특징이자 장점은 펀드매니저의 역량이 비교지수대비 초과수익으로 이어진다는 점이다. 그러나 여기에는 주의할 점이 있다. 시장이 우상향할 때는 패시브ETF보다 뛰어난 수익을 올릴 수 있지만,

반대로 시장이 악화될 때는 손실 규모가 패시브보다 더 커질 수 있다는 점이다. 변동성을 제어하면서 꾸준한 수익을 내려면 펀드매니저의 뛰어난 역량이 필요하다.

나의 경쟁우위는 바로 '방대한 기업 분석 데이터베이스'이다. 지난 10년간 1,100개 이상의 기업을 방문하여 2,500회 이상 미팅을 진행했고, 현재 팀 데이터베이스 종목 수는 1,000개 이상, 펀드매니저 단독으로 관리 가능한 종목은 700개에 이른다. 이는 국내 투자자 가운데 최대 규모의 커버리지라고 평가된다.

데이터베이스에는 수많은 기업의 정보가 총망라되어있다. 기업별로 매출구조, 원가 구조, 제품 혹은 서비스의 특징, 자산구조와 수익 현황, 비즈니스 모델, 경쟁우위 요소, 경영진의 성향, 자원 배분의 정책, 지배구조 변화 등의 정보가 담겨있다. 또한 사업보고서는 분기별로, 주요 공시는 매일 체크하여 업데이트한다.

이러한 '노가다'나 다름없는 작업을 10년 이상 이어오고 있으며, 앞으로도 수십 년간 이어가고자 하는 이유는 기업의 질적인 분석을 담아내기 위함이다. 단순이 퀀트와 같은 양적 분석을 통해서는 앞으로 불어올 주주환원 대변혁의 시기에 수혜를 담아내기 어렵다. 질적인 분석을 위해서는 기업을 오랜 기간 잘 알고 있어야 한다. ACE 주주환원가치주액티브ETF는 주주행동주의와 같은 소수 종목에 액티비즘을 하는 펀드가 아니다. 한국 자본시장에서 주주환원의 흐름을 온전히 반영하는 새로운 액티브 투자의 길을 열기 위한 준비된 금융상품이 되고자 한다.

ACE 주주환원가치주 액티브ETF은 어떻게 구성되는가?

ACE 주주환원가치주 액티브ETF 포트폴리오 구성의 축은 아래의 세 가지다.

첫째, 주주환원을 강화하고 정책화하는 기업에 투자한다.

둘째, 지배구조의 변화로 기업가치가 증대되는 기업에 투자한다.

셋째, 가치주에서 성장주로 혁신하는 기업에 투자한다.

주주환원 강화와 지배구조 변화 두 가지는 이 ETF의 이름 그대로 기본적인 취지이고, 가치주에서 성장주로의 혁신은 펀드 장기 수익률의 핵심이다. 가치주에서 성장주로 변화하는 기업은 나의 투자 인생에서 가장 선호하는 유형이자 가치투자의 정수라고 생각한다. 수익가치와 자산가치가 풍부함에도 시장에서 소외된 가치주는 초과수익 기회가 충만한 상태다. 이 가운데 소수의 가치주는 기존 사업의 경쟁우위를 기반으로 시장을 주도하는 성장주로 바뀌기도 한다. 이 ETF의 전략은 넓은 기업 커버리지와 발굴 능력을 바탕으로 가치주가 성장주로 전환되는 초기에 포착하여 선점하는 것이다. 이를 통해서 가치주의 안전마진을 활용하여 수익률 하방을 제한하면서, 동시에 성장성을 발굴함으로써 수익률을 극대화하는 것을 전략으로 삼는다.

ACE 주주환원가치주 액티브ETF의 목표는?

내가 ACE 주주환원가치주 액티브ETF를 구성하면서 목표로 삼은 것은 다음 세 가지다.

첫째, 국내 기업의 주주환원 변화를 제대로 담아내는 최초의 액티브 ETF가 된다. 이것은 10년 이상의 기업 탐방을 기초로 한 1,000개 이상의 기업 데이터베이스가 있기에 가능하다. 기업이 주주환원을 강화하면 주주는 기업 이익을 비례적으로 나눠 받게 되고, 자사주 매입과 소각을 하면 주주의 주당 가치가 올라가게 된다. 투자자는 잘 알지 못하는 개별 기업에 투자하는 대신 이 ETF를 선택함으로써 정확히 똑같은 혜택을 받을 수 있다.

둘째, 중견기업과 중소기업을 핵심으로 기업의 지배구조 변화에 따른 기업가치 증대 효과를 투자자가 누릴 수 있게 한다. 기업의 지배구조 변화는 단순히 주주환원 강화로 이어지는 것뿐만이 아니라, 세대교체 전후로 기업의 자산효율화와 변화하는 자본배분 정책이 도입되며 새로운 성장 동력까지 연결되는 것이 수순이다. 이 과정에서 기업가치가 재평가를 받을 가능성은 매우 높아진다.

셋째, ETF 자체의 높은 배당수익률로 안전마진을 확보하고 투자자들의 장기투자를 돕는다. 국내 주식형 배당 펀드의 경우 평균 배당수익률은 2%대에 불과하다. 참고로 ACE 주주환원가치주 액티브ETF는 2023년 11월 기준 배당수익률이 4% 수준으로, 현재 예금금리나 한국

10년물 국채 금리보다 높다. 이것은 시작에 불과하다. 현재 포트폴리오에 속한 다수 종목은 아직 배당성향이 높지 않은 기업이고, 이 기업들은 향후 지배구조 변화나 정책적인 변화로 배당성향이 증가하거나 주주환원이 강화될 소지가 다분하다. 따라서 앞으로는 이보다도 더 높은 배당수익률을 기대할 수 있게 된다.

ACE 주주환원가치주 액티브ETF는 어떤 투자자에게 적합한가?

ACE 주주환원가치주 액티브ETF에 투자하기 적합한 투자자 유형은 세 가지다.

첫째, 한국 기업의 주주환원과 지배구조 변화에 관심이 많은 투자자다. 앞서 주주환원의 흐름이 향후 한국 자본시장의 질을 송두리째 바꿔버릴 정도로 강력하게 전개될 것으로 전망한 바 있다. 그러나 한국 증시에 상장된 기업은 2,500개가 넘는다. 지배구조와 주주환원 정책이 유의미하게 변화할 수 있는 기업도 수백 개 이상이다. 개인투자자들이 일일이 기업을 파악하기란 어렵다. 따라서 이 ETF를 통해서 주주환원 흐름을 반영한 투자를 손쉽게 실행할 수 있다.

둘째, 중장기적으로 안정적인 수익을 원하는 연금투자자다. 이 ETF는 국내 최상위의 배당 펀드 수익률을 보유하고 있으므로 강력한 안전마진을 가지고 있다. 또 포트폴리오 구성 종목들이 수익가치와 자산가치가 풍부한 기업들이기 때문에 하방이 단단하다. 또한 주주환원 성향이 강해지거나 가치주에서 성장주로 혁신하는 기업에 투자하기 때문에 단계적으로 높은 수익을 기대할 수 있다.

셋째, 한국 증시에 직접투자를 하다가 지배주주의 잘못된 의사결정으로 상처를 입은 투자자다. 이들은 한국 기업을 믿고 투자했으나, 기업의 내재가치와 별개로 주가에 악영향을 주는 경영진의 의사결정으로 인해 크나큰 금전적·정신적 손해를 입었다. 한국 주식시장에 존재하는 부조리와 시장질서의 왜곡을 개선할 가장 효과적인 방법은, 투명한 지배구조를 가지고 주주환원 정책을 펼쳐 지배주주와 일반주주의 이해관계가 일치하는 방향으로 나아가는 기업에 투자하는 것이다. ACE 주주환원가치주 액티브ETF는 그 길라잡이가 될 수 있다.

나는 ACE 주주환원가치주 액티브ETF를 만들고 상장시키면서 한 가지 바람을 품었다. 이 금융상품을 통해 한국 자본시장에서 올바른 펀드투자 사례를 남기는 것이다. 이 ETF의 비전과 목적은 뚜렷하다. 고객과 기업과 펀드 세 주체 모두가 상생할 수 있는, 자본시장의 선순환에 일조하는 펀드가 되는 것이다. 한국 주식시장에 장기투자가 가능한 투자 문화가 조성되고, 한국 주식시장에 투자하는 이들의 자산이 장기 우상향하기를 희망한다.

주주환원 시대
숨어있는 명품 우량주로 승부하라

초판 1쇄 발행 2024년 1월 29일
초판 4쇄 발행 2024년 2월 15일

지은이 김기백
펴낸이 신현만
펴낸곳 (주)커리어케어 출판본부 SAYKOREA

출판본부장 이강필
편집 박진희 손성원
마케팅 허성권
디자인 스튜디오 유어텍스트

등록 2014년 1월 22일 (제2008-000060호)
주소 03385 서울시 강남구 테헤란로 87길 35 금강타워3, 5-8F
전화 02-2286-3813
팩스 02-6008-3980
홈페이지 www.saykorea.co.kr
인스타그램 instagram.com/saykoreabooks
블로그 blog.naver.com/saykoreabooks

ⓒ (주)커리어케어 2024
ISBN 979-11-93239-08-7 03320

SAY KOREA 는 (주)커리어케어의 출판브랜드입니다.